Uni-Taschenbücher 22

UTB
FÜR WISSEN
SCHAFT

Eine Arbeitsgemeinschaft der Verlage

Wilhelm Fink Verlag München
Gustav Fischer Verlag Jena und Stuttgart
Francke Verlag Tübingen und Basel
Paul Haupt Verlag Bern · Stuttgart · Wien
Hüthig Verlagsgemeinschaft
Decker & Müller GmbH Heidelberg
Leske Verlag + Budrich GmbH Opladen
J. C. B. Mohr (Paul Siebeck) Tübingen
Quelle & Meyer Heidelberg · Wiesbaden
Ernst Reinhardt Verlag München und Basel
Schäffer-Poeschel Verlag · Stuttgart
Ferdinand Schöningh Verlag Paderborn · München · Wien · Zürich
Eugen Ulmer Verlag Stuttgart
Vandenhoeck & Ruprecht in Göttingen und Zürich

Klaus Rose

Grundlagen der Wachstumstheorie

Eine Einführung

58 Figuren

Unveränderter Nachdruck
der 3.–6. Auflage

Vandenhoeck & Ruprecht in Göttingen

Geboren am 3. 6. 1928 in Bochum; Studium der Wirtschaftswissenschaften an der Universität Köln, 1950 Diplom-Volkswirt, 1952 Dr. rer. pol., 1957 Habilitation, 1962 ordentlicher Professor an der Universität Mainz.

Wichtigste Veröffentlichungen:

Theorie der Außenwirtschaft, 8. Aufl. 1981. Einkommens- und Beschäftigungstheorie, in: Kompendium der Volkswirtschaftslehre, Band I, 5. Aufl. 1975; viele Veröffentlichungen in Fachzeitschriften.

Die Deutsche Bibliothek – CIP-Einheitsaufnahme

Rose, Klaus:
Grundlagen der Wachstumstheorie : eine Einführung / Klaus Rose. –
Unveränd. Nachdr. der 3.–6. Aufl. –
Göttingen: Vandenhoeck und Ruprecht, 1995
(UTB für Wissenschaft : Uni-Taschenbücher ; 22
Wirtschaftswissenschaft, Volkswirtschaftstheorie)
ISBN 3-8252-0022-1 (UTB)
ISBN 3-525-03110-6 (Vandenhoeck und Ruprecht)
NE: UTB für Wissenschaft / Uni-Taschenbücher

Unveränderter Nachdruck der 3.–6. Auflage 1995

Printed in Germany
Einbandgestaltung: A. Krugmann, Stuttgart
Herstellung: Hubert & Co., Göttingen

Vorwort

„Die Wachstumstheorie ist ein unterentwickeltes Gebiet der Nationalökonomie." – Als Abramovitz 1952 diesen Satz niederschrieb, konnte er noch nicht ahnen, daß die seit jener Zeit erschienene Flut von Veröffentlichungen ihn heute Lügen strafen würde. Das unterentwickelte Land der Wachstumsforschung ist inzwischen – gemessen an der Zahl der Publikationen – in die Reihe der „reifen" Gebiete der Volkswirtschaftslehre aufgenommen worden.

Umso mehr muß es folglich erstaunen, daß bis heute ein empfindlicher Mangel an Einführungswerken existiert, die über die wichtigsten Fragen der Wachstumstheorie orientieren. Zur Schließung dieser Lücke möchte die vorliegende Schrift einen Beitrag leisten. Die Zielsetzung ist allerdings insofern bescheiden, als kein Überblick über die diversen Verästelungen der Wachstumstheorie gegeben, sondern nur der Versuch unternommen wird, die Grundmodelle – diese allerdings ausgiebig – zu erörtern. Nach den Erfahrungen des Verfassers fällt es nämlich den Studenten in vielen Fällen schwer, von der einführenden, für Anfangssemester gedachten Literatur den Weg zu Veröffentlichungen für Fortgeschrittene zu finden: Die Diskrepanz im Schwierigkeitsgrad ist oftmals allzu groß. Der Verfasser hofft, daß diese Schrift den Übergang erleichtern und zum besseren Verständnis wachstumstheoretischer Veröffentlichungen für Fortgeschrittene[1]) beitragen mag. Aus diesen Gründen habe ich mich nicht gescheut, die einzelnen Theoreme Schritt für Schritt und mit Hilfe verschiedener Darstellungsmethoden zu erläutern – auch auf die Gefahr hin, die Geduld des Lesers durch Wiederholungen hier und da zu überfordern. Die didaktische Aufgabe steht ganz im Vordergrund.

Das Buch ist systematisch (und nicht dogmengeschichtlich) insofern orientiert, als eine logische Abfolge des Gedankengangs erstrebt wird. Damit scheint mir die übliche, hier ebenfalls gewählte Unterteilung

[1]) Erwähnt seien die Werke von *R. G. D. Allen* (1967), *W. Vogt* (1968) und *R. Solow* (1970).

in Post-Keynessche und neoklassische Wachstumstheorie durchaus vereinbar zu sein, weil der eine Typ der Wachstumstheorie durch Variation der Prämissen aus dem anderen Typ gewonnen werden kann.

Seit einiger Zeit wird die neoklassische Theorie recht heftig angegriffen und insbesondere ihre kapitaltheoretische Basis in Frage gestellt. Diese Diskussion, die unter der Überschrift „Cambridge (England) contra Cambridge (USA)“ bekannt geworden ist, kann in diesem Buche nicht behandelt werden. Wir beschränken uns auf eine Darstellung der neoklassischen Modelle, ohne damit alle Ansätze dieser Theorie verteidigen zu wollen, und verweisen den interessierten Leser, der sich näher mit der Cambridge-Diskussion befassen möchte, auf eine Veröffentlichung von Harcourt (1969).

Im X. Kapitel habe ich abweichend von der Zielsetzung dieses Buches Probleme behandelt, die an vielen Universitäten nicht zum üblichen Lehrstoff gehören. Dies gilt vor allem für das Kapitel über „Geld, Portfolio-Entscheidung und Wachstum“, dessen Lektüre sicherlich auch dem begabten Studenten nicht leicht fallen wird. Mir schien es jedoch sinnvoll zu sein, dem interessierten Leser zumindest einen Eindruck von einigen jener Fragen zu vermitteln, auf die sich das Interesse der Wachstumsforschung in der jüngsten Zeit konzentriert hat.

Wertvolle Anregungen verdanke ich Prof. Manfred Neumann. Für die Durchsicht des Manuskripts sowie manche Hinweise danke ich den Herren Dr. Hemmer, Dr. Schröder, Diplom-Volkswirt Bender, Diplom-Volkswirt Glittenberg und Diplom-Volkswirt Hochgesand. Frau Evers hat mit Geduld und Sorgfalt das Manuskript geschrieben. Mein Dank gilt auch dem Verlag J. C. B. Mohr, Tübingen, für die Erlaubnis, Teile meiner Schrift „Gleichgewichtswachstum und Stabilität“ für dieses Buch zu verwenden.

Oktober 1970 Klaus Rose

Vorwort zur 2. Auflage

Die schon nach kurzer Zeit erforderliche Neuauflage weist mehrere Änderungen und Ergänzungen auf. Im III. Kapitel wurde der 2. und 3. Abschnitt (das Harrod-Modell) gestrafft, um dem Leser einen besseren Überblick über die von Harrod erörterten Zusammenhänge zu gestatten. Der 4. Abschnitt dieses Kapitels wurde teilweise neu geschrieben. Neu bearbeitet habe ich auch das VI. Kapitel: Unter den Voraussetzungen einer Cobb-Douglas-Funktion wird zunächst die Gleichgewichtsrate abgeleitet und sodann die Existenz und (statische) Stabilität des Gleichgewichts geprüft. In dem neu aufgenommenen VII. Kapitel wird die Bedeutung der CES-Funktion für das Wachstum erörtert. Umstellungen und Ergänzungen finden sich schließlich im 4. Abschnitt des X. Kapitels (Wachstum bei technischem Fortschritt in einer konstanten Rate).

Für wertvolle Anregungen danke ich vor allem Otto Gandenberger.

Mai 1973 Klaus Rose

Vorwort zur 3. Auflage

Da die Entwicklung der Wachstumstheorie seit einigen Jahren einen gewissen Abschluß erreicht hat und jedenfalls keine neuen, fundamentalen Gedanken entwickelt wurden, habe ich auf Ergänzungen und Erweiterungen verzichtet und lediglich kleinere Korrekturen vorgenommen.

März 1977 Klaus Rose

Inhalt

I. Begriff und Determinanten des Wachstums

1. Indikatoren des wirtschaftlichen Wachstums

Wirtschaftliches Wachstum wird in dieser Arbeit als Zunahme des realen Sozialprodukts (Volkseinkommens) verstanden. Von Wachstum wird also dann gesprochen, wenn das reale Sozialprodukt Y einer Periode $t = 1$ größer als das Sozialprodukt der Vorperiode $t = 0$ ist:

$$Y_1 > Y_0, \qquad (1)$$

die Wachstumsrate des Sozialprodukts

$$\frac{Y_1 - Y_0}{Y_0} \qquad (2)$$

somit einen positiven Wert aufweist. Diese Definition ist nicht unumstritten. Ist man der Auffassung, daß der Sinn des wirtschaftlichen Wachstums eine bessere Versorgung der Bevölkerung mit Gütern ist, so wird man „Wachstum" als Zunahme des Sozialprodukts pro Kopf der Bevölkerung (V) definieren:

$$\frac{Y_1}{V_1} > \frac{Y_0}{V_0}. \qquad (3)$$

Die durch (1) bezeichnete Konstellation würde nach dieser Vorstellung also dann kein Wachstum sein, wenn die Bevölkerung um den gleichen Prozentsatz wie das Sozialprodukt steigt, so daß Bedingung (3) nicht erfüllt ist. Wir entscheiden uns jedoch gemäß (1) für eine weitergefaßte Definition des Wachstums und trennen zwischen extensivem Wachstum, das durch prozentual gleich starke Zunahme von Sozialprodukt und Bevölkerung gekennzeichnet ist, und intensivem Wachstum, das eine bessere Pro-Kopf-Versorgung impliziert.

Eng verwandt mit dem erläuterten Pro-Kopf-Konzept des Wachstums ist die Vorstellung, daß wirtschaftliches Wachstum durch eine Zunahme des Sozialprodukts je Beschäftigten, also eine Erhöhung der Arbeitsproduktivität, gemessen werden könne. Die Zunahme des Sozialprodukts pro Kopf der Bevölkerung ist offenbar geringer als die der Produktion je Beschäftigten, wenn der Anteil der Erwerbsbevölkerung an der Gesamtbevölkerung abnimmt, weil z. B. die Lebenserwartung steigt, das Pensionsalter herabgesetzt oder die Ausbildungszeit verlängert wird.

Als Wachstumsindikator wird schließlich auch das Sozialprodukt je Arbeitsstunde benutzt. Wenn mit zunehmendem Wohlstand eine Tendenz zur Arbeitszeitverkürzung existiert, weil sich das Konsumgut „Muße" steigender Beliebtheit erfreut, wird das Sozialprodukt je Arbeitsstunde schneller steigen als das Sozialprodukt pro Kopf der Beschäftigten.

Die Wachstumstheorie beschäftigt sich mit Form und Bestimmungsgründen der Sozialproduktserhöhung. Diese Definition des Gegenstandes bereitet gewisse Schwierigkeiten, da auch im Zentrum der Beschäftigungstheorie die Frage steht, durch welche expansiven Einflüsse eine Zunahme des Sozialprodukts zu erzielen ist. Welches ist dann der Unterschied zwischen Wachstums- und Beschäftigungstheorie? Dieser Unterschied läßt sich mit Hilfe einer Produktionsmöglichkeitenkurve demonstrieren. Eine solche Kurve *AB* ist in Abb. 1 dargestellt; sie gibt an, welche Mengen zweier Güter *x* und *y* maximal erzeugt werden können, wenn alle Produktionsfaktoren vollbeschäftigt sind[1]). Unter-

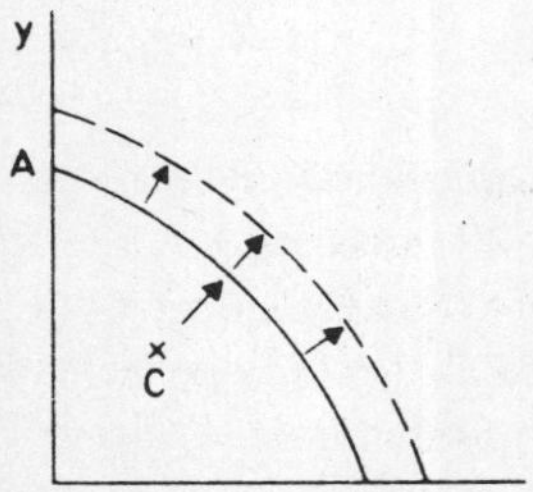

Abb. 1

[1]) Außerdem ist optimaler Einsatz der Faktoren im Sinne der Wohlfahrtsökonomik (Realisierung eines Pareto-Optimums) unterstellt.

beschäftigung der Produktionsfaktoren führt zur Realisierung eines Produktionspunktes wie *C*, der innerhalb der Transformationskurve liegt und folglich Produktionsniveaus anzeigt, welche die realen Möglichkeiten unterschreiten. Die Beschäftigungstheorie stellt nun die Frage, wie durch Erhöhung der Investition, des Konsums oder anderer Ausgabenkomponenten eine Erhöhung des Sozialprodukts dank besserer Auslastung der Kapazitäten derart erreicht werden kann, daß der Produktionspunkt innerhalb der Transformationskurve durch einen Punkt auf der Transformationskurve ersetzt wird. Dagegen geht die Wachstumstheorie normalerweise von der Vorstellung aus, daß in einem Zustand der Vollbeschäftigung, also auf der Transformationskurve, produziert wird. Eine Zunahme des Sozialprodukts ist dann nur möglich durch das Wirksamwerden irgendwelcher Größen, welche die Transformationskurve nach außen verschieben: Nicht die bessere Ausnutzung bestehender Kapazitäten, sondern die Schaffung neuer Kapazitäten erlaubt es in diesem Falle, das Angebot an Gütern zu erhöhen.

2. Bestimmungsgründe des Wachstums

Als entscheidende Determinanten des wirtschaftlichen Wachstums werden von den meisten Ökonomen genannt: die Bevölkerungsvermehrung, die Kapitalbildung bzw. die Investitionstätigkeit und der technische Fortschritt. Zwischen diesen Einflußfaktoren bestehen Zusammenhänge, die in der Wachstumstheorie zu beachten sind. Nimmt z. B. bei gegebenem Stand der Technik die Bevölkerung zu und bleibt der Kapitalstock unverändert, so sinkt das Grenzprodukt der Arbeit, falls die Produktionsfaktoren substitutional sind, oder es entsteht gar Arbeitslosigkeit, wenn Arbeit und Kapital im Limitationalitätsverhältnis stehen. Um solche unerwünschten Konsequenzen der Bevölkerungserhöhung zu vermeiden, muß der Bevölkerungszuwachs mit Kapital versehen werden, was Nettoinvestitionen voraussetzt.

Auch zwischen Kapitalbildung und technischem Fortschritt bestehen wichtige Zusammenhänge. Ersatzinvestitionen, die der Erhaltung des Kapitalstocks dienen sollen, vollziehen sich oft in der Form des Ersatzes ausgedienter Kapitalgüter durch neue, leistungsfähigere Maschinen, in denen der neueste Stand des technischen Wissens verkörpert ist. Das Wachstumstempo wird also über jene Rate hinaus beschleunigt, die realisiert worden wäre, wenn sich der Kapitalbildungsprozeß bei Konstanz der technischen Verfahren vollzogen hätte.

Eine umfassende Wachstumstheorie hat nun zu berücksichtigen, daß Bevölkerungsentwicklung, Kapitalbildung und technischer Fortschritt zwar die unmittelbaren Determinanten des Wachstumsprozesses, aber nicht deren „letzte" Ursachen sind, da sie ihrerseits wieder von einer Reihe anderer Größen abhängen, die sozusagen an der Peripherie des Datenkranzes stehen. Institutionelle und politische Fakten spielen hier eine wichtige Rolle. So besteht z. B. ein wichtiger Zusammenhang zwischen Rechtsordnung und technischem Stand einer Volkswirtschaft. Die umwälzenden Neuerungen des 19. Jahrhunderts waren sicherlich nicht autonomer Natur. Sie können nicht verstanden werden, ohne die Beseitigung zahlreicher Vorschriften und Bindungen über anzuwendende technische Verfahren zu berücksichtigen, die die Menschen veranlaßten, neue Produktionsmethoden zu ersinnen. In ähnlicher Weise ist die Bevölkerungsentwicklung von der politischen Struktur eines Staates, der sozialen Schichtung und dem medizinischen Wissen abhängig. Schließlich kann auch die Kapitalbildung nicht als unberührt vom institutionellen Rahmen einer Gesellschaft und bestimmten sozialen Normen gelten; man denke nur an den Einfluß des Datums „Rechtsordnung" (Steuergesetzgebung) auf die Investitionstätigkeit oder die Bedeutung religiöser Vorstellungen („protestantische Ethik") für Kapitalbildung und Spartätigkeit.
Um die Hintergründe und den Prozeß des wirtschaftlichen Wachstums völlig zu verstehen, genügt es also nicht, die Einwirkungen der Kapitalbildung, des technischen Fortschritts und der Bevölkerungsänderung auf die Produktion aufzudecken. Darüber hinaus ist es notwendig, die Bewegungen der unmittelbaren Determinanten selbst zu verstehen und zu erklären. Der zweite Problemkreis war bisher Gegenstand einer mehr historisch-anschaulich, soziologisch und institutionell ausgerichteten Wachstumstheorie, während die zunächst genannten Fragen nach den Wirkungen auf die Produktion vorwiegend von der modelltheoretisch orientierten Wachstumsforschung erörtert wurden.

Wir beschränken uns auf eine modelltheoretisch konzipierte Analyse, ohne damit zu bestreiten, daß die Aussagen der „reinen" Theorie zur

Wachstumsproblematik der Ergänzung durch solche Untersuchungen bedürfen, die mehrere Bereiche der Sozialwissenschaften umspannen. Man mag sogar mit guten Gründen die Forderung nach einem grundsätzlich anderen Typ der Wachstumstheorie erheben, der im Unterschied zu manchen Aussagen der Modelltheorie in stärkerem Maße empirisch gehaltvolle, den Bedingungen des Popper-Kriteriums entsprechende Hypothesen liefert.

Literaturübersicht zum I. Kapitel

An Lehrbüchern zur Wachstumstheorie herrscht bis heute großer Mangel. Aus dem deutschen Sprachbereich ist zu nennen: *W. Voigt*, Theorie des wirtschaftlichen Wachstums, Berlin–Frankfurt 1968; *W. Krelle* u. *G. Gabisch*, Wachstumstheorie, Berlin–Heidelberg–New York, 1972. Im angelsächsichen Sprachbereich sind u. a. folgende Lehrbücher erschienen: *R. G. D. Allen*, Macro-Economic Theory, New York 1967, vor allem Kapitel 10–16; *E. Burmeister* und *A. R. Dobell*, Mathematical Theories of Economic Growth, London 1970; *R. M. Solow*, Growth Theory, An Exposition, Oxford 1970; deutsch: Wachstumstheorie, Darstellung und Anwendung, Göttingen 1971; *H. Y. Wan*, Economic Growth, New York 1971. Zusammenfassende Darstellungen finden sich bei *G. Bombach*, Wirtschaftswachstum, Handwörterbuch der Sozialwissenschaften, Bd. 12, Göttingen 1965; *F. H. Hahn* und *R. C. O. Matthews*, The Theory of Economic Growth: A Survey, Economic Journal, Bd. 74, 1964. Die Beziehungen zwischen Wachstum und Konjunktur behandelt *J. Kromphardt*, Wachstum und Konjunktur, Göttingen 1972. Eine vorwiegend kritische Analyse der Wachstumstheorie findet sich bei *B. Gahlen*, *A. E. Ott* (Hrsg.), Probleme der Wachstumstheorie, Schriftenreihe des Wirtschaftswissenschaftlichen Seminars Ottobeuren, Bd. 1, Tübingen 1972.

Sammlungen ausgezeichneter Aufsätze zur Wachstumstheorie wurden herausgegeben von *H. König*, Wachstum und Entwicklung der Wirtschaft, Neue Wissenschaftliche Bibliothek, Köln–Berlin 1968; *J. Stiglitz* und *H. Uzawa*, Readings in the Modern Theory of Economic Growth, Cambridge/Mass. 1969.

Aus der Reihe der Veröffentlichungen zu einer mehr historisch-anschaulichen, soziologisch und institutionell orientierten Wachstumstheorie ist vor allem erwähnenswert: *W. Lewis*, The Theory of Economic Growth, London 1955; deutsche Ausgabe: Die Theorie des wirtschaftlichen Wachstums, Tübingen–Zürich 1956.

II. Beschäftigungs- und Wachstumstheorie

1. Die Vernachlässigung des Kapazitätseffekts

Da die Probleme der Wachstumstheorie – wie gezeigt worden ist – mit denen der Beschäftigungstheorie verwandt sind, dürfte es sinnvoll sein, ein wachstumstheoretisches System auf dem Hintergrund der Beschäftigungstheorie zu konzipieren. Die Beschäftigungstheorie Keynesscher Prägung ist bekanntlich eine Theorie der stationären Wirtschaft, in der die Technik, die Bevölkerung und der Kapitalstock als konstant betrachtet werden. Konstanz des Kapitalstocks verlangt nun aber, daß Nettosparen und Nettoinvestieren im Zeitablauf gleich Null sind, denn die Nettoinvestition ist als Zuwachs zum Kapitalstock definiert. Wie dem Leser bekannt ist, wird im Rahmen beschäftigungstheoretischer Untersuchungen jedoch durchweg mit der Annahme positiver Nettoinvestition operiert. Daher stellt sich die Frage, wie die Unterstellung eines konstanten Kapitalstocks mit der Existenz von Nettoinvestitionen vereinbart werden kann. Die Keynessche Analyse scheint in der Tat, wie *Domar* es ausgedrückt hat, ein theoretisches Wunderland zum Gegenstand zu haben, in dem positives Investieren und gleichbleibender Kapitalvorrat sich nicht ausschließen.

Die Erklärung dieses offensichtlichen Gegensatzes kann nun nur in der kurzfristigen Natur der traditionellen Beschäftigungstheorie gefunden werden. Da der gesamte Kapitalbestand im Verhältnis zu seiner Zuwachsrate, die durch Nettoinvestitionen normalerweise bewirkt wird, sehr groß ist, können Änderungen des Kapitalstocks und ihre Auswirkungen in Form eines gesteigerten Güterstromes vom Aspekt einer sehr kurzfristigen Betrachtung aus vernachlässigt werden. Zum gleichen Ergebnis führt die Überlegung, daß zwischen dem Beginn der Investitionen und der Fertigstellung des Kapitalstocks oft ein größeres Zeitintervall verstreichen muß. Daher mag dieser Kapazitätseffekt der Investitionen ebenfalls unbeachtet bleiben, wenn der Zeitraum der Betrachtung genügend kurz ist.

Eine solche Art der Analyse gestattet es, das Gleichgewicht trotz Berücksichtigung von Nettoinvestitionen als quasi-stationären Zustand zu behandeln und den Einfluß der Investitionen auf das Wachstum von Kapitalstock und Produktionsvolumen – den Kapazitätseffekt der Investitionen – auszuschalten. *Pigou* spricht in diesem Zusammenhang von „short-period flow equilibrium", das er dem langfristig stationären Gleichgewicht – die Nettoinvestition beträgt hier Null – gegenüberstellt. Kennzeichnend für diese Betrachtung ist es, daß nur der Multiplikatoreffekt der Investitionen, also die Wirkung auf das Volkseinkommen, nicht aber der Kapazitätseffekt beachtet wird.

Unter Berücksichtigung dieser Annahmen wird in beschäftigungstheoretischen Analysen das Gleichgewichtseinkommen durch Übereinstimmung von geplanter Ersparnis und geplanter Investition bestimmt. Um dem Leser die Implikationen dieser Gleichgewichtsbedingung in Erinnerung zu rufen, sei angenommen, daß die Unternehmer aufgrund ihrer Absatzerwartungen ein Sozialprodukt z. B. im Werte von 100 realisieren. Aus dieser Produktion fließt ein Volkseinkommen in gleicher Höhe, denn der Wert des Sozialprodukts entspricht der Summe aus Faktoreinkommen (Faktorkosten) und Gewinn. Bei einer durchschnittlichen Konsumquote von 9/10 werden 90 Teile dieses Einkommens verbraucht und 10 Teile freiwillig gespart. Stimmen geplante Ersparnis und geplante Investition überein, so resultiert aus den Dispositionen der Wirtschaftssubjekte eine Gesamtnachfrage (Konsum plus Investition) im Wert von 100, die gerade ausreicht, um das Sozialprodukt von 100 voll abzusetzen. Nur wenn das Volkseinkommen den Wert 100 hat, stimmen also die Erwartungen der Unternehmer mit den Tatsachen überein, so daß sie keine Veranlassung haben, ihre Produktionsentscheidungen zu revidieren. Gleichgewichtseinkommen und Sozialprodukt bleiben im Zeitablauf konstant, sofern die geplante Ersparnis in jeder Periode der geplanten Investition entspricht, expansive oder kontraktive Multiplikatorprozesse sich mithin nicht entwickeln können.

2. Depression bei Gleichgewicht von Sparen und Investieren

Berücksichtigt man nun aber außer dem Einkommenseffekt der Investitionen, also der Wirkung auf Gesamtnachfrage und Volkseinkommen, zusätzlich auch den Kapazitätseffekt, so ist sofort ersichtlich, daß die Übereinstimmung von geplanter Ersparnis und geplanter Investition allein kein Gleichgewicht mehr garantiert, sondern durchaus mit einer Konstellation vereinbar ist, die zur Depression führt. Diese Zusammenhänge seien anhand von Tab. 1 erläutert.

Tabelle 1

Konsum-ausgaben	geplante Investition = geplante Ersparnis	tatsächl. Prod. = Volkseink.	Kapital-stock	mögl. Produktion (Kapazität)
90	10	100	200	100
90	10	100	210	105
90	10	100	220	110

In der ersten Phase existiere ein Kapitalstock von 200, der eine Produktion von 100 Werteinheiten möglich macht. Diese mögliche Produktion wird als Kapazität bezeichnet. Die tatsächliche Erzeugung betrage ebenfalls 100, die (gewollte) Investition = Ersparnis sei 10 und der Konsum sei 90. Offenbar herrscht Gleichgewicht im doppelten Sinne:

Geplante Ersparnisse und Investitionen stimmen überein, was – wie oben gezeigt – bedeutet, daß die tatsächliche Produktion auch abgesetzt wird.

Die tatsächliche Produktion ist gleich der möglichen Produktion, so daß die maximale Kapazitätsauslastung gewährleistet wird. Selbstverständlich sind mit einem Gleichgewichtszustand, der die Unternehmer zufriedenstellt, auch gewollte Kapazitätsreserven in Höhe eines bestimmten Prozentsatzes der maximal möglichen Kapazität vereinbar, doch sei im folgenden zur Vereinfachung unterstellt, daß volle Ausnutzung der Kapazität gewünscht ist.

Da die Nettoinvestition als Zuwachs zum Kapitalstock definiert ist, erhöhen sich in der zweiten Phase der Kapitalstock auf 210 und die mögliche Produktion – bei gegebenem technischen Koeffizienten –

auf 105, sofern ein Kapazitätslag von einer Periode unterstellt wird. Unterstellt man ferner, daß sich die Unternehmer in ihren Produktionsentscheidungen nach ihrem Absatz, also den Ausgaben der Konsumenten und Investoren in der Vorperiode richten (Lundberg-lag), so wird in der zweiten Phase erneut eine Produktion von 100 realisiert, die zu Einkommen in gleicher Höhe führt. Aus diesem Einkommen resultieren – Konstanz der Konsum- und Sparneigung vorausgesetzt – in der gleichen Phase Verbrauchsausgaben von 90 und Ersparnisse von 10, so daß die tatsächliche Produktion verkauft wird, falls auch die Investition gleich 10 ist.

Das Einkommen von 100 ist also Gleichgewichtseinkommen im Sinne der Beschäftigungstheorie, denn die Gesamtnachfrage $C + I$ entspricht dem Sozialprodukt. Die Problematik dieses Gleichgewichtsbegriffes wird indessen deutlich, wenn man den Kapazitätseffekt beachtet und sich die Konsequenzen vorstellt, die aus den Unterschieden in der Entwicklung der möglichen Produktion (100 – 105 – 110) und der tatsächlichen Produktion (konstant bei 100) resultieren. Zwar stellen die Unternehmer fest, daß sie ihre tatsächliche Produktion stets verkaufen können, doch bleiben immer größere Teile des Kapitalstocks ungenutzt, denn die mögliche Produktion wird zunehmend größer als die tatsächliche Erzeugung. Unter diesen Umständen haben sie allen Anlaß, ihre Dispositionen zu verändern, also die Investitionstätigkeit zu reduzieren, um Überkapazitäten abzubauen. Das Gleichgewicht von Sparen und Investieren verhindert also nicht den Eintritt einer Depression, wenn nicht auch die tatsächliche Produktion (das Volkseinkommen) der möglichen Produktion (der Kapazität) entspricht. Bei gegebenem Kapazitätseffekt verlangt die Existenz des Gleichgewichts, daß tatsächliche Produktion, Volkseinkommen und Gesamtnachfrage $C + I$ um den gleichen Satz zunehmen wie Kapitalstock und Kapazität. Bedingungen und Form eines solchen gleichgewichtigen Wachstums sind im folgenden zu entwickeln.

Literaturübersicht zum II. Kapitel

Die Grundlagen der Einkommens- und Beschäftigungstheorie werden u. a. behandelt bei *E. Schneider*, Einführung in die Wirtschaftstheorie, Bd. III, 11. Aufl.

Tübingen 1969; *K. Rose*, Einkommens- und Beschäftigungstheorie, in: Kompendium der Volkswirtschaftslehre, Bd. I, herausgeg. von *W. Ehrlicher* u. a., 3. Aufl., Göttingen 1972.

Auf die Gefahren einer Depression trotz Gleichgewichts von *S* und *I* hat vor allem *E. D. Domar* hingewiesen: Expansion and Employment, American Economic Review, Bd. 37, 1947; Capital Expansion, Rate of Growth and Employment, Econometrica, Bd. 14, 1946, deutsche Übersetzung in: *H. König* (1968).

III. Das Modell des Gleichgewichtswachstums bei limitationalen Produktionsfaktoren

1. Kapazitäts- und Einkommenseffekt (die Domar-Lösung)

a) Skizzierung des Problems

Die Aufrechterhaltung des Gleichgewichts in einer fortschreitenden Wirtschaft bedingt nach dem oben Gesagten eine ständige Expansion des Einkommens, der tatsächlichen Produktion, im Gleichschritt mit dem Wachstum der möglichen Produktion, der Kapazität, um deren Vollauslastung zu garantieren und das Abgleiten des Systems in Depressionszustände zu verhindern. Ein konstantes, mit der freiwilligen Ersparnis übereinstimmendes Investitionsvolumen kann dieser Anforderung nicht genügen, da dem ständig steigenden Produktionspotential ein stets gleichbleibendes Einkommen gegenübertritt. Dies bedeutet, daß Verbrauchs- und Investitionsausgaben zwar ein Einkommensniveau zu schaffen in der Lage sind, bei dem in einem bestimmten Zeitpunkt alle Kapazitäten ausgelastet sind, daß dieses gleiche Einkommen auf Grund des Kapazitätseffekts der getätigten Investitionen aber unzureichend ist, um Vollbeschäftigung des Kapitalstocks auch in der darauffolgenden Periode zu garantieren. Sofern das Gleichgewicht zwischen Einkommen und Kapazität gesichert werden soll, muß bei gegebener Konsumfunktion die Investition vergrößert werden, um über den Multiplikatoreffekt das benötigte zusätzliche Einkommen, die höhere tatsächliche Produktion, zu schaffen. Diese erhöhten Investitionen, welche in dieser Phase das zur Auslastung der Kapazität erforderliche Einkommen erzeugen, beschleunigen aber den Zuwachs zum Kapitalstock, das Maß der Kapazitätsausdehnung, über das bisherige Maß hinaus, so daß neue, über das Niveau der Vorperiode hinausgehende Investitionen notwendig werden, die wiederum das zum Kauf der gestiegenen potentiellen Produktion benötigte neue Einkommen schaffen.

Damit das erhöhte, durch den Kapazitätseffekt der Investitionen ausgelöste potentielle Angebot produziert und abgesetzt wird, müssen die Investitionen um ständig größer werdende Beträge wachsen. Denn je höher das Investitionsniveau heute ist, umso größer wird auch die Zunahme der Kapazität morgen sein, und umso größer muß folglich die Zusatzinvestition sein, damit genügend Nachfrage zur Auslastung der steigenden Kapazität geschaffen wird. Jede Zusatzinvestition, die genügend Einkommen für diese Periode zu schaffen in der Lage ist, erhöht das potentielle Angebot und erfordert somit eine noch größere Investition in der nächsten Phase: Die Investition bestimmt also ihre eigene Gleichgewichtszuwachsrate. Es folgt daraus, daß Gleichgewicht zwischen Einkommen und Kapazität niemals bei konstantem oder auch um einen gleichbleibenden absoluten Betrag steigenden Investitionsstrom geschaffen werden kann, die Investitionszuwächse müssen vielmehr ständig größer werden.

Zu finden ist also die Zuwachsrate der Investition, die das Gleichgewicht zwischen der Erhöhung des Einkommens, der tatsächlichen Produktion, und der Zunahme der Kapazität, der möglichen Produktion, garantiert. Dies ist die entscheidende Frage der von der Beschäftigungstheorie inspirierten Wachstumstheorie, wie sie in dieser Form vor allem von Domar, aber auch von Harrod gestellt worden ist. Unsere Skizzierung des Problems macht deutlich, daß dieser Zweig der Wachstumstheorie also weniger den tatsächlichen Wachstumsprozeß und die ihn treibenden Kräfte zu erklären sucht, sondern vielmehr bestrebt ist, die Bedingungen für ein gleichgewichtiges Wachstum aufzudecken. Streng genommen handelt es sich also nicht um eine Theorie des Wachstums, sondern um eine Theorie der Erfordernisse für gleichgewichtiges Wachstum.

b) Kapitalkoeffizient und Kapazitätseffekt

Da im Mittelpunkt der Wachstumstheorie die Bedeutung der Investitionen für Kapazitätsentwicklung und Einkommen steht, sollen Kapazitäts- und Einkommenseffekt zunächst getrennt erörtert werden. Bezeichnet man die Nettoinvestition mit I, die Kapazität (potentielle Produktion) mit P und den Kapitalstock mit K, so wird der Kapazitätseffekt einer Nettoinvestition durch den marginalen Kapitalkoeffizienten v gemessen:

$$v = \frac{I}{\Delta P} = \frac{I_t}{P_{t+1} - P_t} = \frac{K_{t+1} - K_t}{P_{t+1} - P_t}. \qquad (1)$$

Dieser gibt somit an, wie groß die Nettoinvestition sein muß, wenn die potentielle Produktion um ΔP wachsen soll. Wir unterstellen ferner einen Kapazitäts-lag in der Form, daß die Investition in der Periode t zu einer Erhöhung der potentiellen Produktion erst in der nächsten Phase $t + 1$ führt. Schließlich folgt (1) aus der Identitätsbeziehung $I_t = K_{t+1} - K_t$; die Nettoinvestition ist als Zuwachs zum Kapitalstock definiert.

Beziehung (1) kann auch in der Form

$$\sigma = \frac{1}{\nu} = \frac{\Delta P}{I}$$

geschrieben werden. In diesem Falle verwendet man den Kehrwert des marginalen Kapitalkoeffizienten, der als marginale Kapitalproduktivität bezeichnet wird.

In den folgenden Ausführungen sei nun angenommen, daß marginaler und durchschnittlicher Kapitalkoeffizient identisch sind. Wird der durchschnittliche Kapitalkoeffizient als Verhältnis zwischen Kapitalstock und potentieller Produktion definiert, so gilt die Beziehung

$$\nu = \frac{\Delta K}{\Delta P} = \frac{K}{P}.$$

Das Verhältnis der Durchschnittsgrößen stimmt mit dem Verhältnis der marginalen Größen offenbar nur dann überein, wenn $\nu = K/P$ konstant ist. In Abb. 2 wird $K/P = \nu$ durch den Tangens des Winkels α angege-

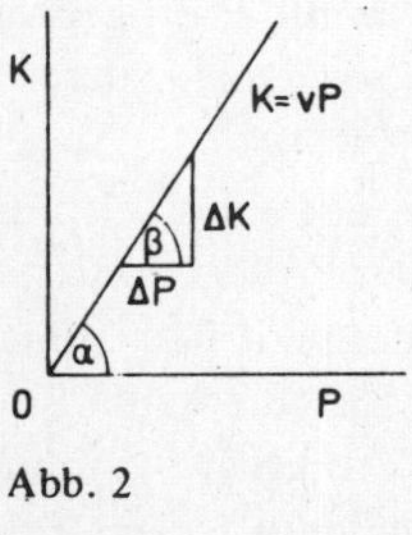

Abb. 2

ben, während Tangens β den marginalen Kapitalkoeffizienten mißt. Da $\tan\alpha = \tan\beta$, entspricht der durchschnittliche Wert des Kapitalkoeffizienten dem marginalen Wert.

Zum besseren Verständnis der folgenden Ausführungen sei nun auf einige Eigenschaften hingewiesen, die in der Definition des Kapitalkoeffizienten oder in der Konstanzannahme impliziert sind.

1. Der Kapitalkoeffizient, wie er in diesem Zusammenhang verwendet wird, ist das Verhältnis des Kapitalbestandes zur *potentiellen* Produktion (bzw. das Verhältnis der Zuwachsgrößen), nicht aber enthält er als Bestimmungsgröße die *tatsächliche* Erzeugung. Investitionen vergrößern zunächst einmal das Produktionspotential; ob dieses genutzt wird, hängt von der Wachstumsrate des Realeinkommens und damit – bei konstanten Preisen – der monetären Gesamtnachfrage ab. Solange Einkommen und Kapazität sich im Gleichschritt bewegen, die mögliche Produktion also realisiert wird, macht es keinen Unterschied, ob nun aktuelle oder potentielle Erzeugung, Realeinkommen oder Kapazität, als Bezugsgröße des Kapitalkoeffizienten gewählt werden. Dennoch ist es angebracht, die potentielle Produktion als Maßgröße zu wählen, denn es wird ja gerade nach den Bedingungen gefragt, unter denen die Kapazität voll ausgelastet ist, die mögliche also zur tatsächlichen Produktion wird.

2. Der marginale Kapitalkoeffizient mißt den Kapazitätseffekt der Investitionen, und zwar wird der Kapazitätseffekt umso kleiner, je größer der Kapitalkoeffizient ist. Ein großer Kapitalkoeffizient bedeutet, daß eine gegebene Nettoinvestition nur einen kleinen Zuwachs zur potentiellen Produktion bewirkt. Kapazitätseffekte bleiben völlig aus, wenn der Kapitalkoeffizient unendlich groß ist: bei gegebenem Investitionsvolumen ist also der Zuwachs zur potentiellen Produktion gleich Null. Der vielzitierte Pyramidenbau oder auch bestimmte Prestigeinvestitionen mögen als Beispiele für Investitionsvorhaben dienen, deren Kapazitätseffekt sehr klein oder im Grenzfall gar Null ist.

Die Größe des Kapitalkoeffizienten hängt ferner vom Zeitraum der Betrachtung ab. Das Volumen der potentiellen Produktion ist unterschiedlich groß, je nachdem, ob man als Zeiteinheit den Monat, das Jahr usw. wählt. Insofern wird im Kapitalkoeffizienten eine Bestandsgröße (Kapitalstock) zu einer zeitabhängigen Stromgröße (Produktion) in Beziehung gesetzt. Der Koeffizient ist somit umso kleiner, je größer der Zeitraum der Betrachtung wird, denn der Nenner des Koeffizienten – die potentielle Produktion – wächst mit der Länge der gewählten Periode.

3. Im marginalen Kapitalkoeffizienten wird die Nettoinvestition zur Änderung der möglichen Produktion in Beziehung gesetzt, ohne daß damit – wie in der Grenzproduktivitätstheorie – behauptet wird, daß die Produktionserhöhung *allein* auf den Kapitalzuwachs zurückgeht. Die Produktionserhöhung wäre eine Funktion der Nettoinvestition allein, wenn die Einsatzmengen der anderen Produktionsfaktoren sowie der Stand der Technik unverändert bleiben – eine Annahme, die der Grenzproduktivitätstheorie zugrundeliegt. Hält man indessen an der ceteris-paribus-Annahme der Grenzproduktivitätstheorie nicht fest, so hängt das Kapazitätswachstum, welches durch Nettoinvestitionen bedingt ist, auch wesentlich davon ab, in welchem Maße sich zugleich Arbeitskräfte- und Rohstoffpotential verändern und der Stand der Technik variiert. Investitionen werden bei unveränderter Arbeitsmenge und gleichem technischen Wissen sicherlich einen geringeren Kapazitätseffekt haben, als wenn sich Kapitalstock und Arbeitseinsatz in gleichem Maße vergrößern und zugleich die Effizienz des Kapitals durch den technischen Fortschritt gehoben würde. Die Größe des Kapitalkoeffizienten muß also auch den Stand der Technik, die Änderung des Arbeitseinsatzes usw. widerspiegeln, denn vom Verhalten dieser Faktoren hängt es ab, wie stark der Kapazitätszuwachs bei gegebenen Nettoinvestitionen ist. Der marginale Kapitalkoeffizient ist also so zu interpretieren, daß ΔP lediglich auf I bezogen wird, ohne daß gefragt wird, inwieweit ΔP der Investition zuzurechnen ist: Der Koeffizient muß mithin als statistische Maßgröße, nicht aber als Zurechnungsgröße gedeutet werden.

4. Da den weiteren Ausführungen die Annahme der Konstanz des durchschnittlichen und marginalen Kapitalkoeffizienten zugrundeliegt sei gefragt, welche produktionstheoretischen Zusammenhänge in dieser Annahme impliziert sind. Zunächst wird vom technischen Fortschritt abgesehen[1]). Weil ferner die potentielle Produktion den maximalen, die Vollbeschäftigung des Kapitalstocks garantierenden Wert des Sozialprodukts Y_v bestimmt, entspricht der durchschnittliche Kapitalkoeffizient K/P dem Ausdruck K/Y_v. Der Quotient K/Y_v kann demnach als optimaler, d. h. bei Vollbeschäftigung des Kapitalstocks geltender Ka-

---

[1]) Es wird später gezeigt (vgl. S. 154ff.), daß Konstanz des Kapitalkoeffizienten auch bei einer bestimmten Form des technischen Fortschritts (Harrod-neutraler Fortschritt) möglich ist.

pitalkoeffizient gedeutet werden. Wenn die Produktion den Kapazitätsspielraum nicht ausnutzt, das tatsächliche Einkommen $Y_{tats.}$ folglich dessen Vollbeschäftigungswert Y_v unterschreitet, ist der tatsächliche Kapitalkoeffizient $K/Y_{tats.}$ größer als der optimale Kapitalkoeffizient $K/Y_v = K/P$. In den folgenden Ausführungen wird der Kapitalkoeffizient – wenn nichts anderes gesagt ist – stets als optimaler Koeffizient verstanden.

Die Konstanz von v setzt offenbar voraus, daß Kapitalstock und Sozialprodukt in der gleichen Rate wachsen. Wir fragen nach der Form der Produktionsfunktion, die eine solche Entwicklung erlaubt. Zunächst sei diese Produktionsfunktion als homogen vom Grade eins (linearhomogen) angenommen. Geht man dann von nur zwei Produktionsfaktoren Kapital und Arbeit (A) aus, so führt bei Vorliegen einer solchen Funktion eine proportionale Zunahme von K und A zu einer proportionalen Erhöhung von Y:

$$\frac{\Delta K}{K} = \frac{\Delta A}{A} = \frac{\Delta Y}{Y}$$

Diese Gleichung impliziert die Konstanz von:

– $v = \dfrac{K}{Y} = \dfrac{K}{P}$

– $y = \dfrac{Y}{A}$ bzw. $\dfrac{1}{y} = \dfrac{A}{Y}$, wobei y die Arbeitsproduktivität und der Kehrwert $1/y$ den Arbeitskoeffizienten bezeichnen.

– $k = \dfrac{K}{A}$ bzw. $\dfrac{1}{k} = \dfrac{A}{K}$, wobei k als Kapitalintensität und $1/k$ als Arbeitsintensität definiert sind.

Konstanz der Kapitalintensität bedingt bei linear-homogener Produktionsfunktion also auch die Invarianz von y und v.

Eine Konstellation der geschilderten Art ist möglich bei substitutionalen Produktionsfaktoren, die zum Ursprung konvexe Isoquanten ergeben (Abb. 3). Im Ausgangszustand erzeugen 3 Kapitaleinheiten und 1 Arbeitseinheit einen Ausstoß von 2. Eine Verdoppelung dieser Einsatzmengen auf 6 und 2 bewirkt auch eine Verdoppelung der Produktion auf 4, wenn die Produktionsfunktion linear-homogen ist. Es gelten folgende Beziehungen:

1. Vorgegeben ist $\tan\alpha = \frac{K}{A} = \frac{3}{1} =$ konstant.
2. Da Einkommen und Arbeitseinsatz in der gleichen Rate steigen, bleibt die Arbeitsproduktivität Y/A konstant = 2.
3. Schließlich ist auch K/Y konstant = 3/2, denn der Kapitalstock wächst in gleichem Maße wie die Produktion.

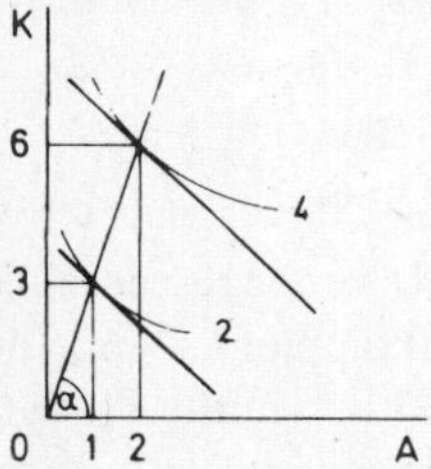

Abb. 3

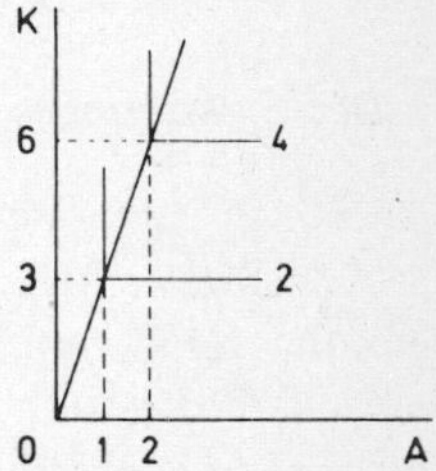

Abb. 4

Da das optimale Faktoreinsatzverhältnis im Falle substitutionaler Produktionsfaktoren durch die Gleichheit von Faktorpreis- und Grenzproduktivitätsverhältnis determiniert ist, bleiben die Kapitalintensität und damit auch der Kapitalkoeffizient nur dann konstant, wenn sich das Faktorpreisverhältnis nicht ändert. Nun muß aber im Wachstumsprozeß stets mit Variationen der relativen Faktorpreise gerechnet werden, wenn sich die Knappheitsrelationen der Faktoren verändern. Damit die Kapitalintensität dennoch konstant bleibt, ist es notwendig, – wie in Abb. 4 unterstellt – limitationale Faktoren anzunehmen, die rechteckige Isoquanten mit effizienten Faktorkombinationen nur in den Eckpunkten ergeben – und zwar unabhängig von den relativen Faktorpreisen. Auch in diesem Fall folgt aus der linearen Homogenität der Produktionsfunktion die Invarianz des Kapitalkoeffizienten, denn Kapital und Produktion wachsen in der gleichen Rate[2]). In den folgenden Ausführungen sei zunächst die Annahme linear-limitationaler Faktoren unterstellt.

---

[2]) Wird nicht im Eckpunkt einer Isoquante, sondern auf dem senkrechten Ast produziert, so liegen Teile des Kapitalstocks brach: Der tatsächliche ist größer als der optimale Kapitalkoeffizient.

Nach dieser Interpretation des Kapitalkoeffizienten und nach Erörterung der produktionstheoretischen Hintergründe knüpfen wir nun wieder an Gleichung (1) an und formen diese so um, daß der Kapazitätseffekt der Investitionen explizit erscheint:

$$P_{t+1} - P_t = \frac{1}{v} \cdot I_t. \tag{2}$$

Die Kapazitätszunahme wird also vom Verhältnis der Investition zum Kapitalkoeffizienten bestimmt.

c) Der Einkommenseffekt der Investitionen

Gleichung (2) repräsentiert die Angebotsseite des theoretischen Systems. Das Gleichgewicht der wachsenden Wirtschaft verlangt nun eine Ausdehnung der Gesamtnachfrage, des Volkseinkommens, damit die tatsächliche Produktion in das erhöhte, durch (2) bestimmte Produktionspotential hineinwächst. Ein konstanter Investitionsstrom, wie groß er auch sein mag, ist jedoch bei gegebener Konsumfunktion nicht in der Lage, diese Forderung zu erfüllen. Konstante Nettoinvestitionen erhöhen zwar – wie (2) anzeigt – die Kapazitäten; doch können zusätzliche Einkommen über den Multiplikatoreffekt nur durch zusätzliche Investitionen geschaffen werden. Wenn die Investition um $I_{t+1} - I_t$ erhöht wird, bestimmt der Multiplikator, definiert als reziproker Wert der marginalen Sparquote s, die Erhöhung des Einkommens um $Y_{t+1} - Y_t$:

$$Y_{t+1} - Y_t = \frac{1}{s} (I_{t+1} - I_t). \tag{3}$$

Von zeitlichen Verzögerungen wird also abgesehen. Ferner sei angenommen, daß s nicht nur die (konstante) marginale Sparquote, sondern auch die durchschnittliche Sparquote angibt, die Sparfunktion also eine Gerade durch den Ursprung ist.

d) Das Gleichgewichtswachstum

da) Arithmetische und tabellarische Ableitung

Wählen wir als Ausgangspunkt der Analyse einen Zustand des Gleichgewichts, so verlangt die Aufrechterhaltung dieses Gleichgewichts im

Verlauf des Entwicklungsprozesses, daß Einkommens- und Kapazitätseffekt einander entsprechen, die Gesamtnachfrage also in gleichem Maße zunimmt wie die potentielle Produktion. Dann steigen auch tatsächliche und potentielle Produktion in der gleichen Rate, und die Kapazitäten sind voll ausgelastet. Es gilt demnach als Gleichgewichtsbedingung

$$Y_{t+1} - Y_t = P_{t+1} - P_t$$

und wegen (2) und (3)

$$\frac{1}{s}(I_{t+1} - I_t) = \frac{1}{v} I_t$$

$$\frac{I_{t+1} - I_t}{I_t} = \frac{s}{v}. \tag{4}$$

Gleichung (4) ist die entscheidende Bedingung für die Existenz des Gleichgewichtswachstums. Die linke Seite zeigt die absolute Erhöhung der Investition $I_{t+1} - I_t$ im Verhältnis zum Investitionsvolumen I_t selbst und stellt somit deren prozentuale Wachstumsrate innerhalb zweier Perioden $t + 1$ und t dar. Soll das totale Gleichgewicht auch im Entwicklungsprozeß erhalten bleiben, Einkommen und Kapazität sich also proportional verändern, so muß die Investition in der prozentualen Rate s/v wachsen. Diese Rate ist im Zeitablauf konstant, wenn s und v nicht variieren:

$$\frac{I_{t+1} - I_t}{I_t} = \frac{I_t - I_{t-1}}{I_{t-1}} = \frac{s}{v}.$$

In der Konstanz von s und v ist ferner impliziert, daß nicht nur die Investition, sondern auch die Ersparnis, das Einkommen und der Kapitalstock gemäß der Rate s/v wachsen. Übereinstimmung von geplanter Investition und Ersparnis (S) garantiert zunächst die Gleichheit der Zuwachsraten von I und S:

$$\frac{\Delta I}{I} = \frac{\Delta S}{S}.$$

Da die durchschnittliche Sparquote S/Y konstant bleibt, gilt ferner

$$\frac{\Delta I}{I} = \frac{\Delta S}{S} = \frac{\Delta Y}{Y}.$$

Auf dem Gleichgewichtspfad ist $\Delta Y/Y = \Delta P/P$, so daß wir bei angenommener Konstanz des Kapitalkoeffizienten K/P auch schreiben können:

$$\frac{\Delta I}{I} = \frac{\Delta S}{S} = \frac{\Delta Y}{Y} = \frac{\Delta P}{P} = \frac{\Delta K}{K} = \frac{s}{v}.$$

Alle Größen wachsen also auf dem Gleichgewichtspfad in der gleichen Rate, nämlich in der Rate s/v. Da K/A wegen der Limitationalitätsannahme konstant ist, muß auch der Arbeitseinsatz in dieser Rate wachsen. Bei geringerem Arbeitswachstum liegen Teile des wachsenden Kapitalstocks brach (obwohl die Nachfrage zu dessen Auslastung ausreicht), so daß das Einkommen nicht gemäß s/v expandieren kann. Ein der Kapitalstockerhöhung entsprechendes Arbeitswachstum sei vorläufig vorausgesetzt; die durch Diskrepanzen zwischen beiden Wachstumsraten entstehenden Probleme werden später erörtert.

Die Zusammenhänge können mit Hilfe von Tab. 2 erläutert werden. Für die relevanten Koeffizienten sind folgende Werte angenommen: $v = 2$; $s = 0{,}2$; c (durchschnittliche und marginale Konsumquote) = 0,8.

Tabelle 2

Zeit	Y = tats. Prod.	P = Kapazität	K = Kapitalstock	I	ΔI	S	C
$t-1$	100	100	200	20	–	20	80
t	110	110 ←	220 ↙	22	2	22	88
$t+1$	121	121 ←	242 ↙	24,2	2,2	24,2	96,8

Die Ausgangsperiode $t-1$ repräsentiert einen Zustand allseitigen Gleichgewichts: Tatsächliche Produktion und Kapazität stimmen überein, das Sparen entspricht dem Investieren, so daß die tatsächliche Produktion voll von der Konsum- und Investitionsnachfrage absorbiert wird. Die in dieser Periode durchgeführten Nettoinvestitionen vergrößern den Kapitalstock in der nächsten Phase von 200 auf 220. Bei einem Kapitalkoeffizienten von 2 entspricht der Erweiterung des Kapitalstocks eine Ausdehnung der Kapazität auf 110. Dieser Wert des Kapazitätseffekts wird durch den Ausdruck

$$P_t - P_{t-1} = \frac{1}{v} I_{t-1}$$

bestimmt. Fundamentale Gleichgewichtsbedingung ist nun eine entsprechende Ausdehnung des Volkseinkommens. Nur in diesem Falle ist gewährleistet, daß die Kapazität auch genutzt wird, potentielle und tatsächliche Produktion übereinstimmen. Diese Einkommenssteigerung ist jedoch keineswegs automatisch gesichert. So würde sich das Einkommen der Periode $t - 1$ in t lediglich reproduzieren, sofern die Summe der einkommenschaffenden Konsum- und Investitionsausgaben in der Phase t dem Ausgangseinkommen entspricht.

Wenn aber eine genügend starke Einkommensexpansion nicht automatisch zu erzielen ist, dann entsteht die Frage, wie die zusätzliche Kapazität der Periode t genutzt werden kann. Die auf der Hand liegende Antwort würde lauten, daß das Preisniveau proportional zur Ausdehnung der Produktionsmöglichkeiten sinkt; es müßte sich dann bei konstantem Geldeinkommen das Realeinkommen entsprechend der Kapazitätsausdehnung vergrößern und deren Auslastung garantieren. Potentielle und tatsächliche Produktion bewegen sich im Gleichschritt und ermöglichen die Aufrechterhaltung des Gleichgewichts. So etwa würde die klassische Lösung des Problems lauten, eine Lösung, die jedoch durch das Mißtrauen in den Preismechanismus zunehmend diskreditiert worden ist. Geht man demnach von der Annahme eines konstanten Preisniveaus aus, so kann die Lösung des Problems nur in einer Expansion des Geldeinkommens gefunden werden, die völlige Ausschöpfung der Produktionsmöglichkeiten garantiert.

Die Kapazität ist in der Phase t um 10 Einheiten ausgedehnt worden. Um nun bei konstanten Preisen Einkommen und Kapazität aufeinander abzustimmen, muß folglich die monetäre Gesamtnachfrage durch Geldschöpfung in gleichem Maße gesteigert werden. Es werden somit Zusatzinvestitionen notwendig, die auf dem Wege des Multiplikatoreffekts den benötigten Einkommenszuwachs schaffen sollen. Bei einer Sparquote von 0,2 setzt die erforderliche Einkommenserhöhung um 10 eine Zusatzinvestition ΔI von 2 voraus. In die Multiplikatorformel $Y_t - Y_{t-1} = 1/s \cdot (I_t - I_{t-1})$, die den Einkommenseffekt der Investitionen widerspiegelt, ist also einzusetzen: $110 - 100 = 1/0{,}2 \cdot (22 - 20)$. Einkommenserhöhung und Zusatzinvestition sind in diesem Ausdruck auf die gleiche Zeitperiode bezogen; der Multiplikator berücksichtigt in dieser Fassung keine zeitliche Verzögerung.

Das Zusatzeinkommen von 10 wird seinerseits zu zwei Teilen gespart und zu 8 Teilen konsumiert. Geplante Ersparnis und Investition stimmen also wieder überein. Zugleich wird deutlich, daß die Übereinstimmung von Sparen und Investieren als Gleichgewichtsbedingung nicht genügt. Die Absorption des Sparvolumens durch Investitionen verhindert zwar Depressionen heute, sie erweitert aber den Kapitalstock morgen und verursacht eine Krise, wenn nicht das Geldeinkommen genügend stark ausgedehnt wird. Dies setzt aber voraus, daß die Investition der Phase t die Ersparnis der Periode $t - 1$ übersteigt, also eine Geldschöpfung stattfindet, die das erforderliche Einkommen schafft. Auf jedem Niveau mögen sich dann S und I erneut entsprechen.

Während wir bisher die einkommensschaffende, den Kapazitätsspielraum auslastende Kraft der Zusatzinvestitionen betonten, läßt sich nun noch ein anderer Weg bestimmen, auf dem die Gleichheit von Einkommens- und Kapazitätswachstum gesichert werden kann: Sobald die neuen Produktionsanlagen fertig sind, mögen die Unternehmer die Erzeugung aufnehmen wollen und zu diesem Zwecke Produktionsfaktoren anstellen. Die zur Auszahlung der Faktoreinkommen notwendigen Geldsummen werden durch input-Kredite beschafft, und das fortschreitende Gleichgewicht bleibt erhalten, da die neuen Einkommen die neuen Produkte kaufen. Zwar wird ein Teil des zusätzlichen Einkommens gespart; da sich aber auf dem Gleichgewichtspfad in jeder Phase die Gleichheit von freiwilliger Ersparnis und Investition realisieren muß, entspricht dem zusätzlichen Sparen auch eine zusätzliche Investition. Auch in diesem Falle sind demnach die Bedingungen des Domar-Systems erfüllt: Es finden zusätzliche, über das Niveau der Vorperiode hinausgehende Investitionen statt, denen eine Zunahme des Einkommens entspricht. Allerdings weicht unsere Analyse insofern von der ursprünglichen Deutung ab, als ΔI nun nicht mehr als *unmittelbarer* Impuls der Einkommensexpansion erscheint.

Ähnliche Überlegungen, wie sie für den Übergang von $t - 1$ nach t gelten, können auch für die Bewegung von t nach $t + 1$ angestellt werden. Die Sicherung der gleichgewichtigen Entwicklung auch in den nachfolgenden Perioden erfordert eine weitere Einkommensexpansion um ständig steigende absolute Beträge, damit – wie aus Tab. 2 zu ersehen ist – dem schneller werdenden absoluten Wachstum von Kapitalstock und Kapazität Rechnung getragen werden kann. Alle Größen des Systems expandieren mit der gleichen Fortschrittsrate von 10 %, die durch den Gleichgewichtsausdruck

$$\frac{\Delta I}{I} = \frac{\Delta Y}{Y} = \ldots = \frac{s}{v} = \frac{0{,}2}{2} = \frac{1}{10}$$

vorgeschrieben ist.

Der durch eine konstante Zuwachsrate bestimmte Gleichgewichtspfad des Volkseinkommens (und der anderen Variablen) kann mit Hilfe von Abb. 5 dargestellt werden, in der das Einkommen als Funktion der Zeit t eingetragen ist (Kurve Y_1 Y_1). Dieser Einkommenspfad folgt einer Exponentialfunktion. Aus Gründen der Bequemlichkeit benutzt man oft einen halblogarithmischen Maßstab (Abb. 6). Weil die (konstante) Wachstumsrate des Einkommens dann durch die Steigung der Funktion bestimmt ist, verläuft der Gleichgewichtspfad als Gerade.

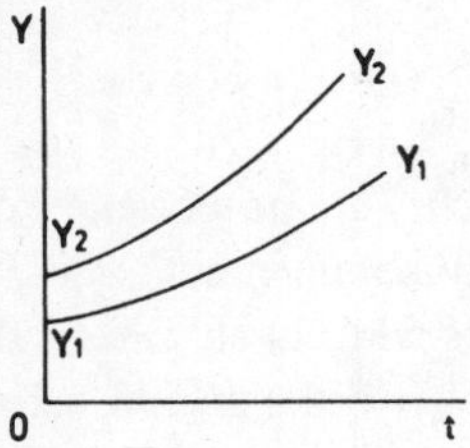

Abb. 5

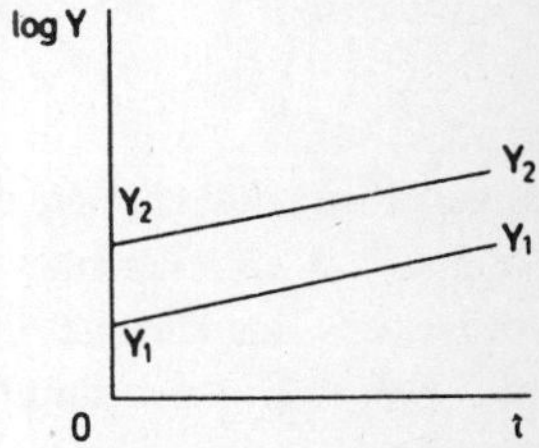

Abb. 6

Nun gibt es viele Einkommenspfade mit einer konstanten Steigung von z. B. 10 %, denn die Ausgangseinkommen können unterschiedlich hoch sein. Beträgt das Ausgangseinkommen z. B. Y_2, so weist der Einkommenspfad Y_2 Y_2 (in Abb. 5) die gleiche prozentuale Steigung, wenn auch eine höhere absolute Steigung als Y_1 Y_1 auf, denn der Ausgangswert ist höher. Im halblogarithmischen System sind beide Kurven hingegen Parallelen, weil der Anstieg gleich der in beiden Fällen identischen Zuwachsrate ist; das Ausgangsniveau hat keinen Einfluß auf die Steigung.

db) Geometrische Ableitung

In besonders anschaulicher Form kann das Wachstumsgleichgewicht mit Hilfe von Abb. 7 erläutert werden. Wenn auf den Achsen Volkseinkommen und Kapazität einerseits sowie Sparen und Investition andererseits abgetragen werden, ist das ursprüngliche Gleichgewichtseinkommen Y_1 durch den Schnittpunkt von Sparfunktion $S(Y)$ und Investitionsgeraden I_1 bestimmt. Die Investitionen in Höhe von I_1 haben

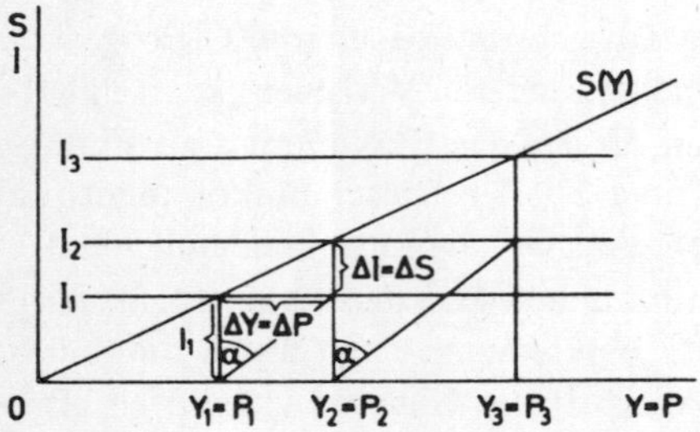

Abb. 7

einen Kapazitätseffekt, der es möglich macht, die potentielle Produktion und – im Gleichgewicht – auch das Einkommen auf $Y_2 = P_2$ auszudehnen. Das Ausmaß des Kapazitätseffekts wird durch $\tan\alpha = \Delta P/I_1 = \Delta Y/I_1 = 1/v$, also durch den reziproken Wert des marginalen Kapitalkoeffizienten gemessen. Durch Investitionen ist es nun zwar möglich, die Produktion auf Y_2 zu erhöhen, fraglich ist es jedoch, ob diese Produktion auch verkauft werden kann, die neuen Kapazitäten also auszunutzen sind. Solange die Investition auf dem Niveau I_1 konstant bleibt, ist der Absatz der erhöhten Produktion nicht gesichert, da die Ersparnis die Investition übersteigt. Folglich kommt es zu einem Kontraktionsprozeß, der das Einkommen auf Y_1 zurückdrängt. Um die Ausnutzung der Kapazität P_2 auch auf Dauer zu garantieren, muß die Investition auf I_2 gesteigert werden, denn nur in diesem Falle ist die Absorption der Zusatzproduktion durch die Gesamtnachfrage garantiert. Die Investition I_2 induziert nun aber in der nächsten Phase eine Kapazitätsausdehnung um $P_2 P_3$, welche zur Erhaltung der Vollbeschäftigung einen neuen Investitionsstoß verlangt, der größer als in der ersten Phase ist. Zur Erhaltung des Gleichgewichts genügt es also nicht, wenn die Investition absolut zunimmt, die absoluten Zuwächse müssen vielmehr immer größer werden.

Eine alternative geometrische Darstellung des Wachstumsgleichgewichts ist von *Bombach* (1953) entwickelt worden (Abb. 8). Wir unterstellen im 2. Quadranten einen Kapitalstock in Höhe von K_0. Da die Größe

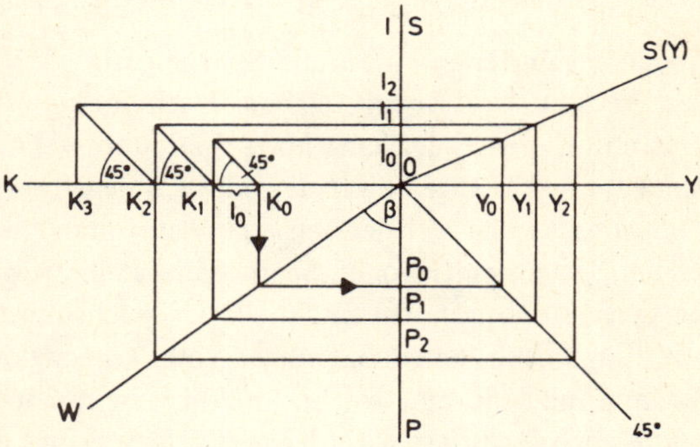

Abb. 8

des Kapitalkoeffizienten K/P im 3. Quadranten durch den Anstieg $\tan\beta$ der Geraden OW gemessen wird, ermöglicht der Kapitalstock K_0 eine potentielle Produktion P_0, die im Gleichgewichtszustand $(Y = P)$ dem Einkommen Y_0 entspricht. Dieses Einkommen finden wir mit Hilfe einer 45°-Linie, die im 4. Quadranten abgetragen ist. Zur Realisierung des Gleichgewichts von S und I, also zur Sicherung des Absatzes der Produktion Y_0, ist eine Investition I_0 erforderlich, die aber ihrerseits – wie im 2. Quadranten mit Hilfe einer 45°-Linie demonstriert wird – den Kapitalstock um $I_0 = K_1 - K_0$ erhöht. Das dadurch ausgelöste Kapazitätswachstum verlangt folglich eine Ausdehnung des Einkommens auf Y_1 und damit eine Investitionszunahme in Höhe von $\Delta I = I_1 - I_0$ usw. Auch jetzt wird deutlich, daß die Realisierung des Gleichgewichts ein Wachstum aller Größen in steigenden absoluten Beträgen impliziert.

dc) Die Determinanten der Wachstumsrate

Nach der Wachstumsformel s/v ist die Wachstumsrate des Volkseinkommens umso höher, je größer die Sparquote und je kleiner der Kapitalkoeffizient sind. Eine hohe Sparneigung erfordert, wenn das Gleichgewicht erhalten bleiben soll, auch hohe Investitionen, welche ein größeres Maß an Kapazitäts- und Einkommenswachstum möglich machen, als im Falle einer geringeren Investitionsquote zu erwarten ist. Diese Investitionen haben einen umso größeren Kapazitätseffekt, tragen also umso mehr zum Wachstum bei, je geringer der Kapitalkoeffizient ist.

Diese Überlegungen, nach denen eine hohe Sparneigung als Voraussetzung schnellen Wachstums erscheint, stehen in scheinbarem Widerspruch zur Auffassung Keynes', daß eine hohe Sparquote verantwortlich für Depressionen, also für abgeschwächtes oder gar negatives Wachstum ist. Dieser Gegensatz löst sich jedoch auf, wenn man bedenkt, daß im Keynesschen System einer hohen Sparneigung keineswegs auch eine gleich große Investitionsquote entspricht. In der Wachstumstheorie steht dagegen die Frage nach den Bedingungen einer Gleichgewichtssituation im Vordergrund, und eine solche Situation ist nur möglich, wenn alles Gesparte auch investiert wird. Keynes' Theorie und die bisher dargestellte Wachstumstheorie repräsentieren also einen völlig anderen Theorietyp. Mit Hilfe der Keynesschen Theorie sucht man reale Abläufe zu erklären und verschiedene Beschäftigungskonstellationen darzustellen, also auch solche, die durch einen Überhang der Ersparnis über die Investition charakterisiert sind. Wachstumstheorie ist dagegen Bedingungstheorie in dem Sinne, daß nach den Voraussetzungen eines Gleichgewichtswachstums gefragt wird, denn die Übereinstimmung von S und I ist integrierender Bestandteil eines solchen Wachstumsgleichgewichts. Keineswegs aber wird behauptet, daß das Einkommen sich stets auf einem solchen Pfad bewegt.

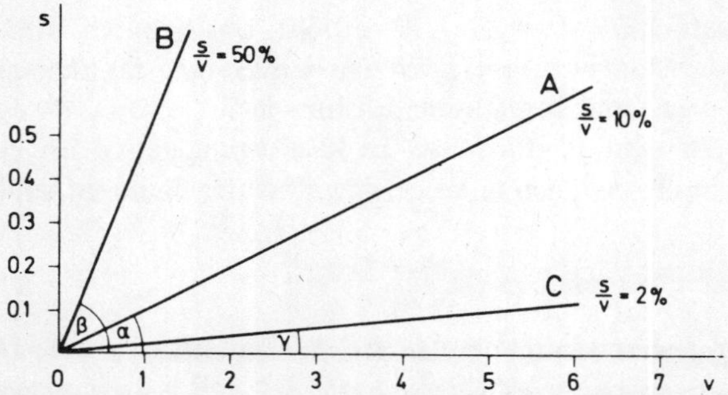

Abb. 9

Die Abhängigkeit der Wachstumsrate von s und v kann in einfacher Form mit Hilfe von Abb. 9 verdeutlicht werden. Trägt man s auf der Ordinate und v auf der Abszisse ab, so ist der Anstieg eines Nullpunktstrahls, gemessen durch den Tangens des entsprechenden Winkels, gleich $s/v = \Delta Y/Y$. Strahl *OA* repräsentiert dann eine Wachstumsrate von $\tan\alpha = s/v = 0{,}5/5 = 10\%$, Strahl *OB* bestimmt eine Wachstumsrate in Höhe von $\tan\beta = 0{,}5/1 = 50\%$, während Strahl *OC* eine Zuwachsrate von $\tan\gamma = 0{,}1/5 = 2\%$ anzeigt.

dd) Der Gleichgewichtsbegriff in der Wachstumstheorie

In den vorhergehenden Ausführungen ist die gleichmäßige Entwicklung von Einkommen und Kapazität mit dem Begriff des Wachstumsgleichgewichts umschrieben worden. Der Gleichgewichtsbegriff erhält in diesem Zusammenhang indessen eine völlig andere Bedeutung als in der Theorie der stationären Wirtschaft. Im Rahmen eines stationären Systems wird das Gleichgewicht als Zustand definiert, von dem das System bei gegebenen Daten keine Veranlassung hat abzuweichen. So bleibt der Preis bei gegebener Nachfrage und gegebenem Angebot konstant; das Einkommen ändert sich nicht, wenn Konsum und Investitionsfunktion gegeben sind usw. Üblicherweise ist also der Gleichgewichtsbegriff dadurch ausgezeichnet, daß die relevanten Variablen in der Zeit unverändert bleiben.

Demgegenüber nimmt der Gleichgewichtsbegriff in der Wachstumstheorie einen völlig anderen Charakter an. Nun bezieht sich der Gleichgewichtsbegriff nicht mehr auf absolute Werte, sondern auf Wachstumsraten, so daß Wachstumsgleichgewicht bei gegebenen Werten von s und v dann vorliegt, wenn die Wachstumsraten der Variablen konstant sind. Man kann diese Zusammenhänge auch so ausdrücken: Eine Gleichgewichtssituation wird oft als Zustand definiert, bei dem die Wirtschaftspläne in Erfüllung gehen. Haushalte und Unternehmen erwarten z. B. ein bestimmtes Einkommen und richten ihre Konsum- und Investitionspläne nach diesen Erwartungen ein. Wenn Konsum- und Investitionsausgaben dieses Einkommen ergeben, so daß tatsächliches und erwartetes Einkommen gleich sind, haben sie keine Veranlassung, ihre Dispositionen zu ändern. Diese Beschreibung einer Gleichgewichtssituation ist in der Wachstumstheorie zu revidieren: Unternehmer und Haushalte erwarten nunmehr eine bestimmte Wachstumsrate des Volkseinkommens. Folglich werden z. B. die Unternehmer Kapitalstock und Kapazität um einen bestimmten Prozentsatz erweitern. Hat diese Investitionsentscheidung via Multiplikator zur Folge, daß sich die erwartete Wachstumsrate des Einkommens tatsächlich einstellt, so herrscht Wachstumsgleichgewicht: Erwartungen und Tatsachen stimmen überein. Die Unternehmer werden folglich bewogen, an der einmal eingeschlagenen Investitionspolitik festzuhalten.

2. Akzelerationsprinzip und Sparfunktion (die Harrod-Lösung)

a) Das Gleichgewichtswachstum

1. In dem vorgeführten theoretischen Modell wurde die Zuwachsrate der Investition bestimmt, welche Gleichgewichtswachstum garantiert. Einkommens- und Kapazitätswachstum gelten als Funktion der Investition, während die Investition selbst unerklärt bleibt und als unabhängige Variable der Analyse erscheint. Nach den Bestimmungsgründen der Investition war nicht gefragt. Diese Lücke des Modells soll nun dadurch geschlossen werden, daß explizit eine Investitionsfunktion in Form des Akzelerationsprinzips berücksichtigt wird. Die Nettoinvestition erscheint also als abhängige Variable des Einkommenswachstums (Produktionswachstums) nach Maßgabe eines Koeffizienten v^+, der als Akzelerator, Relation oder Investitionskoeffizient bezeichnet wird. Wählt man eine kontinuierliche Betrachtungsweise, so gilt

$$I = v^+ \frac{dY}{dt}, \qquad (1)$$

wobei das Einkommenswachstum als Funktion der Zeit gedeutet wird. Da das Gleichgewichtswachstum die Übereinstimmung von S und I erfordert:

$$S = I, \qquad (2)$$

gilt bei einkommensabhängigem Sparen

$$S = sY \qquad (3)$$

die Gleichgewichtsbedingung

$$v^{+}\frac{dY}{dt} = sY$$

$$\frac{dY}{dt}\frac{1}{Y} = \frac{s}{v^{+}}. \tag{4}$$

GG-bedingung!

Gleichung (4) ist eine homogene Differentialgleichung 1. Ordnung, deren Lösung lautet

$$Y_t = Y_0 e^{\frac{s}{v^{+}} \cdot t}. \tag{5}$$

$\frac{s}{v^{+}}$ = Wachstumsrate des Volkseinkommens

(Y_0 = Einkommen im Zeitpunkt 0).

Die Wachstumsrate des Volkseinkommens ist durch den Quotienten aus (marginaler und durchschnittlicher) Sparquote s und Akzelerator v^{+} bestimmt. Diese Lösung verdanken wir *Harrod* (1939, 1948).

2. Zur ökonomischen Interpretation dieser Lösung gehen wir nun wieder zu einer diskontinuierlichen Betrachtung über, da die Deutung des Wachstumsprozesses davon abhängt, welche zeitlichen Verzögerungen unterstellt sind. In unserem ersten Modell sei eine statische Sparfunktion angenommen; das geplante Sparen dieser Periode ist also abhängig vom Einkommen der gleichen Periode

$$S_t = sY_t. \tag{6}$$

Die Investition im Zeitpunkt t wird nach dem Akzelerationsprinzip entweder vom Einkommenswachstum zwischen t und $t-1$ oder zwischen $t-1$ und $t-2$ bestimmt. Die Investitionsfunktion lautet also

$$I_t = v^{+}(Y_t - Y_{t-1}) \tag{7a}$$

oder

$$I_t = v^{+}(Y_{t-1} - Y_{t-2}). \tag{7b}$$

Da sich Unternehmer indessen bei Investitionsentscheidungen normalerweise von ihren Zukunftserwartungen leiten lassen, ist es angebracht, die Investitionen als abhängige Variable des geplanten zukünftigen Produktionszuwachses zwischen $t+1$ und t zu deuten:

$$I_t = v^{+}(Y_{t+1} - Y_t), \tag{7c}$$

wobei die Erwartungen natürlich von den Produktionszuwächsen der Vergangenheit geformt sein mögen. Die Unternehmer planen also aufgrund ihrer Absatzerwartungen eine Produktionserhöhung in der Zukunft. Zur Realisierung ihrer Produktionspläne nehmen sie Investitionen vor, welche den Kapitalstock um das zur Produktionsausdehnung notwendige Maß erweitern.

Es ist eine Frage der Terminologie, ob man die Investitionsfunktion (7c) noch als Akzelerationsprinzip deklariert oder die gemäß (7c) bestimmte Investition als „autonom" bezeichnet [3]). Sieht man indessen die Produktionsdehnung als entscheidende Determinante der Investitionen an, so sollte man den Komplex der einkommensinduzierten Investitionen nicht künstlich dadurch einengen, daß man lediglich den Produktionszuwachs der Vergangenheit als bestimmenden Faktor zuläßt.

Unterstellt man nun wieder die Gleichgewichtsbedingung $S_t = I_t$, so folgt nach (6) und (7c)

$$sY_t = v^+ (Y_{t+1} - Y_t)$$

$$w_{Yb} = \frac{Y_{t+1} - Y_t}{Y_t} = \frac{s}{v^+}. \tag{8}$$

Diese Gleichgewichtsrate wird von Harrod *befriedigende Wachstumsrate* (warranted rate of growth) genannt. Wir bezeichnen sie mit dem Symbol w_{Yb}. Setzt man $s = 0{,}2$ und $v^+ = 2$, so ist die Wachstumsrate in der Zeit konstant gleich $^1/_{10}$:

$$\frac{Y_t - Y_{t-1}}{Y_{t-1}} = \frac{Y_{t+1} - Y_t}{Y_t} = \frac{1}{10}. \tag{9}$$

Bei einem Ausgangseinkommen von $Y_{t-1} = 100$ muß sich also folgende Sequenz ergeben:

$$\frac{110 - 100}{100} = \frac{121 - 110}{110} = \frac{1}{10}. \tag{10}$$

---

[3]) So betont etwa *E. Preiser*: „Auch die autonome Investition berücksichtigt das Wachstum des Volkseinkommens – nur schaut sie voraus. Aus der Formel der induzierten Investition $I_t^{ind} = g\,(Y_{t-1} - Y_{t-2})$ wird bei der autonomen: $I_t = \chi(Y_{t+1} - Y_t)$". Vgl. *E. Preiser*, Multiplikatorprozeß und dynamischer Unternehmergewinn, Jahrb. f. Nationalökonomie und Statistik, Bd. 167, 1955. S. 124.

Auch dieses Modell soll anhand eines Zahlenbeispiels erörtert werden (Tab. 3):

Tabelle 3

Zeit	Y	ΔY	I	S	C
$t-1$	100		20	20	80
t	110	10	22	22	88
$t+1$	121	11	24,2	24,2	96,8

Werden in Periode $t-1$ 80 Teile konsumiert und 20 Teile gespart, so wird die Produktion von 100 nur dann abgesetzt, wenn die Investition gleich 20 ist. Die Investitionsfunktion $I_t = v^+ (Y_{t+1} - Y_t)$ bzw. (für den Übergang von $t-1$ nach t) $I_{t-1} = v^+ (Y_t - Y_{t-1})$ erlaubt eine Investition in dieser Höhe allerdings nur dann, wenn bei $v^+ = 2$ eine Produktionserhöhung ΔY von 10 geplant ist. Wird diese Investition tatsächlich vorgenommen, so erlaubt es der gewachsene Kapitalstock, die geplante Produktionserhöhung in der Phase t zu realisieren. Findet die neue Produktion von 110 nun Absatz? Offenbar erfüllen sich die Absatzerwartungen nur dann, wenn die Unternehmer auch in der Phase t eine Produktionsausweitung bis $t+1$ um 10 %, also um insgesamt 11 vorsehen und folglich im Werte von 22 investieren. Da sich Konsum und Sparen nach dem Einkommen der gleichen Periode richten, folgt für $c = 0{,}8$ bzw. $s = 0{,}2$ ein Konsumausgabenstrom von 88, der zusammen mit der Investitionsnachfrage dem Gesamtangebot von 110 entspricht. Wenn also die Unternehmer eine 10 %ige Produktionserhöhung planen und auf der Grundlage dieser Pläne investieren, stimmt die Gesamtnachfrage mit der jeweiligen Gesamterzeugung überein. Dies mag sie veranlassen, auch in Zukunft konstante Produktionswachstumsraten zu planen und die Existenz des Gleichgewichtspfades zu garantieren.

Die Gleichgewichtsrate s/v^+ kann auch abgeleitet werden, wenn man eine Investitionsfunktion von der Art

$$I_t = v^+ (Y_t - Y_{t-1})$$

zugrunde legt, also eine andere Periodisierung wählt. In Verbindung mit der Sparfunktion $S_t = sY_t$ folgt dann eine Einkommenswachstumsrate

$$\frac{Y_t - Y_{t-1}}{Y_t} = \frac{s}{v^+}. \tag{10a}$$

Hier ist der Begriff der Wachstumsrate recht ungewöhnlich definiert, nämlich als

$$\frac{Y_t - Y_{t-1}}{Y_t}$$

und nicht – wie üblich und in Gleichung (9) vorgeführt – als

$$\frac{Y_t - Y_{t-1}}{Y_{t-1}}.$$

Zweifellos entspricht es dem Denken in Wachstumsraten mehr, wenn absolute Änderungen nicht auf den Endwert, sondern auf den Ausgangswert bezogen sind. Allerdings kann (10a) so umgeformt werden, daß die Wachstumsrate im Nenner das Ausgangseinkommen Y_{t-1} enthält. Diese Umformung ergibt

$$\frac{Y_t - Y_{t-1}}{Y_{t-1}} = \frac{Y_{t+1} - Y_t}{Y_t} = \frac{s}{v^+ - s}$$

Wir wollen im folgenden jedoch stets mit der Investitionsfunktion (7c) und folglich mit der Wachstumsrate (8) bzw. (9) operieren.

b) Akzelerator und Kapitalkoeffizient: Ein Vergleich

Die mit Hilfe des Akzelerationsprinzips bestimmten Gleichgewichtsraten s/v^+ ähneln der Wachstumsrate s/v, die auf der Basis des Kapitalkoeffizienten entwickelt wurde, und unterscheiden sich von dieser nur dadurch, daß an Stelle des Kapitalkoeffizienten v der Akzelerator v^+ erscheint. Im folgenden soll das Verhältnis zwischen diesen Koeffizienten untersucht und zunächst nachgewiesen werden, daß sie gleiche Werte haben, wenn sich die Wirtschaft auf dem Gleichgewichtspfad bewegt.

Der marginale Kapitalkoeffizient, der mit dem durchschnittlichen Koeffizienten übereinstimmen soll, wurde wie folgt definiert:

$$v = \frac{\Delta K}{\Delta P} = \frac{K_{t+1} - K_t}{P_{t+1} - P_t}.$$

Im Gleichgewicht, wenn $Y = P$, gilt

$$v = \frac{K_{t+1} - K_t}{Y_{t+1} - Y_t} = \frac{\Delta K}{\Delta Y} = \frac{K}{Y}. \qquad (11)$$

Legt man der Gleichung des Akzelerationsprinzips die geplante zukünftige Produktionserhöhung zugrunde, so lautet die Investitionsfunktion:

$$I_t = v^+ (Y_{t+1} - Y_t).$$

Wegen der Identitätsbeziehung $I_t = K_{t+1} - K_t$ folgt

$$K_{t+1} - K_t = v^+ (Y_{t+1} - Y_t)$$

$$v^+ = \frac{K_{t+1} - K_t}{Y_{t+1} - Y_t} = \frac{\Delta K}{\Delta Y} = \frac{K}{Y}, \qquad (12)$$

wobei unterstellt wird, daß der marginale gleich dem durchschnittlichen Akzelerator ist. Aus (11) und (12) folgt somit

$$v = v^+.$$

Bei kontinuierlicher Betrachtung wird der Kapitalkoeffizient durch den Ausdruck

$$v = \frac{dK}{dt} \bigg/ \frac{dP}{dt} = \frac{I}{\frac{dP}{dt}}$$

bestimmt, während die Akzeleratorgleichung lautet:

$$I = v^+ \frac{dY}{dt}$$

$$v^+ = \frac{I}{\frac{dY}{dt}}.$$

Wiederum gilt $v^+ = v$, wenn $dY = dP$ ist. In den folgenden Ausführungen ist es also möglich, alternativ den einen oder den anderen Koeffizienten zu verwenden.

Die formale Übereinstimmung zwischen v und v^+ sollte allerdings nicht die fundamentalen Unterschiede verwischen, die zwischen den Theorien des Akzelerationsprinzips und des Kapitalkoeffizienten bestehen. So sieht das Akzelerationsprinzip die Einkommensänderung als unabhängige Variable und die Investition als abhängige Variable des (zurückliegenden oder des geplanten zukünftigen) Produktionszuwachses an.

In der Theorie des Kapitalkoeffizienten (S. 22ff.) hat dagegen die Betonung des Kapazitätseffekts zur Folge, daß die Investition als unabhängige, die Änderung der (potentiellen) Produktion als abhängige Variable angesehen wird. Der Ausdruck „unabhängige Variable", der die Stellung der Investition in diesem System kennzeichnet, läßt alle Möglichkeiten der Beeinflussung des Investitionsvolumens – auch durch Produktionsänderungen – offen, er bedeutet nur, daß im Rahmen der zu behandelnden Theorie diese Einflußmöglichkeiten nicht näher untersucht werden.

Aus diesen Diskrepanzen resultieren weitere Kriterien, die v und v^+ unterscheiden. So muß der Akzelerator als Verhaltensgröße gedeutet werden, der unternehmerisches Verhalten in Reaktion auf eine Produktionsausweitung mißt, wenn auch nicht bestritten wird, daß diese Reaktion auch von technischen Überlegungen wie dem Bestreben, ein optimales Verhältnis von Kapitalstock und Produktion zu realisieren, determiniert ist. Dagegen erscheint der Kapitalkoeffizient als rein produktionstechnische Größe, die besagt, wie groß der Zuwachs an Produktion ist, der durch einen Ausbau des Kapitalapparats ermöglicht wird. Verhaltensaussagen sind also im Kapitalkoeffizienten nicht impliziert.

Schließlich enthält die Akzeleratorgleichung nur solche Investitionen, die von der Produktionszunahme induziert sind. Da der Kapitalkoeffizient nichts über die Verursachung der Investitionen aussagt, werden alle Investitionen in diesem Koeffizienten erfaßt, also auch solche, die nach der üblichen Katalogisierung als autonom bezeichnet werden.

3. Konjunkturelle Störungen des Gleichgewichtswachstums

a) Tatsächliche und befriedigende Wachstumsrate

Es herrscht makroökonomisches Gleichgewicht. Gesamtangebot und Gesamtnachfrage stimmen also überein, wenn die tatsächliche Wachstumsrate des Volkseinkommens, die mit w_Y bzeichnet sei, der befriedigenden Wachstumsrate $w_{Yb} = s/v^+$ entspricht:

$$w_Y = w_{Yb} = \frac{s}{v^+}.$$

Nehmen wir nun an, die tatsächliche Wachstumsrate w_Y sei kleiner als die befriedigende Rate w_{Yb} und prüfen wir mit Hilfe eines Zahlenbeispiels, welche Konsequenzen als Folge dieser Abweichung zu erwarten sind. Insbesondere sei gefragt, ob der Gleichgewichtspfad stabil ist, das System nach einer Störung also stets zu ihm zurückkehrt, oder ob kumulative Bewegungen wahrscheinlich sind.

Für $Y_t = 110$, $Y_{t-1} = 100$, $s = 0{,}2$ und $v^+ = 2$ ist die befriedigende Wachstumsrate

$$w_{Yb} = \frac{s}{v^+} = \frac{Y_t - Y_{t-1}}{Y_{t-1}}$$

$$w_{Yb} = \frac{0{,}2}{2} = \frac{1}{10} = \frac{110 - 100}{100},$$

sofern die folgenden Spar- und Investitionsfunktionen gelten:

$$S_{t-1} = sY_{t-1}, \text{ also}: 20 = 0{,}2 \cdot 100$$

$$I_{t-1} = v^+(Y_t - Y_{t-1}), \text{ also}: 20 = 2 \cdot (110\text{–}100).$$

In Periode $t-1$ setzt sich die Gesamtnachfrage aus Investitionsausgaben von 20 und Konsumausgaben in Höhe von $C_{t-1} = Y_{t-1} - S_{t-1} = 80$ zusammen, so daß die Produktion von 100 Absatz findet.

Es sei nun unterstellt, daß das für die Zukunft geplante tatsächliche Wachstum nicht 10, sondern nur 4 beträgt. Bei einem Ausgangseinkommen von 100 gilt also: $Y_t - Y_{t-1} = 104 - 100$. Spar- und Investitionsfunktion haben dann die Werte

$$S_{t-1} = sY_{t-1} = 0{,}2 \cdot 100 = 20$$

$$I_{t-1} = v^+(Y_t - Y_{t-1}) = 2 \cdot (104\text{–}100) = 8.$$

Die tatsächliche Wachstumsrate ist folglich kleiner als die befriedigende Rate:

$$w_Y = \frac{104-100}{100} = \frac{1}{25} < w_{Yb} = \frac{1}{10}.$$

Diese Ungleichung impliziert, wie aus den Werten der Spar- und Investitionsfunktion hervorgeht, einen Überhang der geplanten Ersparnis von 20 über die geplante Investition von 8. Die Gesamtnachfrage $C + I$ ist folglich kleiner als die Produktion, denn einer Produktion $Y_{t-1} = 100$ stehen nur Gesamtausgaben in Höhe von $C_{t-1} = Y_{t-1} - S_{t-1} = 80$ und $I_{t-1} = 8$ gegenüber. Geht man davon aus, daß die geplante Ersparnis auch realisiert wird, so entstehen ungeplante Investitionen im Ausmaß der Differenz zwischen $S_{\text{gepl.}}$ und $I_{\text{gepl.}}$, also in Höhe der deflatorischen Lücke von 12. Es bilden sich mithin unabsetzbare Läger, und die Unternehmer stellen fest, daß die Kapazitäten nicht in gewünschtem Maße ausgelastet sind. Unter diesen Umständen werden sie ihre Investitionen – wahrscheinlich sogar absolut – verringern, so daß das Volkseinkommen sinkt und ein kumulativer Kontraktionsprozeß beginnt. Abb. 10 zeigt

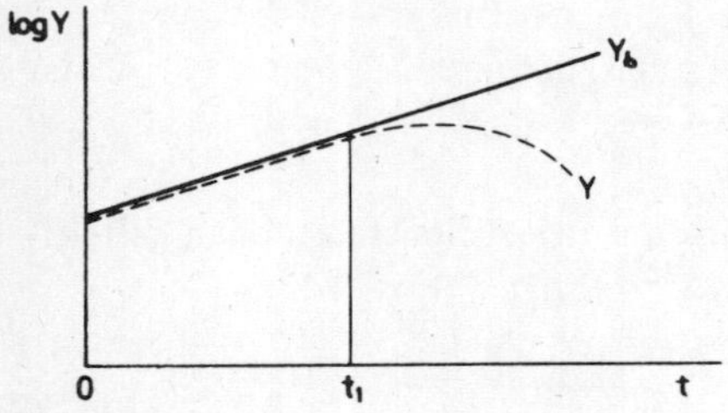

Abb. 10

die Konsequenzen der Konstellation $w_Y < w_{Yb}$. Weicht die tatsächliche Einkommensentwicklung (Pfad Y) von der gleichgewichtigen Entwicklung (Y_b) nach unten ab, weil das Gleichgewichtswachstum z.B. in t_1 gestört wird, so kehrt das System nicht zu seinem Ausgangspfad zurück, sondern folgt einem Weg, der in die Depression führt. Das Wachstumsgleichgewicht ist mithin unstabil – so lautet jedenfalls die Konsequenz, die *Harrod* zieht und die er treffend mit dem Begriff vom „Wachstum auf des Messers Schneide“ umschreibt.

Der dargestellte Ablauf impliziert im Grunde eine paradoxe Situation: Wie gezeigt worden ist, kommt eine Depression zustande, weil das tatsächliche Einkommenswachstum von 4 hinter dem befriedigenden Wachstum von 10 zurückbleibt, was bedeutet, daß die geplante Investition von 8 die für das Gleichgewicht erforderliche Investition von 20 nicht erreicht. Die Depression ist also die Folge einer zu geringen Investitionstätigkeit. Weil zu wenig investiert wird, entstehen Überkapazitäten, und angesichts der Leerkapazitäten kann ein Gleichgewicht bei Vollbeschäftigung nur dann zustande kommen, wenn sich die Unternehmer zu einer Erhöhung der Investitionen entschließen. Ein solches Verhalten, das aus gesamtwirtschaftlicher Sicht durchaus sinnvoll erscheint, kann jedoch kaum erwartet werden, da einzelwirtschaftliche Rationalvorstellungen dem entgegenstehen. Sind Leerkapazitäten erst einmal vorhanden, so werden die Unternehmer ihre Investitionsvorhaben drosseln mit dem Ziel, Überkapazitäten abzubauen, aber mit der tatsächlichen Konsequenz, daß das Kapazitätsdilemma auf Grund der Ausgabenschrumpfung noch verschärft wird. Leerkapazitäten sind also – um eine treffende Formulierung von *Bombach* zu verwenden – die Folge einer zu schwachen, Unterkapazitäten entsprechend die Folge einer zu regen Investitionstätigkeit. Dieses als „Harrod-Paradoxon“ bekannte Phänomen ist indessen nicht nur für den von Harrod geschilderten Prozeß, sondern grundsätzlich für jeden konjunkturellen Ablauf typisch.

b) Tatsächlicher und befriedigender Akzelerator

Die Zusammenhänge zwischen tatsächlicher und befriedigender Wachstumsrate lassen sich auch in anderer Form erläutern, wenn man die Begriffe „tatsächlicher“ und „befriedigender“ Akzelerator einführt. Der befriedigende Akzelerator $\overset{+}{v}_b$, der mit dem bisher verwendeten Akzeleratorkoeffizienten übereinstimmt, ist als Verhältnis zwischen *geplanter* Investition und Einkommenswachstum definiert. Legt man das oben verwendete Zahlenbeispiel zugrunde, so gilt

$$\overset{+}{v}_b = \frac{\text{geplante Investition}}{\Delta Y} = \frac{8}{4} = 2.$$

Dagegen bezeichnen wir als tatsächlichen Akzelerator $\overset{+}{v}_t$ das Verhältnis zwischen *Gesamt*investition, die sich aus geplanter und ungeplanter

Investition zusammensetzt, und Einkommenszuwachs. Da in unserem Zahlenbeispiel die geplante Investition = 8, die ungeplante Investition dagegen gleich $S - I_{\text{gepl.}} = 12$ ist, hat $\overset{+}{v}_t$ den Wert

$$\overset{+}{v}_t = \frac{\text{Gesamtinvestition}}{\Delta Y} = \frac{20}{4} = 5.$$

Während in der Gleichung der befriedigenden Wachstumsrate der „befriedigende", also der mit dem Gleichgewicht vereinbare Akzelerator erscheint

$$w_{Yb} = \frac{s}{\overset{+}{v}_b} = \frac{0{,}2}{2} = \frac{1}{10}, \tag{1}$$

geht in die tatsächliche Wachstumsrate der „tatsächliche" Akzelerator ein:

$$w_Y = \frac{s}{\overset{+}{v}_t} = \frac{0{,}2}{5} = \frac{1}{25}. \tag{2}$$

Faßt man (1) und (2) wie folgt zusammen:

$$w_Y \cdot \overset{+}{v}_t = w_{Yb} \cdot \overset{+}{v}_b$$

$$\frac{1}{25} \cdot 5 = \frac{1}{10} \cdot 2,$$

so wird sofort ersichtlich, daß die Konstellation $w_Y < w_{Yb}$ auch die Bedingung $\overset{+}{v}_t > \overset{+}{v}_b$ impliziert.

Da eine Depression entsteht, wenn $w_Y < w_{Yb}$, kann der konjunkturelle Niedergang auch durch einen im Vergleich zum befriedigenden Akzelerator größeren tatsächlichen Akzelerator beschrieben werden. Das tatsächliche Verhältnis zwischen Investition und Einkommenswachstum ist demnach größer als das gewünschte Verhältnis. Eine solche Formulierung läßt aber auf die Existenz von nicht absetzbaren Lägern und Leerkapazitäten schließen, welche – wie bereits gezeigt worden ist – die Unternehmer veranlaßt, ihre geplanten Investitionen zu reduzieren, wodurch das Maß der Leerkapazitäten noch größer wird.

Während kumulative Prozesse durch Diskrepanzen zwischen tatsächlichem und befriedigendem Akzelerator gekennzeichnet sind, stimmen $\overset{+}{v}_t$ und $\overset{+}{v}_b$ auf dem Gleichgewichtspfad der Entwicklung überein. Da die ungeplante Investition gleich Null ist, die tatsächliche der geplanten Investition entspricht, ist auch das Verhältnis von tatsächlicher Investition und Einkommenswachstum dem von den Unternehmern als befriedigend empfundenen Verhältnis gleich. Wächst mithin die Wirtschaft in der Gleichgewichtsrate w_{Yb}, so stellen die Unternehmer fest, daß ihre Investitionen gerechtfertigt in dem Sinne sind, daß keine Über- und Unterkapazitäten entstehen. Folglich ist es nicht unrealistisch anzunehmen, daß die Produktion in der nächsten Periode um den gleichen Prozentsatz ausgedehnt wird wie bisher. Ist also z. B. in dieser Phase die Produktion um 10 % gestiegen und gleichzeitig die Kapazität in wünschenswertem Maße ausgelastet, so mögen die Unternehmer veranlaßt werden, in der nächsten Phase die Produktion um den gleichen Prozentsatz zu erhöhen. Eine einmal bestehende tatsächliche Wachstumsrate hat demnach die Tendenz, sich fortzusetzen, sofern sie mit der befriedigenden Rate übereinstimmt. Kommt es jedoch zu Diskrepanzen zwischen diesen Raten, so entstehen konjunkturelle Prozesse, in deren Verlauf die Wirtschaft sich immer weiter vom Gleichgewichtspfad entfernt.

4. Langfristige Störungen und gesamtwirtschaftliches Gleichgewicht

a) Die Bedingungen des gesamtwirtschaftlichen Gleichgewichts

1. Gegenstand der Untersuchung im vorhergegangenen Kapitel war die Frage, welche Konsequenzen in Form von Konjunkturbewegungen zu erwarten sind, wenn die tatsächliche Wachstumsrate w_Y von der befriedigenden Rate w_{Yb} abweicht. Im folgenden sei nun Übereinstimmung von w_Y und w_{Yb} im Ausgangszustand angenommen, was offenbar bedeutet, daß die Kapazitäten in dem von den Unternehmern als wünschenswert erachteten Maße ausgelastet sind, das tatsächliche Verhältnis zwischen den Werten des Kapitalstocks und der Produktion, der „tatsächliche" Akzelerator oder Kapitalkoeffizient, also dem gewünschten Verhältnis, dem „befriedigenden" Akzelerator oder Kapitalkoeffizienten, entspricht. Da v und v^+ auf dem Gleichgewichtspfad übereinstimmende Werte haben, ist es gleichgültig, welchen Koeffizienten wir verwenden. Operiert man mit dem Kapitalkoeffizienten v, so kann das als optimal empfundene Verhältnis von Kapitalstock und Volksein-

kommen im Entwicklungsprozeß nur dann erhalten bleiben, wenn K und Y in der gleichen Rate, nämlich der Rate s/v wachsen:

$$w_Y = w_{Yb} = \frac{\Delta Y}{Y} = \frac{\Delta K}{K} = \frac{I}{K} = \frac{S}{K} = \frac{sY}{K} = \frac{s}{v}. \tag{1}$$

Bedingung (1) stellt die Vollbeschäftigung (= erwünschte Auslastung) des Kapitalstocks sicher. Da limitationale Produktionsfaktoren unterstellt sind, kann (1) nur dann verwirklicht werden, kann sich die Produktion nur dann proportional zum Kapitalbestand erhöhen, wenn auch der Arbeitseinsatz in der gleichen Rate wie der Kapitalstock wächst. Zur Erfüllung von (1) muß ferner gewährleistet sein, daß die Nachfrage in genügend starkem Maße expandiert, damit der Absatz der gestiegenen Produktion gesichert ist. Unter diesen Annahmen ist der Kapitalstock vollbeschäftigt.

Nun setzt aber die Existenz eines totalen Gleichgewichts voraus, daß zusätzlich auch auf dem Arbeitsmarkt ein Gleichgewicht, als Vollbeschäftigung aller Arbeitswilligen definiert, gegeben ist. Während die Bedingung $w_Y = w_{Yb}$ nur sicherstellt, daß der Kapitalstock ausgelastet wird, ist also zusätzlich nach den Bedingungen für die Vollbeschäftigung der Arbeit zu fragen. Es sei angenommen, daß die Zuwachsrate des Arbeitsangebots w_A

$$w_A = \frac{\Delta A}{A}, \tag{2}$$

welche der Zuwachsrate der Erwerbsbevölkerung entspricht, in der Zeit konstant ist. Die Vollbeschäftigung des Kapitals ist – wie oben gesagt – nur dann gesichert, wenn sich der Arbeitseinsatz (da die Kapitalintensität konstant ist) um den gleichen Satz wie der Kapitalbestand erhöht. Diese Bedingung garantiert zugleich die Vollbeschäftigung der Arbeit, wenn nicht nur der Arbeits*einsatz*, sondern auch das Arbeits*angebot* in der gleichen Rate wie der Kapitalstock wächst, da der Arbeitseinsatz nur in diesem Falle dem Arbeitsangebot entspricht. Es muß also gelten

$$\underbrace{w_K}_{} = w_A$$

$$\frac{s}{v} = w_A \tag{3}$$

wobei $w_K = \Delta K/K$ ist.

Würde die Arbeit in einer schnelleren Rate als der Kapitalstock wachsen ($w_A > w_K$), so könnte als Folge der Limitationalitätsannahme ein Teil der gewachsenen Arbeitsmenge nicht beschäftigt werden. Der Arbeitseinsatz ist also kleiner als das Arbeitsangebot. Liegt umgekehrt die Konstellation $w_K > w_A$ vor, dann ist es nicht möglich, den Kapitalstock mit genügend Arbeitskräften zu versehen. Kapital liegt brach, obwohl die Nachfrage zur Auslastung des Kapitalapparates völlig ausreichen mag. Bedingung (3) stellt demnach sicher, daß weder Arbeitskräftemangel ($w_K > w_A$) noch Arbeitsüberschuß ($w_A > w_K$) den Expansionsprozeß behindern. Da die Produktionsfunktion als linear-homogen unterstellt ist, muß das Produktionsvolumen in der gleichen Rate wie Kapital und Arbeit wachsen, und die Entwicklung vollzieht sich ungestört, wenn die Nachfrage den vollen Absatz der gestiegenen Produktion ermöglicht.

2. Die in Abschnitt 1) behandelten Zusammenhänge sollen – da für die späteren Ausführungen von zentraler Bedeutung – nun noch in anderer Form erörtert werden. Unterscheidet man zwischen Arbeitsangebot A und tatsächlichem Arbeitseinsatz A_e, so implizieren die angenommenen produktionstheoretischen Bedingungen – limitationale Faktoren in Verbindung mit einer linear-homogenen Produktionsfunktion – die Konstanz der Arbeitsproduktivität Y/A_e bzw. des Arbeitskoeffizienten A_e/Y in der Zeit (vgl. S. 26f.). Einkommen und Arbeitseinsatz werden also in der gleichen Rate wachsen.

$$w_Y = \frac{\Delta A_e}{A_e} \tag{1}$$

Da das tatsächliche Arbeitsangebot A in dem gleichen oder einem größeren Prozentsatz als der Arbeitseinsatz A_e wachsen kann:

$$\frac{\Delta A_e}{A_e} \leqq \frac{\Delta A}{A} = w_A, \tag{2}$$

impliziert (1) in Verbindung mit (2):

$$w_Y \leqq w_A. \tag{3}$$

Wenn nun die Produktionswachstumsrate w_Y kleiner als die Arbeitszuwachsrate w_A ist, bleiben Teile des Arbeitspotentials ohne Beschäftigung, da sich der Arbeitseinsatz nur nach Maßgabe der Produktionszunahme erhöhen kann. Die Sicherung der Vollbeschäftigung aller Arbeitskräfte setzt demnach voraus, daß die Zuwachsrate des Arbeitsangebots gerade mit der tatsächlichen Wachstumsrate des Einkommens übereinstimmt. Diese Einkommenswachstumsrate, welche die Vollbeschäftigung der Arbeit garantiert, wird in Anlehnung an *Harrod* als *natürliche Wachstumsrate* w_Y^A bezeichnet. Sie ist zugleich die maximale Wachstumsrate, die das System bei gegebenem Stand der Technik erreichen kann. Damit also Unterbeschäftigung der Arbeit vermieden wird, muß die tatsächliche Wachstumsrate des Einkommens der natürlichen Wachstumsrate, welche durch das Arbeitskräftewachstum determiniert ist, entsprechen

$$w_Y = w_Y^A = w_A . \tag{4}$$

Während (4) die Vollbeschäftigung der Arbeit garantiert, ist die erwünschte Auslastung des Kapitalstocks nur dann gesichert, wenn die tatsächliche Wachstumsrate mit der befriedigenden Wachstumsrate $w_{Yb} = s/v$ übereinstimmt

$$w_Y = w_{Yb} = \frac{s}{v} . \tag{5}$$

Die Gleichungen (4) und (5) konstituieren nun die Bedingungen eines totalen Gleichgewichts, welches sowohl die Vollbeschäftigung der Arbeit ($w_Y = w_Y^A$) als auch die erwünschte Auslastung des Kapitalstocks ($w_Y = w_{Yb}$) garantiert. Es muß also gelten

$$w_Y = w_{Yb} = w_Y^A \tag{6}$$

oder – wegen (4) und (5) –

$$w_Y = \frac{s}{v} = w_A . \tag{7}$$

Die Gleichgewichtsrate ist auf dem durch (7) bestimmten Pfad konstant, solange s, v und w_Y^A im Zeitablauf unverändert bleiben.

3. Die Erfüllung von (7), welche Gleichheit von Arbeitswachstum und Kapitalstockwachstum s/v impliziert, reicht indessen allein nicht aus, die Vollbeschäftigung der Arbeit zu sichern – und zwar dann nicht, wenn Unterbeschäftigung im Ausgangszustand herrscht.

Tabelle 4

K	K/A	beschäftigte Arbeitsmenge	Arbeitsangebot	Arbeitslosigkeit
200	4	50	100	50
220	4	55	110	55

In unserem Zahlenbeispiel sei der Kapitalstock mit 200, die Zahl der angebotenen Arbeitseinheiten (Stunden, Tage oder Zahl der Arbeitskräfte) mit 100 angenommen. Ist die Kapitalintensität jedoch bei 4 fixiert, so können nur 50 Arbeitseinheiten beschäftigt werden. In der zweiten Phase wachsen der Kapitalstock auf 220 und das Arbeitsangebot auf 110, beide Größen also in der gleichen Rate, wie es Bedingung (3) verlangt. Weil die Kapitalintensität bei 4 konstant ist, nimmt die Zahl der Arbeitslosen folglich zu.

In Abb. 11 stellt Y_{II} das Vollbeschäftigungseinkommen im Ausgangszustand dar. Nur wenn sich dieses Einkommen in der Rate $\tan\alpha = w_A$ erhöht (Pfad II), bleibt die Vollbeschäftigung der Arbeit auch in der Zeit erhalten. Das tatsächliche Einkommen sei jedoch durch Y_I gegeben und nehme in der Rate $\tan\beta = s/v$ zu. Obwohl $w_A = s/v$ ist, herrscht Arbeitslosigkeit, denn wenn die Wirtschaft dem Pfade I folgt, überschreitet das Vollbeschäftigungseinkommen stets den Einkommenswert, der tatsächlich auch erreicht wird. Zur Realisierung des gesamtwirtschaftlichen Gleichgewichts ist also gleiches prozentuales Wachs-

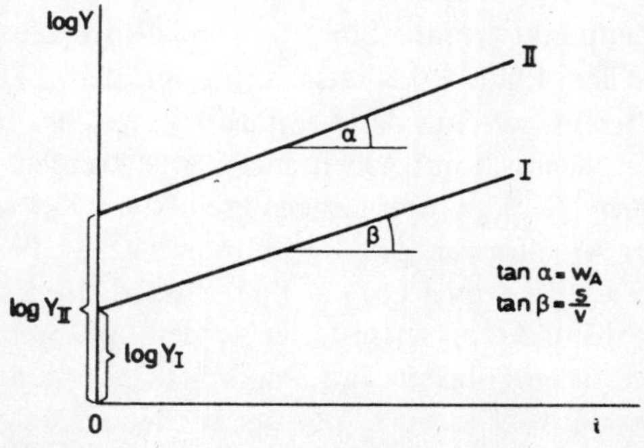

Abb. 11

tum von A und K zwar notwendige, aber nicht hinreichende Bedingung; bereits im Ausgangszustand muß die Arbeit vollbeschäftigt sein, d.h. die I- und II-Geraden müssen sich decken.

b) Säkulare Stagnation und chronische Arbeitslosigkeit

Während Diskrepanzen zwischen w_Y und w_{Yb} konjunkturelle Störungen induzieren, entsteht das Problem der säkularen Unstabilität, wenn die befriedigende Einkommenswachstumsrate s/v, also zugleich die Zuwachsrate des Kapitalstocks, nicht mit der natürlichen Einkommenswachstumsrate = Zuwachsrate der Arbeit w_A übereinstimmt. Wächst der Kapitalstock z.B. stärker als das Arbeitsangebot ($s/v > w_A$), so kann ein Teil des Kapitalbestandes nicht beschäftigt werden, da die komplementären Arbeitskräfte fehlen – mag auch die Nachfrage ausreichend sein. Die Unternehmer werden ihre Investitionen in diesem Fall vermindern, so daß ein Kontraktionsprozeß einsetzt, der das Volumen der Leerkapazitäten entgegen den unternehmerischen Intentionen noch mehr vergrößert. Die durch das natürliche Wachstum gesetzte Obergrenze hat demnach zur Folge, daß chronische Überkapazitäten drohen und folglich eine Tendenz zur säkularen Stagnation besteht.

Dieser Ablauf wird mit Hilfe von Abb. 12 demonstriert. Während Linie II mit der Steigung $\tan\beta = w_A$ die natürliche Wachstumsrate determiniert, bestimmt Pfad I mit dem Anstieg $\tan\alpha = s/v$ die befriedigende Wachstumsrate. Obwohl s/v größer als w_A ist, kann sich die Wirtschaft bis zum Zeitpunkt t_1 ohne Störungen auf dem Pfade I entwickeln: Stimmt auf dem Pfade I das tatsächliche mit dem befriedigenden Wachstum überein, so kann der Kapitalstock, welcher in der Rate $s/v > w_A$ wächst, dennoch mit Arbeit ausgestattet werden, denn das Ausgangseinkommen Y_{I} ist geringer als jene Produktion Y_{II}, welche Vollbeschäftigung der Arbeit garantiert. Im Zeitpunkt t_1 ist die Vollbeschäftigungsgrenze jedoch erreicht ($Y_{\text{I}} = Y_{\text{II}}$). Zusätzliche Kapitaleinheiten können nicht mit Arbeit ausgestattet werden, weil weiterhin $s/v > w_A$ ist. Die Investitionstätigkeit wird eingeschränkt, und die tatsächliche Wachstumsrate, welche bis t_1 mit der befriedigenden Rate zusammenfiel, sinkt nunmehr unter s/v (s. gestrichelte Linie).

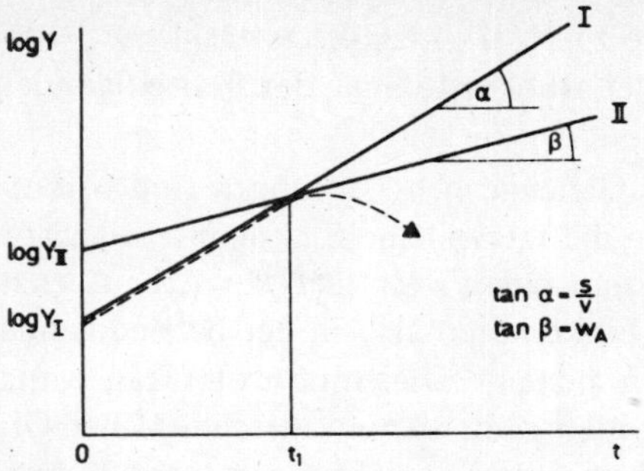

Abb. 12

Diese Deutung ist aber offenbar nur dann zutreffend, wenn der Grad der Substituierbarkeit zwischen den Faktoren so gering ist – im Grenzfall die Limitationalitätsannahme gilt –, daß der relativ reichlich vorhandene Faktor Kapital nicht genutzt werden kann. Denn andernfalls wäre es ja möglich, die relativ langsam wachsende Erwerbsbevölkerung mit einer größeren Kapitalmenge auszustatten und somit das Brachliegen von Kapitalgütern, welches zur Stagnation führt, zu vermeiden.

Wenn andererseits die Zuwachsrate des Kapitals kleiner als die der Arbeit ist ($s/v < w_A$) – vgl. Abb. 13 –, ist es unter der Annahme limitationaler Faktoren nicht möglich, alle Arbeitskräfte mit den notwendigen Kapitalgütern auszustatten. Es entsteht strukturelle Unterbeschäftigung; diese Arbeitslosigkeit kann durchaus mit säkularer Inflation verbunden sein, denn wenn die befriedigende geringer als die

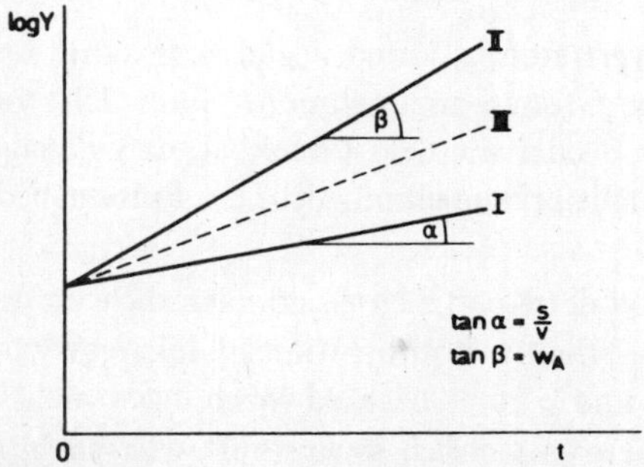

Abb. 13

natürliche Rate ist (Pfade I und II), mag die tatsächliche Wachstumsrate während längerer Zeitabschnitte über der befriedigenden Rate liegen (Pfad III).

Die erörterten säkularen Gleichgewichtsstörungen sind offenbar nur dann auszuschalten, wenn die tatsächliche Einkommenswachstumsrate sowohl der Kapitalwachstumsrate s/v als auch der Arbeitswachstumsrate w_A entspricht, das Einkommen also in der befriedigenden und natürlichen Rate zugleich ansteigt. Dies muß unter den Annahmen, wie sie bisher gesetzt worden sind, als unwahrscheinlicher Grenzfall angesehen werden. Die bisherigen Ausführungen legen vielmehr folgende Schlußfolgerungen nahe:

1. Da w_A, s und v konstante und voneinander unabhängige Größen sind, wäre eine Übereinstimmung von s/v und w_A reiner Zufall. Folglich muß damit gerechnet werden, daß die Wachstumsraten von Kapital und Arbeit auseinanderfallen. Die Bedingungen für eine Existenz des Gleichgewichts sind dann nicht erfüllt. Dieser Fragenkomplex wird auch als Existenzproblem bezeichnet.

2. Sollte zufällig $s/v = w_A$ sein, so wird die Verletzung dieser Gleichgewichtsbedingung durch Variationen von s, v oder w_A säkulare Störungen auslösen, die durch chronische Arbeitslosigkeit ($s/v < w_A$) oder wachsende Leerkapazitäten ($s/v > w_A$) gekennzeichnet sind. Dies ist das (langfristige) Stabilitätsproblem.

Diese extrem pessimistische Deutung der Zusammenhänge, welche allerdings notwendig aus den gesetzten Annahmen folgt, wirft die Frage auf, ob nicht unter anderen Bedingungen günstigere Ergebnisse zu erwarten sind. Insbesondere sind folgende Fragen zu stellen:

1. Ist es tatsächlich zu vertreten, s, v und w_A als konstante und voneinander unabhängige Größen anzunehmen? Sind nicht vielmehr Veränderungen von s, v oder w_A derart denkbar, daß gleichgewichtiges Wachstum jedenfalls prinzipiell möglich, die Existenzbedingung also erfüllt ist?
2. Wenn die Konstellation der Koeffizienten grundsätzlich die Existenz eines Gleichgewichts erlaubt, kommt dieses Gleichgewicht dann nicht auch zustande, und wird es nach Abweichungen nicht wieder erreicht? Ist das System tatsächlich so unstabil, wie wir bisher unterstellten, oder ist die Stabilität nicht doch gesichert?

Bei der Beantwortung dieser Fragen wird im folgenden vorausgesetzt, daß die Nachfrage zur Auslastung der Kapazitäten ausreicht, was u. a. einen monetären Mechanismus voraussetzt, der Sparen und Investieren in Übereinstimmung bringt.

Literaturübersicht zum III. Kapitel

Die Postkeynessche Wachstumstheorie wurde von *E.D. Domar* und *R.F. Harrod* entwickelt; vgl. die in der Übersicht zum II. Kapitel genannten Arbeiten von *E.D. Domar* sowie die Sammlung seiner wichtigsten Aufsätze in: Essays in the Theory of Economic Growth, Oxford 1957. Die bedeutendsten Arbeiten von *Harrod* sind: An Essay in Dynamic Theory, Economic Journal, Bd. 49, 1939, deutsche Übersetzung in: *H. König* (1968); Towards a Dynamic Economics, London–New York 1948, deutsche Ausgabe: Dynamische Wirtschaft, Stuttgart–Wien 1949. Zur Kritik am Aussagewert dieser Modelle vgl. *K. Rose*, Der Erkenntniswert der Wachstumsmodelle, Jahrbücher f. Nationalökonomie und Statistik, Bd. 168, 1956.

Über den Kapitalkoeffizienten orientiert ausführlich *E. Helmstädter*, Der Kapitalkoeffizient. Eine kapitaltheoretische Untersuchung, Stuttgart 1969.

IV. Variabilität der Wachstumsrate des Arbeitsangebots

Zunächst sei untersucht, ob eine Anpassung von gleichgewichtiger und natürlicher Wachstumsrate nicht durch eine Variation von w_A erreicht werden kann. Das Arbeitskräftewachstum wird also nicht länger als exogene, konstante Größe, sondern als endogene Variable des Systems behandelt. Wenn die Zuwachsrate der Erwerbsbevölkerung nunmehr als endogene Größe erscheint, so muß man fragen, von welchen Faktoren w_A bestimmt wird. Die einfachste Annahme – schon den Klassikern geläufig – ist die, das Arbeitskräftewachstum in Abhängigkeit von der Höhe des Lohnsatzes zu sehen.

Über den Verlauf einer solchen Populationsfunktion $w_A = f(l)$ sind unterschiedliche Annahmen möglich. In Anlehnung an die klassische Bevölkerungstheorie könnte man unterstellen, daß eine positive Wachstumsrate der Bevölkerung und damit – bei gegebener Erwerbsfähigenquote – des Arbeitsangebots nur dann anzunehmen ist, wenn der Lohnsatz das Existenzminimum $l_{\min}$ übersteigt. Die Funktion lautet dann

$$w_A = f(l - l_{\min}). \tag{1}$$

Im Wachstumsgleichgewicht gilt also die Bedingung

$$\frac{s}{v} = f(l - l_{\min}). \tag{2}$$

Vom genauen Verlauf der Bevölkerungsfunktion hängt es nun ab, ob dieses Gleichgewicht existent ist. In Abb. 14 wird die Bevölkerungsfunktion durch die w_A-Gerade angegeben; die Wachstumsrate der Erwerbsbevölkerung ist also positiv, wenn der Lohnsatz das Niveau $l_{\min}$ übersteigt. Das Kapitalstockwachstum s/v wird demgegenüber durch eine Parallele zur Abszisse angezeigt, denn s/v ist unabhängig von l[1]). Die Gleichgewichtsbedingung $w_A = s/v$ ist offenbar in A beim Lohn-

[1]) Nur bei Annahme limitationaler Faktoren verläuft die s/v-Kurve parallel zur Abszisse. Im Falle substitutionaler Faktoren wird dagegen v – der Kapitaleinsatz pro Produkteinheit – durch Variationen von l beeinflußt.

satz l^* erfüllt, denn Arbeitskräfte- und Kapitalstockwachstum stimmen in diesem Punkte überein. Wirtschaftliches Wachstum im Gleichgewicht ist daher möglich, weil stets ein solcher Lohnsatz gefunden werden kann, der die Geltung von (9) garantiert; die Existenzbedingung ist mithin erfüllt.

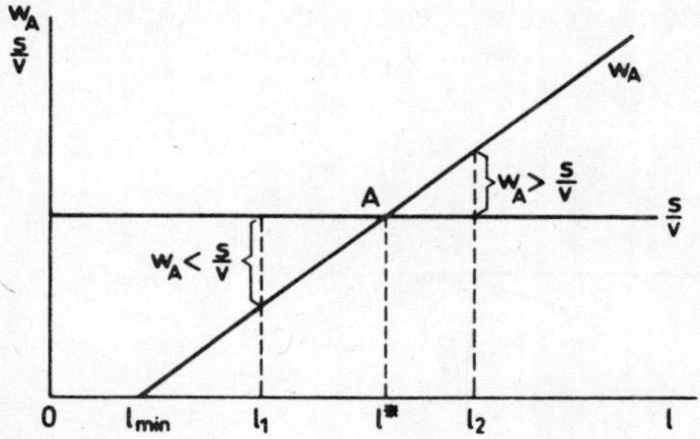

Abb. 14

Es ist nunmehr die Stabilität des Gleichgewichts zu prüfen. Zu diesem Zweck wird unterstellt, daß nur ein Lohn in Höhe von l_1 gezahlt wird. Da l_1 geringer als der Gleichgewichtslohn l^* ist, wächst die Erwerbsbevölkerung in einer kleineren Rate als der Kapitalstock ($w_A < s/v$). Da ein Teil des Kapitalbestandes folglich nicht mit Arbeitskräften kombiniert werden kann, entsteht – wenn man die Überlegungen in Kapitel III, 4 akzeptiert – säkulare Stagnation durch die Nichtauslastung von Kapazitäten. Dieser pessimistischen Schlußfolgerung kann man jedoch entgehen, wenn die Relation (1) berücksichtigt wird. Wächst nämlich das Arbeitskräfteangebot in geringerem Maße als der Kapitalstock, so wird die Konkurrenz der Unternehmer um die knappen Arbeitskräfte zu Lohnerhöhungen führen, welche die Differenz zwischen tatsächlichem und minimalem Lohn vergrößern. Die Wachstumsrate der Erwerbsbevölkerung steigt somit an, bis ein Lohnsatz l^* gefunden ist, der die Übereinstimmung der Zuwachsraten von Kapital und Arbeit garantiert. Folglich wird der Gleichgewichtspfad der Entwicklung $s/v = w_A$ durch eine Anpassung des Bevölkerungswachstums erreicht.

Während unter der Annahme einer linearen Bevölkerungsfunktion stets ein stabiles Gleichgewicht erreicht wird, sind im Falle einer degressiv verlaufenden, einem definitiven Endwert zustrebenden Populationsfunktion Lösungen denkbar, die keine Existenz des Gleichgewichts erlauben. Eine solche Populationsfunktion $w_A = f(l - l_{\min})$, für die gilt: $f' > 0$ und $f'' < 0$, ist in Abb. 15 abgetragen. Eine Gleichgewichtslösung ist offenbar nur denkbar, wenn s/v kleiner als die maximale Wachstumsrate der Arbeit ist: $s/v < w_A^{\max}$. Diese Bedingung wird bei Geltung der Geraden s_1/v_1 erfüllt. Eine Gleichgewichtslösung kann indessen nicht gefunden werden, wenn s_2/v_2 die Kapitalwachstumsrate angibt.

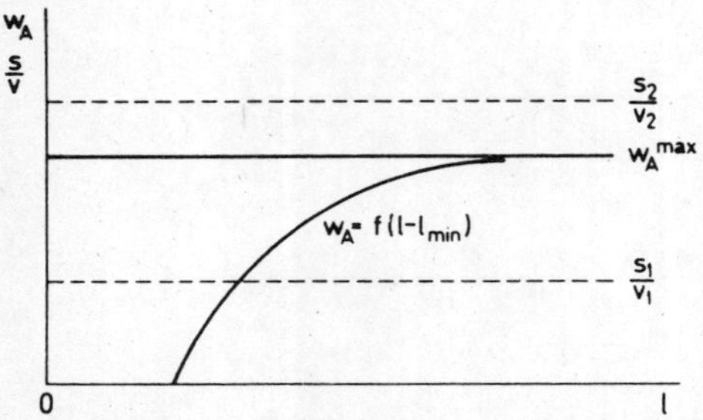

Abb. 15

Ferner beruht die Wirksamkeit des hier erörterten Anpassungsmechanismus auf der Geltung des klassischen Bevölkerungsgesetzes, also auf recht problematischen Prämissen. Da die behaupteten Beziehungen zwischen Lohnsatz und Bevölkerung empirisch keineswegs gesichert sind, steht der Existenz- und Stabilitätsbeweis auf tönernen Füßen. Ein analoger Mechanismus läßt sich indessen konstruieren, wenn man bei exogen gegebener Bevölkerungswachstumsrate eine Abhängigkeit der Frauenarbeit, des Gastarbeiterzustroms usw. von der Lohnhöhe unterstellt und z. B. annimmt, daß die Arbeitsmenge mit zunehmendem Lohnsatz unabhängig von der Bevölkerungswachstumsrate zunimmt.

Literaturübersicht zum IV. Kapitel

Induzierte Änderungen des Bevölkerungswachstums werden u. a. behandelt bei *H. Leibenstein*, Economic Backwardness and Economic Growth, New York 1957; *N. Kaldor*, A Model of Economic Growth, Economic Journal, Bd. 67, 1957; *J. Niehans*, Economic Growth with Two Endogenous Factors, Quarterly Journal of Economics, Bd. 77, 1963.

V. Variabilität der Sparquote

Geht man nunmehr davon aus, daß w_A eine exogen gegebene Konstante ist, so kann die Gleichgewichtsbedingung $s/v = w_A$ auch durch eine Flexibilisierung von s/v ermöglicht werden. Eine solche Flexibilisierung bietet sich zunächst durch Unterstellung einer variablen Sparquote an. In allen Varianten des Harrod-Modells wird angenommen, daß die marginale Sparquote konstant und mit der durchschnittlichen Sparquote identisch ist; die Sparfunktion verläuft demnach als Gerade durch den Ursprung. Diese Unterstellung ist ohne Zweifel unrealistisch, wenn man Änderungen der Einkommensverteilung im Wachstumsprozeß als wahrscheinlich unterstellt, also in einem Zwei-Klassenmodell z. B. annimmt, daß die Besitzeinkommen stärker oder schwächer steigen als die Lohneinkommen. Da nun die Sparquote aus Besitzeinkommen regelmäßig größer als die aus Lohneinkommen ist, wird die gesamtwirtschaftliche Sparquote als gewogener Durchschnitt aus den partiellen Sparquoten der beiden Gruppen notwendig variieren, wenn sich die Verteilung ändert. Einzubeziehen in die Analyse der Stabilisierungsmechanismen wäre also auch die Frage, ob nicht durch Änderungen der Verteilung die gesamtwirtschaftliche Sparquote so beeinflußt werden kann, daß eine Gleichgewichtslösung denkbar ist.

Teilt man mit *Kaldor* das Gesamteinkommen in Besitz- und Lohneinkommen (B und L) auf, so ist die Gesamtersparnis S gleich der Summe der Ersparnisse aus Lohneinkommen (S_L) und Besitzeinkommen (S_B)

$$S = S_L + S_B. \tag{1}$$

Das Sparen dieser Gruppen wird jeweils als Bruchteil ihrer Einkommen ausgedrückt, wobei die (marginalen = durchschnittlichen) Sparquoten der Lohnempfänger (s_L) und der Bezieher von Besitzeinkommen (s_B) als konstant angenommen werden

$$S_L = s_L \cdot L$$
$$S_B = s_B \cdot B.$$

Die Sparfunktion lautet dann

$$S = s_L \cdot L + s_B \cdot B, \tag{2}$$

und die gesamtwirtschaftliche Sparquote ist

$$\frac{S}{Y} = s = s_L \cdot \frac{L}{Y} + s_B \cdot \frac{B}{Y}. \tag{3}$$

Setzt man diese Beziehung in unsere Gleichgewichtsbedingung $s/v = w_A$ bzw. $w_A \cdot v = s$ ein, so folgt als Bedingung für das gleichgewichtige Wachstum

$$w_A \cdot v = s_L \cdot \frac{L}{Y} + s_B \cdot \frac{B}{Y}. \tag{4}$$

Die noch abzuleitende Existenzbedingung für dieses Gleichgewicht folgt aus der Hypothese, daß die Sparquote aus Besitzeinkommen größer als die aus Lohneinkommen ist und die gesamtwirtschaftliche Sparquote folglich kleiner als s_B und größer als s_L sein muß. Nur im Grenzfall, wenn das gesamte Volkseinkommen allein einer Gruppe zufällt, ist die gesamtwirtschaftliche Sparquote mit der jeweiligen partiellen Sparquote identisch. Es folgt also:

$$s_B \geqq s \geqq s_L. \tag{5}$$

Unter Beachtung von (5) ist also die Gleichgewichtslösung $w_A \cdot v = s$ nur dann denkbar, die Existenzbedingung nur dann erfüllt, wenn gilt:

$$s_B \geqq w_A \cdot v \geqq s_L. \tag{6}$$

Da die Sparquote der Kapitalisten größer und die Sparquote der Lohnempfänger kleiner als s ist, kann s nur dann gleich $w_A \cdot v$ sein, wenn Bedingung (6) erfüllt wird. Ist z. B. $s_B > s_L > w_A \cdot v$, so muß auch wegen (5) s größer als $w_A \cdot v$ sein; ein Gleichgewicht kann daher nicht bestehen.

Zum Zwecke der geometrischen Analyse formen wir die Existenzbedingung (6) um:

$$\frac{s_B}{w_A} \geqq v \geqq \frac{s_L}{w_A}. \tag{7}$$

In einem Koordinatensystem (Abb. 16) messen wir auf den Achsen die Kapitalintensität $k = K/A$ und die Arbeitsproduktivität $y = Y/A$.

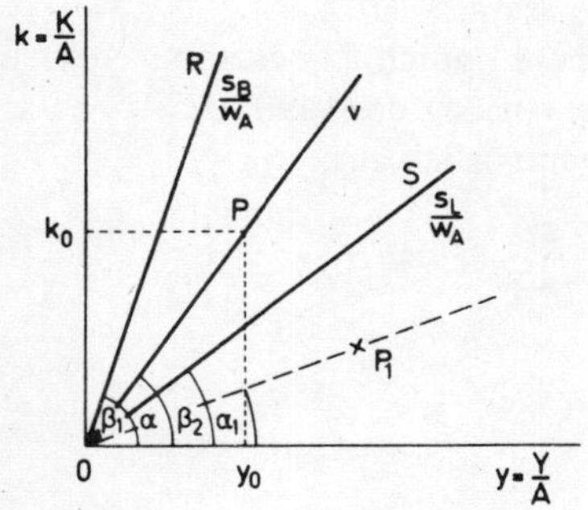

Abb. 16

Da k und y als Folge der Limitationalitätsannahme konstant sind – bei k_0 und y_0 – repräsentiert Punkt P die Produktionsfunktion. Der Kapitalkoeffizient wird durch das Steigungsmaß der Geraden OP gemessen:

$$\tan\alpha = \frac{k}{y} = \frac{K}{A} \cdot \frac{A}{Y} = \frac{K}{Y} = v.$$

Weil v im Gleichgewicht gleich s/w_A sein muß, s/w_A indessen durch s_B/w_A und s_L/w_A bestimmt ist, zeichnen wir zwei Geraden OR und OS, deren Steigungsmaße das Verhältnis zwischen partiellen Sparquoten und Arbeitszuwachsrate messen sollen:

$$\tan\beta_1 = \frac{s_B}{w_A}$$

$$\tan\beta_2 = \frac{s_L}{w_A}.$$

$\tan\beta_1$ ist größer als $\tan\beta_2$, weil die Sparquote der Besitzeinkommensempfänger die der Lohnbezieher übersteigt. Durch die Linien OS und OR sind die Grenzen des Existenzbereichs bestimmt, der eine Gleichgewichtslösung zuläßt. Dies wird aus Existenzbedingung (7) ersichtlich; da der Kapitalkoeffizient kleiner als s_B/w_A und größer als s_L/w_A sein soll, muß der Produktionspunkt P innerhalb des durch OS und OR umgrenzten Raumes liegen, denn Ausdruck (7) ist nur erfüllt, wenn gilt:

$$\tan\beta_1 > \tan\alpha > \tan\beta_2 .$$

Wird dagegen der Produktionspunkt durch P_1 bestimmt – der Kapitalkoeffizient ist also gleich dem Anstieg der Linie OP_1 –, so scheidet eine Gleichgewichtslösung als unmöglich aus:

$$\tan\beta_1 = \frac{s_B}{w_A} > \tan\beta_2 = \frac{s_L}{w_A} > \tan\alpha_1 = v$$

und folglich – wegen (5) –

$$\frac{s}{w_A} > v.$$

In den folgenden Erörterungen sei die Erfüllung der Existenzbedingung angenommen. Unter dieser Voraussetzung gilt es, bei gegebenen Werten von w_A, v, s_L und s_B jene Einkommensverteilung L/Y und B/Y, damit auch jene gesamtwirtschaftliche Sparquote zu bestimmen, die eine Gleichgewichtslösung gemäß (4) erlaubt. Aus (4) folgen unter Berücksichtigung der Identitätsbeziehung $B + L = Y$ bzw.

$$\frac{B}{Y} + \frac{L}{Y} = 1$$

die Gleichungen:

$$w_A \cdot v = s_L \left(1 - \frac{B}{Y}\right) + s_B \cdot \frac{B}{Y}$$

$$w_A v = s_L - s_L \frac{B}{Y} + s_B \frac{B}{Y}$$

$$w_A v - s_L = (s_B - s_L) \frac{B}{Y}$$

$$\frac{B}{Y} = \frac{w_A v - s_L}{s_B - s_L} . \qquad (8)$$

Relation (8) bestimmt die gleichgewichtige Besitzeinkommensquote; sie garantiert eine gesamtwirtschaftliche Sparquote in der zur Erfüllung der Gleichgewichtsbedingung $s/v = w_A$ notwendigen Höhe. Die zur

Realisierung des Gleichgewichtswachstums notwendige Besitzeinkommensquote muß nach (8) umso größer sein, je größer w_A und v und je kleiner die partiellen Sparquoten s_B und s_L sind.

1. Weist die Zuwachsrate der Erwerbsbevölkerung einen hohen Wert auf, so muß aufgrund der Limitationalitätsannahme auch der Kapitalstock in relativ schnellem Tempo wachsen. Die Realisierung des Gleichgewichtswachstums erfordert also eine hohe Investitions- und Sparquote, die umso eher zu erreichen ist, je mehr das Volkseinkommen zugunsten der stärker sparenden Kapitalisten umverteilt wird.

2. Ist gleichzeitig der Kapitaleinsatz je Produkteinheit (v) sehr groß, so entsteht ein zusätzlicher Kapitalbedarf, der wiederum hohe Ersparnisse, also eine große Besitzeinkommensquote, erfordert.

3. Notwendig wird eine hohe Besitzeinkommensquote aber auch dann, wenn die partielle Sparquote aus Besitzeinkommen gering, allerdings noch immer höher als die der Lohnempfänger ist. Weil aus Besitzeinkommen zwar absolut wenig, prozentual aber doch noch mehr als aus Lohneinkommen gespart wird, muß die geringe Ersparnis pro Besitzeinkommenseinheit dadurch ausgeglichen werden, daß die Besitzeinkommensquote am Volkseinkommen ansteigt.

4. Schließlich steigt B/Y auch mit sinkendem s_L. Obwohl s_L im Zähler und Nenner von (8) erscheint, ist dies deshalb so, weil nach der Existenzbedingung s_B größer als $w_A \cdot v$ ist. In diesem Falle erfordert die geringere Ersparnis je Lohneinkommenseinheit eine Kompensation durch einen höheren Besitzeinkommensanteil.

Ist nun eine Umverteilung des Volkseinkommens derart möglich, daß jederzeit die gewünschte, für die Übereinstimmung von Kapitalstock- und Arbeitskräftewachstum erforderliche Sparquote gefunden werden kann, so stellt sich erneut die Frage nach der Stabilität des Gleichgewichtspfades. Induzieren Diskrepanzen von s/v und w_A eine Änderung der Einkommensverteilung und damit der gesamtwirtschaftlichen Sparquote, welche die Annäherung des Systems an einen neuen Gleichgewichtspfad bewirkt? Zur Überprüfung dieser Frage sei nunmehr angenommen, daß der Kapitalstock stärker als die Erwerbsbevölkerung wächst ($s/v > w_A$). Da neugeschaffene Arbeitsplätze nicht mit den notwendigen Arbeitskräften besetzt werden können – es gilt nach wie vor die Limitationalitätsannahme –, führt der Wettbewerb der Unternehmer um die knappen Arbeitskräfte zu einer Lohnerhöhung, der die Besitzeinkommensquote am Volkseinkommen schmälern mag. Folglich sinkt s, bis die Gleichgewichtsbedingung $s/v = w_A$ erneut erfüllt ist. Die Flexibilisierung von s erlaubt demnach nicht nur die Existenz des Wachstumsgleichgewichts, sie garantiert auch die Stabilität des Gleichgewichts, wenn geeignete Verhaltenshypothesen unterstellt sind[1]).

Literaturübersicht zum V. Kapitel

Die Abhängigkeit der Sparquote von der Einkommensverteilung wird vor allem betont von *N. Kaldor*, Alternative Theories of Income Distribution, Review of Economic Studies, Bd. 23, 1956–1957. Die Darstellung in diesem Kapitel basiert insbesondere auf *H. R. Hemmer*, Gleichgewichtiges Wachstum und Einkommensverteilung bei limitationalen Produktionsfaktoren, Jahrbücher für Nationalökonomie und Statistik, Bd. 182, 1968.

---

1) Mit diesen wenigen Bemerkungen ist selbstverständlich nicht die Notwendigkeit der Anpassung an einen Gleichgewichtspfad bewiesen, sondern nur ein möglicher Ablauf skizzenhaft umrissen worden. Zur Präzisierung des Ablaufs ist eine genauere Formulierung der Verhaltensfunktionen (preispolitisches Verhalten usw.) im Rahmen eines dynamischen Modells notwendig.

VI. Variabilität des Kapitalkoeffizienten und Cobb-Douglas-Produktionsfunktion

1. Produktionstheoretische Voraussetzungen

Divergenzen zwischen s/v und w_A können schließlich auch durch Änderungen des Kapitalkoeffizienten beseitigt werden, sofern die Variationsbreite des Kapitalkoeffizienten groß genug ist, um bei gegebenen Werten von s und w_A die Gleichgewichtsbedingung zu erfüllen. Um die produktionstechnischen Implikationen eines veränderlichen Kapitalkoeffizienten aufzudecken, sei von der Identitätsbeziehung

$$\frac{K}{Y} = \frac{K}{A} \cdot \frac{A}{Y}$$

ausgegangen. Der Kapitalkoeffizient wird offenbar variabel sein, wenn sich

1. der Arbeitskoeffizient A/Y (die Arbeitsproduktivität Y/A) bei gegebener Kapitalintensität verändert. Bleibt die Kapitalintensität trotz veränderlicher Faktorpreisrelationen unverändert, hält man an der Annahme limitationaler Produktionsfaktoren fest. Die Variabilität der Kapital- und Arbeitskoeffizienten ist unter dieser Annahme dann unvermeidlich, wenn man steigende oder sinkende Niveaugrenzprodukte (Skalenerträge) unterstellt, also keine Linearität der homogenen Produktionsfunktion voraussetzt. Die Produktion variiert in diesem Falle nicht proportional zu K und A.

In Abb. 17 sind sinkende Niveaugrenzprodukte unterstellt. Während die Kapitalintensität konstant = 1 bleibt, steigen Kapital- und Arbeitskoeffizienten jeweils von 10/10 auf 20/15.

2. Ein variabler Kapitalkoeffizient kann indessen auch abgeleitet werden, wenn nicht nur der Arbeitskoeffizient, sondern auch die Kapitalintensität eine veränderliche Größe ist. Dieser Fall wird dann eintreten, wenn die Annahme limitationaler Faktoren durch die Prämisse substitutiver Faktoren ersetzt wird und Änderungen der relativen Faktor-

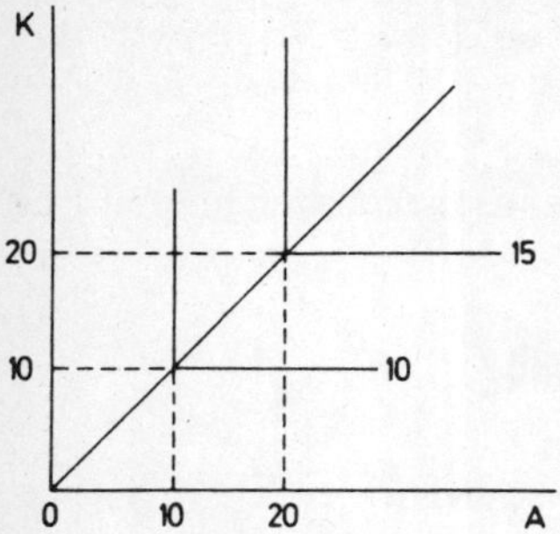

Abb. 17

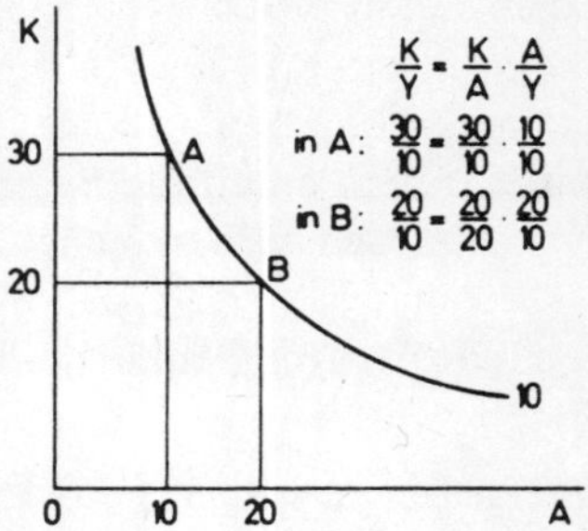

Abb. 18

preise zugelassen sind. Die Verminderung des Kapital-Arbeits-Verhältnisses entlang einer konvex zum Ursprung verlaufenden Isoquante (Abb. 18) von 30/10 auf 20/20 bewirkt dann eine Zunahme des Arbeitskoeffizienten von 10/10 auf 20/10 und eine Verringerung des Kapitalkoeffizienten von 30/10 auf 20/10 (Bewegung von *A* nach *B*).

2. Das Wachstumsgleichgewicht bei einer Cobb-Douglas-Produktionsfunktion

a) Gleichgewichtspfad und substituierbare Produktionsfaktoren

In den folgenden Erörterungen seien die unter 1.2 genannten produktionstechnischen Bedingungen angenommen; die Produktionsfaktoren sind also kontinuierlich substituierbar, während die Produktionsfunktion als linear-homogen unterstellt ist. Diese Annahmen sind konstituierend für die als „neoklassisch" etikettierte Richtung der Wachstumstheorie.

Bevor nun die Frage erörtert wird, ob und wie durch Variabilität des Kapitalkoeffizienten Diskrepanzen zwischen Kapitel- und Arbeitswachstumsrate beseitigt werden können, muß zunächst geprüft werden, ob die Übereinstimmung dieser beiden Wachstumsraten – also die Bedingung $s/v = w_A$ – auch noch als Kriterium gleichgewichtigen Wachstums unter den geänderten produktionstheoretischen Voraussetzungen angesehen werden kann. In einem Harrod-Domar-System mit limitationalen Produktionsfaktoren sichert die Realisierung dieser Bedingung die Vollbeschäftigung von Kapital und Arbeit. Unter den geänderten Prämissen ist dagegen völlige Auslastung aller Produktionsfaktoren nicht nur auf dem durch die Bedingung $s/v = w_A$ gekennzeichneten Pfad gegeben; auch während eines durch divergierende Wachstumsraten von Arbeit und Kapital gekennzeichneten Prozesses ($s/v \neq w_A$) bleibt die Vollbeschäftigung erhalten, da Arbeit und Kapital in divergierenden Proportionen kombiniert werden können und auch kombiniert werden, wenn der Faktorpreismechanismus „spielt".

Identifiziert man den Gleichgewichtsbegriff mit der Realisierung der Vollbeschäftigung, so würde demnach jeder Ablauf, also auch ein durch Diskrepanzen von Kapital- und Arbeitswachstum gekennzeichneter Prozeß, ein gleichgewichtiger Ablauf sein. Reserviert man jedoch – wie früher gezeigt – den Gleichgewichtsbegriff für jenen Wachstumspfad, der Konstanz von w_Y garantiert, so gilt als Gleichgewichtsbedingung weiter $w_K = w_A$ bzw. $s/v = w_A$. Setzt man nämlich einen konstanten Wert von w_A voraus, so ist die Bedingung der Konstanz von w_Y unter dieser Annahme dann erfüllt, wenn die Wachstumsraten von Kapital und Arbeit gleich sind. Aus der linearen Homogenität der Produktionsfunktion folgt dann, daß w_Y den Werten von w_K und w_A entspricht und folglich ebenfalls konstant ist.

Die in diesem Abschnitt aufgestellte These soll im folgenden exakt bewiesen werden. Als Produktionsfunktion mit substituierbaren Faktoren unterstellen wir zunächst die Cobb-Douglas-Funktion[1])

$$Y = A^{\alpha} K^{\beta} \tag{1}$$

und überprüfen nach Formulierung der Gleichgewichtsbedingung (Abschnitt 2d) die Existenzprobleme (Abschnitt 2e) sowie die Stabilitätsprobleme (Abschnitt 3). Zuvor ist es aber notwendig, die Eigenschaften dieser Funktion kurz zu erörtern.

b) Die Eigenschaften der Cobb-Douglas-Funktion

1. Die Cobb-Douglas-Funktion ist homogen. Bekanntlich wird eine Produktionsfunktion dann als homogen bezeichnet, wenn bei Multi-

---

[1]) Aus Vereinfachungsgründen wird die Funktion in dieser Form geschrieben; der Niveauparameter, der sonst explizit erscheint, ist also gleich Eins gesetzt.

plikation der Faktoreinsätze mit einer konstanten Zahl λ ($\lambda = 2, 3 \ldots$), also einer Verdoppelung, Verdreifachung usw. der Einsatzmengen, die Produktion sich um λ^r erhöht, wobei r eine konstante, positive Zahl ist[2]). Geht man von einer Produktionsfunktion $Y = f(A, K)$ aus, so gilt also

$$\lambda^r Y = f(\lambda A, \lambda K). \tag{2}$$

Dieses Kriterium gilt auch für die Cobb-Douglas-Funktion. Wird der Arbeitseinsatz auf λA und der Kapitaleinsatz auf λK erhöht, so wird (1) zu

$$(\lambda A)^\alpha \cdot (\lambda K)^\beta = \lambda^\alpha \lambda^\beta A^\alpha K^\beta = \lambda^{\alpha+\beta} A^\alpha K^\beta.$$

Setzt man Y für $A^\alpha K^\beta$ ein, so erhält man

$$\lambda^{\alpha+\beta} Y = (\lambda A)^\alpha \cdot (\lambda K)^\beta. \tag{3}$$

Eine proportionale Erhöhung von A und K nach Maßgabe des Multiplikators λ läßt also die Produktion nach Maßgabe der Größe $\lambda^{\alpha+\beta}$ steigen.

---

[2]) r entspricht der totalen Produktionselastizität

$$\frac{dY}{Y} : \frac{d\lambda}{\lambda} = \frac{dY}{d\lambda} \cdot \frac{\lambda}{Y},$$

also jenem Quotienten, der die prozentuale Veränderung der Produktion in Reaktion auf eine prozentuale Änderung des in seiner Zusammensetzung unveränderten Faktorenbündels um $d\lambda/\lambda$ mißt.

Beweis: Bei einer Vermehrung der Faktoreinsätze um λ erhöht sich bei einer homogenen Funktion die Produktion Y_0 um λ^r auf Y:

$$Y = \lambda^r Y_0$$

$$\frac{dY}{d\lambda} = r\lambda^{r-1} Y_0$$

$$\frac{dY}{d\lambda} \frac{\lambda}{Y} = r\lambda^{r-1} Y_0 \cdot \frac{\lambda}{Y} = r\lambda^{r-1} Y_0 \cdot \frac{\lambda}{\lambda^r Y_0}$$

$$\frac{dY}{d\lambda} \frac{\lambda}{Y} = r\lambda^{r-1} \cdot Y_0 \cdot \frac{1}{\lambda^{r-1} Y_0}$$

$$\frac{dY}{d\lambda} \cdot \frac{\lambda}{Y} = r.$$

Drei Unterfälle sind nun zu unterscheiden:

- $\alpha + \beta = 1$. In diesem Falle führt nach (3) eine proportionale Vermehrung von A und K zu einem prozentual gleich großen Anstieg des Sozialprodukts ($\lambda^{\alpha+\beta} = \lambda$). Die Funktion ist linear-homogen, das Niveaugrenzprodukt demnach konstant. K/A, Y/A und Y/K ändern ihre Werte nicht.
- $\alpha + \beta > 1$. Die Produktion steigt prozentual stärker als die Faktormengen. Die Produktionsfunktion ist überlinear-homogen, das Niveaugrenzprodukt nimmt zu. Bei konstantem K/A steigen ferner Y/A und Y/K.
- $\alpha + \beta < 1$. Dieser Fall charakterisiert eine unterlinear-homogene Produktionsfunktion; das Niveaugrenzprodukt nimmt also ab, denn Y steigt um einen geringeren Satz als A und K. Während K/A erneut konstant ist, sinken Y/A und Y/K.

In den folgenden Ausführungen sind regelmäßig konstante Niveaugrenzprodukte unterstellt. Die Cobb-Douglas-Funktion wird dann zu einer linear-homogenen Funktion ($\alpha + \beta = 1$) und kann in der Form

$$Y = A^{\lambda} K^{1-\alpha} \tag{4}$$

geschrieben werden. α und β gelten als konstante Größen.

2. Wir bestimmen nun die partiellen Grenzprodukte der Arbeit $\partial Y/\partial A$ und des Kapitals $\partial Y/\partial K$. Differenziert man (1) partiell nach A und K. so folgt:

$$\frac{\partial Y}{\partial A} = \alpha \cdot A^{\alpha-1} \cdot K^{\beta} \tag{5a}$$

$$\frac{\partial Y}{\partial K} = \beta \cdot A^{\alpha} \cdot K^{\beta-1}. \tag{5b}$$

Bei linearer Homogenität der Produktionsfunktion ($\alpha + \beta = 1$) folgt $\alpha - 1 < 0$ und $\beta - 1 < 0$; das Grenzprodukt der Arbeit (des Kapitals) nimmt daher nach 5a (5b) ab, wenn der Arbeitseinsatz (der Kapitaleinsatz) ceteris paribus vermehrt wird. Gleiches gilt bei Unterlinearität der Produktionsfunktion ($\alpha + \beta < 1$). Ist indessen die Produktionsfunktion überlinear homogen ($\alpha + \beta > 1$), so kann $\alpha - 1$ bzw. $\beta - 1$ größer Null, gleich Null oder kleiner Null sein. Je nach dem Grad der Überlinearität werden mithin die Grenzprodukte steigen, konstant bleiben oder fallen.

3. Um die ökonomische Bedeutung der Konstanten α und β zu klären, dividieren wir (1) zunächst durch A und dann durch K:

$$\frac{Y}{A} = \frac{A^{\alpha} K^{\beta}}{A} = A^{\alpha - 1} K^{\beta} \tag{6a}$$

$$\frac{Y}{K} = \frac{A^{\alpha} K^{\beta}}{K} = A^{\alpha} \cdot K^{\beta - 1} \tag{6b}$$

Setzt man nun (6a) in (5a) sowie (6b) in (5b) ein:

$$\frac{\partial Y}{\partial A} = \alpha \cdot \frac{Y}{A} \tag{7a}$$

$$\frac{\partial Y}{\partial K} = \beta \cdot \frac{Y}{K}, \tag{7b}$$

so folgt, daß α und β die partiellen Produktionselastizitäten der Arbeit und des Kapitals darstellen:

$$\alpha = \frac{\partial Y/Y}{\partial A/A} = \text{partielle Produktionselastizität der Arbeit} \tag{8a}$$

$$\beta = \frac{\partial Y/Y}{\partial K/K} = \text{partielle Produktionselastizität des Kapitals} \tag{8b}$$

Diese Elastizitäten messen also die prozentuale Änderung des Produktionsvolumens, die dann eintritt, wenn der Einsatz von Kapital oder Arbeit ceteris paribus variiert. Dagegen bestimmt r in Gleichung (2) – wie dem Leser aus der vorhergehenden Fußnote 2) bekannt ist – die totale Produktionselastizität, also den Quotienten aus relativer Änderung der Gesamtproduktion und relativer Änderung des in seiner Zusammensetzung unveränderten Faktorenpäckchens. Nach dem Wicksell-Johnson-Theorem ist aber $r = \alpha + \beta$, d.h. die totale Produktionselastizität ist gleich der Summe der partiellen Elastizitäten[3]).

---

[3]) Beweis: Bildet man das totale Differential der Produktionsfunktion

$$Y = f(A, K), \tag{1}$$

4. α und β stellen nicht nur die partiellen Produktionselastizitäten, sondern auch die Lohn- und Zinseinkommensquoten am Volkseinkommen dar. Da die Produktionselastizität der Arbeit auch als Produkt aus Grenzproduktivität der Arbeit und Arbeitskoeffizient bestimmt ist – wie aus Umformung von (8 a) hervorgeht –:

$$\alpha = \frac{\partial Y}{\partial A} \cdot \frac{A}{Y} \tag{9}$$

folgt bei Entlohnung nach dem Grenzprodukt

$$\alpha = l \cdot \frac{A}{Y} = \frac{L}{Y}. \tag{10}$$

α stellt demnach die Lohneinkommensquote, β entsprechend die Zinseinkommensquote am Volkseinkommen dar:

$$\beta = z \cdot \frac{K}{Y} = \frac{Z}{Y}. \tag{11}$$

---

so folgt:

$$dY = \frac{\partial Y}{\partial A} \cdot dA + \frac{\partial Y}{\partial K} \cdot dK$$

$$dY = \frac{\partial Y}{\partial A} \cdot \frac{dA}{A} \cdot A + \frac{\partial Y}{\partial K} \cdot \frac{dK}{K} \cdot K. \tag{2}$$

Bei proportionaler Vermehrung von A und K gilt:

$$\frac{dA}{A} = \frac{dK}{K} = \frac{d\lambda}{\lambda},$$

so daß (2) lautet:

$$dY = \frac{d\lambda}{\lambda}\left(\frac{\partial Y}{\partial A} \cdot A + \frac{\partial Y}{\partial K} \cdot K\right)$$

$$Y \cdot \frac{dY}{d\lambda} \cdot \frac{\lambda}{Y} = Y \cdot r = \frac{\partial Y}{\partial A} \cdot A + \frac{\partial Y}{\partial K} \cdot K.$$

Nach Division durch Y und unter Berücksichtigung von

$$\frac{\partial Y}{\partial A} \cdot \frac{A}{Y} = \alpha \text{ und } \frac{\partial Y}{\partial K} \cdot \frac{K}{Y} = \beta$$

folgt

$$r = \alpha + \beta.$$

Da α und β als konstant unterstellt sind, bleibt die Verteilung folglich unverändert. Aus (10) und (11) folgt weiter

$$L + Z = (\alpha + \beta) \cdot Y. \qquad (12)$$

Für $\alpha + \beta = 1$ wird demnach das Volkseinkommen ohne Rest auf Arbeit und Kapital verteilt. Dies ist der Inhalt des adding-up-Theorems, das für linear-homogene Funktionen gilt. Die kombinierten Ansprüche der Faktoren übersteigen jedoch das Volkseinkommen, wenn $\alpha + \beta > 1$ ist, und es bleibt ein Überschuß z. B. in Form von Residualgewinnen, sofern $\alpha + \beta < 1$ wird.

5. Wann sind die Bedingungen für die Konstanz von α und β erfüllt? Diese Frage soll mit Hilfe des Begriffes „Substitutionselastizität" beantwortet werden. Im Quotienten der Substitutionselastizität

$$\sigma = \frac{d\left(\frac{K}{A}\right) \Big/ \frac{K}{A}}{d\left(\frac{l}{z}\right) \Big/ \frac{l}{z}} \qquad (13)$$

ist die relative Änderung des Kapital-Arbeits-Verhältnisses zur relativen Änderung der Lohn-Zins-Relation in Beziehung gesetzt. Erhöht sich das Lohn-Zins-Verhältnis, so daß Arbeit im Vergleich zum Kapital der teurere Faktor wird, so lohnt es sich, Arbeit durch Kapital zu ersetzen[4]). Die Substitutionselastizität – wie in (13) definiert – hat also einen positiven Wert.

Der mit Hilfe der Substitutionselastizität beschriebene Prozeß wird durch Abb. 19 verdeutlicht. Da tan β (tan β_1) das Lohn-Zins-Verhältnis, tan α (tan α_1) jedoch das Kapital-Arbeits-Verhältnis ausdrückt, bedeutet eine Bewegung von B nach C, daß $1/z$ steigt und eine Er-

---

[4]) Makroökonomisch ist der mit Hilfe von σ beschriebene Prozeß etwa wie folgt zu interpretieren: Steigt der Kapitalstock stärker als das Arbeitsangebot, so erhöht sich das l/z-Verhältnis als Folge der geänderten Knappheitsrelationen. Diese Änderung der relativen Faktorpreise veranlaßt die Unternehmer ihrerseits, die Relation zwischen Kapital- und Arbeitseinsatz entsprechend der Veränderung des Verhältnisses zwischen Kapital- und Arbeitsangebot zu erhöhen.

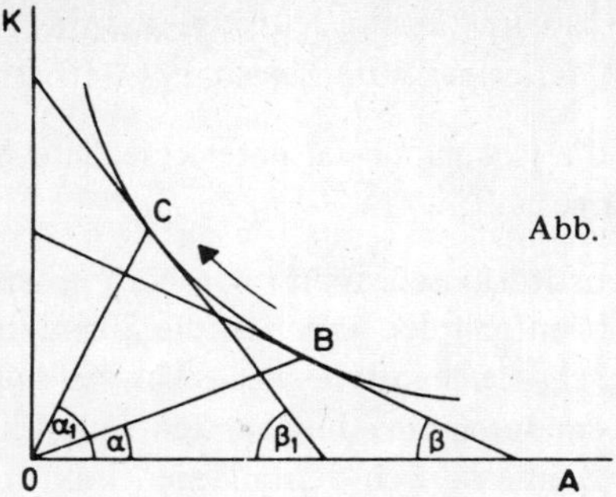

Abb. 19

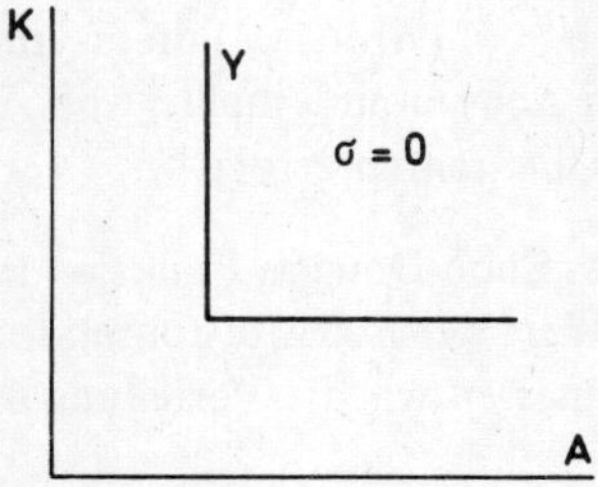

Abb. 20a

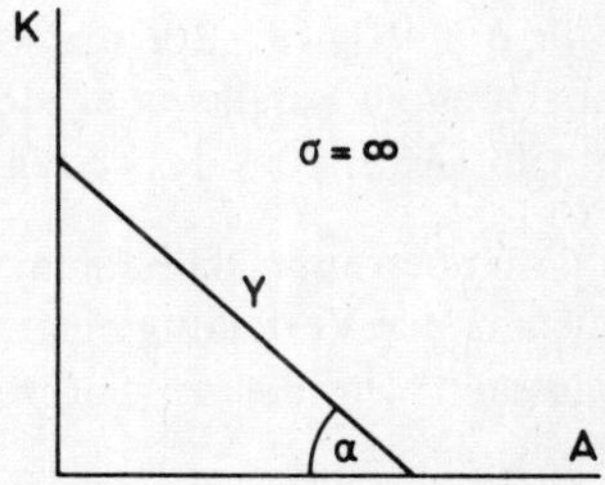

Abb. 20b

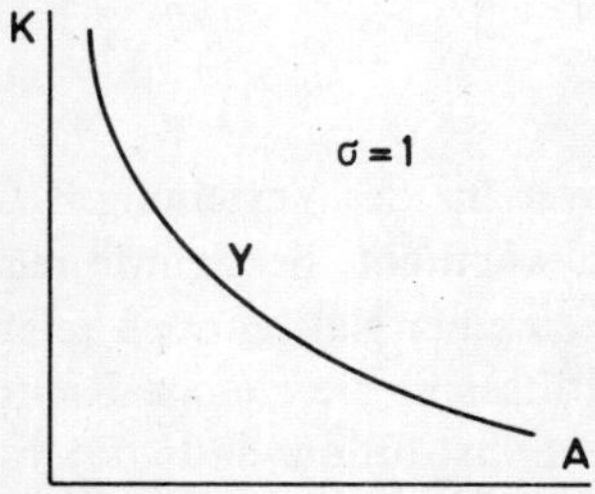

Abb. 20c

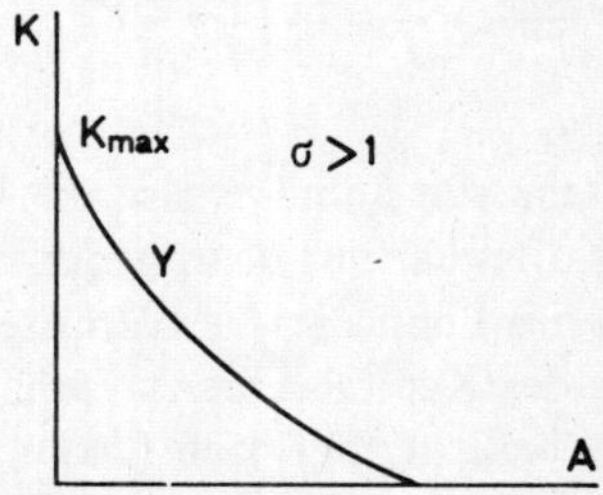

Abb. 20d

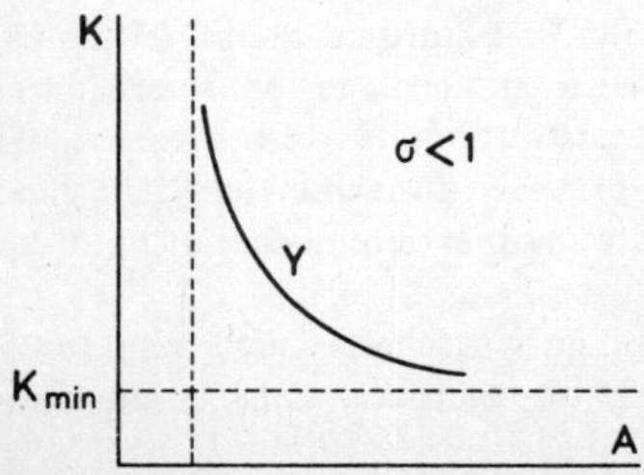

Abb. 20e

höhung von K/A bewirkt[5]). Es wird mithin deutlich, daß die Krümmung der Isoquante den Wert der Substitutionselastizität bestimmt.

In den Abb. 20a bis 20e sind die Isoquanten für unterschiedliche Werte der Substitutionselastizität dargestellt.

Während in Abb. 20a eine Substitutionselastizität von Null unterstellt ist (limitationale Faktoren), hat im Fall der Abb. 20b die Substitutionselastizität den Wert unendlich: Schon eine infinitesimale Abweichung des Faktorpreisverhältnisses von dem durch $\tan\alpha$ bestimmten Wert führt zu einer völligen Substitution des einen durch den anderen Faktor. Bei $\sigma = 1$ (Abb. 20c) nähert sich die Isoquante asymptotisch den Achsen, während für $\sigma > 1$ (Abb. 20d) bzw. $\sigma < 1$ (Abb. 20e) die asymptotische Anpassung an Parallelen zu den Achsen außerhalb (Abb. 20d) oder innerhalb (Abb. 20e) des ersten Quadranten erfolgt[6]).

Es läßt sich nun beweisen, daß die in der Cobb-Douglas-Funktion implizierte Konstanz der Verteilung einen Wert der Substitutionselastizität von 1 voraussetzt. Um dies zu zeigen, messen wir die Verteilung durch die Gleichung

$$\frac{\beta}{\alpha} = \frac{Z/Y}{L/Y} = \frac{Z}{L} = \frac{K}{A} \cdot \frac{z}{l} = \frac{K/A}{l/z} \,. \tag{14}$$

Die Konstanz von β und α, also die Invarianz der Verteilung Z/L, ist nach (14) offenbar nur dann gesichert, wenn eine bestimmte relative Änderung des Lohn-Zins-Verhältnisses zu einer gleichgroßen relativen Änderung des Kapital-Arbeits-Verhältnisses in die gleiche Richtung führt. Dies bedingt aber nach (13) eine Substitutionselastizität von 1.

---

[5]) Da die Produktion in dem hier geschilderten Fall konstant bleibt, ist die Erhöhung von K/A mit einer Zunahme von K und einer Abnahme von A verbunden. Mit Hilfe von σ lassen sich jedoch auch die Substitutionseffekte bei wachsender Produktion erfassen. Die Erhöhung von K/A bei einer Zunahme von l/z ist dann mit einer absoluten Vergrößerung des Arbeitseinsatzes vereinbar, nur wird der Kapitaleinsatz relativ stärker wachsen, wenn $\sigma > 0$ ist.

[6]) Vgl. Helmstädter, E.: Die Isoquanten gesamtwirtschaftlicher Produktionsfunktionen mit konstanter Substitutionselastizität, Jahrbücher für Nationalökonomie und Statistik, Bd. 176, 1964.

Die Einheits-Isoquante einer Cobb-Douglas-Funktion muß also wie in Abb. 20c verlaufen[7]).

Der Beweis für die aufgestellte These wird nunmehr in direkter Form erbracht. Die Substitutionselastizität ist definiert als

$$\sigma = \frac{d\left(\frac{K}{A}\right) \Big/ \frac{K}{A}}{d\left(\frac{l}{z}\right) \Big/ \frac{l}{z}} = \frac{d\left(\frac{K}{A}\right)}{d\left(\frac{l}{z}\right)} : \frac{\frac{K}{A}}{\frac{l}{z}}. \tag{15}$$

Bei Entlohnung nach dem Grenzprodukt,

$$l = \frac{\partial Y}{\partial A} \quad \text{und} \quad z = \frac{\partial Y}{\partial K},$$

wird das Verhältnis l/z durch die Gleichungen (5 a) und (5 b) – die aus einer Cobb-Douglas-Funktion gewonnen sind – bestimmt

$$\frac{l}{z} = \frac{\alpha \cdot A^{\alpha-1} \cdot K^{\beta}}{\beta \cdot A^{\alpha} \cdot K^{\beta-1}} = \frac{\alpha \cdot K}{\beta \cdot A}. \tag{16}$$

Einsetzen in (15) ergibt

$$\sigma = \frac{d\left(\frac{K}{A}\right)}{d\left(\frac{\alpha}{\beta} \cdot \frac{K}{A}\right)} : \frac{\frac{K}{A}}{\frac{\alpha}{\beta} \cdot \frac{K}{A}}.$$

---

[7]) Beweis: Für eine konstante Produktion $\bar{Y}$ folgt aus der Cobb-Douglas-Funktion

$$\bar{Y} = K^{\beta} A^{\alpha}$$

$$K^{\beta} = [\bar{Y} \cdot A^{-\alpha}]$$

$$K = [\bar{Y} \cdot A^{-\alpha}]^{\frac{1}{\beta}}$$

$$K = [\bar{Y}/A^{\alpha}]^{\frac{1}{\beta}}$$

Wenn A gegen Null geht, wird K mithin Unendlich: Die Isoquante nähert sich asymptotisch der Kapital-Achse (und umgekehrt). Symmetrisch zu den Achsen verläuft die Isoquante allerdings nur dann, wenn $\alpha = \beta$.

Weil α/β konstant ist, erhält man

$$\sigma = \frac{d\left(\frac{K}{A}\right)}{\frac{\alpha}{\beta} \cdot d\left(\frac{K}{A}\right)} : \frac{\frac{K}{A}}{\frac{\alpha}{\beta} \cdot \frac{K}{A}} = \frac{1}{\frac{\alpha}{\beta}} : \frac{1}{\frac{\alpha}{\beta}} = 1, \tag{17}$$

was zu beweisen war.

Fassen wir die wichtigsten Eigenschaften der Cobb-Douglas-Funktion zum Zwecke der besseren Übersicht zusammen:

- Die Funktion ist homogen und für $\alpha + \beta = 1$ auch linear-homogen.
- Die partiellen Grenzprodukte nehmen ab, wenn $\alpha + \beta = 1$.
- Die Koeffizienten α und β geben die partiellen Produktionselastizitäten an.
- α und β stellen auch die Anteile von A und K am Volkseinkommen dar.
- Da α und β konstante Parameter sind, hat die Substitutionselastizität einen Wert von 1.

c) Die tatsächliche Wachstumsrate bei einer Cobb-Douglas-Funktion

1. Mit Hilfe der Cobb-Douglas-Funktion leiten wir nunmehr die tatsächliche Wachstumsrate des Volkseinkommens ab, die sich dann ergibt, wenn sowohl der Arbeits- als auch der Kapitaleinsatz erhöht werden. Differenziert man (1) nach der Zeit

$$\frac{dY}{dt} = \alpha \cdot A^{\alpha-1} \cdot K^{\beta} \cdot \frac{dA}{dt} + \beta \cdot K^{\beta-1} \cdot A^{\alpha} \cdot \frac{dK}{dt} \tag{18}$$

und dividiert man (18) durch (1)

$$\frac{dY}{dt} \cdot \frac{1}{Y} = \frac{\alpha A^{\alpha-1} \cdot K^{\beta} \cdot \frac{dA}{dt}}{A^{\alpha} K^{\beta}} + \frac{\beta K^{\beta-1} \cdot A^{\alpha} \cdot \frac{dK}{dt}}{A^{\alpha} K^{\beta}},$$

so ist die tatsächliche Wachstumsrate des Einkommens gleich

$$\frac{dY}{dt} \cdot \frac{1}{Y} = \alpha \cdot \frac{dA}{dt} \cdot \frac{1}{A} + \beta \cdot \frac{dK}{dt} \cdot \frac{1}{K}. \tag{19}$$

Bezeichnet man die Wachstumsraten von Y, A und K wieder mit w_Y, w_A und w_K, so lautet die Wachstumsgleichung

$$w_Y = \alpha \cdot w_A + \beta \cdot w_K . \qquad (20)$$

Die tatsächliche Einkommenswachstumsrate wird also durch die mit den partiellen Produktionselastizitäten gewichteten Zuwachsraten von Arbeit und Kapital determiniert.

2. Wenn Kapital- und Arbeitseinsatz sich in der gleichen Rate von z. B. 1/10 erhöhen, so steigt nach (20) auch das Volkseinkommen um den gleichen Satz, sofern α (= 0,25) und β (= 0,75) sich zu 1 ergänzen: $1/10 = 0{,}25 \cdot 1/10 + 0{,}75 \cdot 1/10$[8]). Kapital und Arbeit tragen indessen nicht in gleichem Maße zum Wachstum bei, auch wenn w_K und w_A einander entsprechen. In unserem Beispiel geht das Einkommenswachstum von 1/10 zu 0,75/10 auf das Kapitalstockwachstum und nur zu 0,25/10 auf den Arbeitszuwachs zurück. Dem Kapitaleinsatz wird ein dreimal so hohes Gewicht gegeben wie dem Arbeitseinsatz, wie aus den differierenden Werten der Produktionselastizitäten folgt. So würde aus einem Kapitalstockwachstum von 4/10 und einem Arbeitswachstum von 1/10 ein Einkommenszuwachs von

$$\frac{3{,}25}{10} = 0{,}25 \cdot \frac{1}{10} + 0{,}75 \cdot \frac{4}{10}$$

resultieren, während umgekehrt eine Arbeitswachstumsrate von 4/10 bei einer Kapitalstockzuwachsrate von 1/10 nur einen Wert von w_Y in Höhe von

$$\frac{1{,}75}{10} = 0{,}25 \cdot \frac{4}{10} + 0{,}75 \cdot \frac{1}{10}$$

erbringt.

Diese Beispiele weisen auch auf entscheidende Unterschiede zu den Modellen mit limitationalen Faktoren (Harrod-Domar-Modelle) hin.

---

[7]) Streng genommen darf nur mit sehr kleinen Änderungen operiert werden. Dieser Hinweis gilt auch für die kommenden Zahlenbeispiele. Es soll jedoch nicht auf die Illustrationsmöglichkeit mit Hilfe solcher Beispiele verzichtet werden.

Steigt bei Limitationalität der Produktionsfaktoren der Kapitaleinsatz (Arbeitseinsatz) um 4/10, der Arbeitseinsatz (Kapitaleinsatz) dagegen nur um 1/10, so kann die Wachstumsrate der Produktion lediglich der Zuwachsrate des jeweiligen Engpaßfaktors = 1/10 entsprechen. Im neoklassischen Modell liegt w_Y dagegen zwischen w_K und w_A. Schreiben wir (20) wegen $w_K = s/v$ (und unter der Annahme $\alpha = 1 - \beta$) in der Form

$$w_Y = (1 - \beta)\, w_A + \beta \cdot \frac{s}{v},$$

so reduziert sich die „neoklassische Wachstumsrate“ auf die Harrod-Domar-Rate s/v nur dann, wenn $s/v = w_K = w_A$:

$$w_Y = (1 - \beta) \cdot \frac{s}{v} + \beta \cdot \frac{s}{v}$$

$$w_Y = \frac{s}{v}.$$

Wie im nächsten Abschnitt gezeigt werden soll, ist diese Bedingung auch unter neoklassischen Annahmen auf einem Gleichgewichtspfad erfüllt. Bei $s/v = w_K > w_A$ gilt hingegen – wie in unserem Zahlenbeispiel gezeigt – $w_Y < s/v$, und für $s/v = w_K < w_A$ ist entsprechend $w_Y > s/v$.

d) Die gleichgewichtige Wachstumsrate bei einer Cobb-Douglas-Funktion

Gleichung (20) beschreibt die tatsächliche Wachstumsrate des Systems. Wodurch ist nun die Gleichgewichtsrate des Wachstums bestimmt? Ein Wachstum der Wirtschaft auf dem Gleichgewichtspfad setzt jedenfalls die Konstanz von w_Y voraus. Während im Gleichgewicht der stationären Wirtschaft Y eine konstante Größe ist, erfordert es das Denken in Wachstumsraten, ein Wachstumsgleichgewicht durch Konstanz von w_Y zu definieren. Zur Ableitung der gleichgewichtigen Wachstumsrate sei nun die Konstanz von w_A angenommen. Weil das Arbeitswachstum exogen gegeben und ökonomisch kaum erklärbar ist, dürfte es am sinnvollsten sein, eine gegebene Wachstumsrate gemäß einer Exponentialfunktion

$$A_t = A_0\, e^{w_A t}$$

zu unterstellen. Da die Cobb-Douglas-Funktion eine invariante Einkommensverteilung impliziert, sind auch α und β – die Einkommensquoten – als gegebene Größen bestimmt. Unter Berücksichtigung dieser Annahmen bleibt w_Y gemäß (20) nur dann konstant – ist die Gleichgewichtsbedingung nur dann erfüllt –, wenn auch w_K konstant ist. Unter welchen Bedingungen ist aber die Konstanz von w_K erfüllt? Wegen der Beziehung

$$w_K = \frac{dK}{dt} \cdot \frac{1}{K} = \frac{I}{K} = \frac{S}{K} = s \cdot \frac{Y}{K}$$

ändert sich w_K bei gegebenem s offenbar nur dann nicht, wenn auch die Kapitalproduktivität Y/K bzw. der Kapitalkoeffizient K/Y konstant ist. Dies erfordert aber, daß Einkommen und Kapitalstock in der gleichen Rate wachsen ($w_Y = w_K$)[9]. Wir halten also fest: Wenn Gleichgewichtswachstum die Invarianz von w_Y und damit von w_K in der Zeit erfordert, muß die Zuwachsrate des Kapitalstocks der des Einkommens entsprechen, so daß (20) zu

$$w_Y = \alpha \cdot w_A + \beta \cdot w_Y \tag{21}$$

$$w_Y (1 - \beta) = \alpha \cdot w_A$$

$$w_Y = \frac{\alpha}{1 - \beta} \cdot w_A \tag{22}$$

wird. Gilt $\alpha + \beta > 1$ (überlinear-homogene Funktion), so folgt

$$\alpha > 1 - \beta \quad \text{und} \quad \frac{\alpha}{1 - \beta} > 1.$$

w_Y ist also auf dem Gleichgewichtspfad größer als w_A, wenn die Skalenerträge steigen. $\alpha + \beta < 1$ (unterlinear-homogene Funktion) impliziert dagegen

$$\alpha < 1 - \beta \quad \text{und} \quad \frac{\alpha}{1 - \beta} < 1.$$

---

[9]) Diese Ableitung folgt aus der Definition des Gleichgewichtswachstums im Sinne der Konstanz von w_Y. Die Gleichheit von w_Y und w_K resultiert dann – wie gezeigt – aus speziellen Annahmen über α, β und w_A. Nimmt man hingegen die Konstanz von w_K bereits in die Gleichgewichtsdefinition hinein, so folgt wegen $w_K = s \cdot \frac{Y}{K}$ = const. die Übereinstimmung von w_Y und w_K auch ohne spezielle Annahmen über α, β und w_A.

Das Volkseinkommen wächst in einer geringeren Rate als die Arbeit. Für den Fall einer linear-homogenen Funktion gilt schließlich

$$\alpha = 1 - \beta \quad \text{und} \quad \frac{\alpha}{1-\beta} = 1,$$

und es folgt aus (22)

$$w_Y = w_A . \qquad (23)$$

Wir erhalten also das Ergebnis, daß die Einkommenszuwachsrate durch den Zuwachs des Arbeitspotentials w_A begrenzt wird. In *Harrods* Terminologie: Die tatsächliche stimmt mit der natürlichen Wachstumsrate überein. Da ferner – wie bei der Ableitung von (21) nachgewiesen – w_Y auch gleich w_K ist, w_K indessen durch

$$w_K = \frac{dK}{dt} \cdot \frac{1}{K} = \frac{I}{K} = \frac{S}{K} = \frac{sY}{K} = \frac{s}{v}$$

bestimmt wird, ist auch die „befriedigende" Rate den übrigen Wachstumsraten gleich. Alle Größen wachsen um den gleichen Satz:

$$\underbrace{w_K = w_Y}_{} = w_A$$

$$\frac{s}{v} \quad = w_A \qquad (24)$$

Man spricht von einem „golden age-Wachstum" (*Joan Robinson*), weil alle Größen ihre Gleichgewichtswerte haben. Es ist ferner die Bezeichnung „steady state" geläufig.

e) Die Existenz des Gleichgewichtswachstums

Nach Ableitung der Gleichgewichtsbedingung (24) stellt sich die Frage nach der Existenz: Kann der Kapitalkoeffizient bei gegebenen Werten von s und w_A derart variieren, daß eine Gleichgewichtslösung für alle denkbaren Kombinationen von s und w_A möglich ist oder wird der Existenzbereich durch Einschränkung der Variationsbreite von v begrenzt? Die Antwort folgt aus Abb. 20c: Da sich die Isoquante bei einer Substitutionselastizität von Eins (Cobb-Douglas-Funktion) asymptotisch den Koordinatenachsen nähert, so daß $v = K/Y$ gegen Null (Unendlich) geht, wenn sich die Isoquante der Arbeitsachse (Kapitalachse) nähert, kann der Kapitalkoeffizient zwischen Null und Unendlich variieren, so daß eine Lösung gemäß (24) in jedem Falle möglich ist.

3. Die Stabilität des Wachstumsgleichgewichts

a) Verbale Ableitung

Da die Existenz des Gleichgewichtspfades noch keineswegs auch dessen Stabilität garantiert, sei nunmehr die Frage erörtert, ob Abweichungen von der Rate $s/v = w_A$ Kräfte aktivieren, die über eine Variation von v zu einer erneuten Übereinstimmung von Kapital- und Arbeitswachstumsrate führen. Exakte Stabilitätsuntersuchungen sind bekanntlich nur im Rahmen dynamischer Modelle möglich. Da solche Modelle den Rahmen einer Einführung sprengen würden, beschränken wir uns auf jene Methode, die als statische Stabilitätsanalyse bezeichnet wird[10]). Mit Hilfe dieses Verfahrens kann man lediglich bestimmen, ob bei Abweichungen von einer Gleichgewichtssituation Kräfte wirksam sind, die wiederum eine Bewegung *in Richtung* auf das Gleichgewicht bewirken. Ob die Abweichungen *total* verschwinden, läßt sich auf der Basis der verwendeten Methode nicht exakt ermitteln. Wir setzen jedoch im folgenden voraus, daß ein Gleichgewicht tatsächlich auch erreicht wird, wenn sich – was im folgenden zu prüfen ist – eine Annäherung an dieses Gleichgewicht (also die statische Stabilität) beweisen läßt. Der genaue Nachweis für das Erreichen dieses Gleichgewichts findet sich z. B. bei *W. Krelle* und *G. Gabisch* (1972, S. 63ff.).

Zunächst sei das Problem in allgemeiner Form erörtert: Geht man z. B. von der Konstellation

$$\frac{s}{v} > w_A$$

aus, die ihrerseits einen Unterschied zwischen Kapital- und Arbeitswachstumsrate impliziert:

---

[10]) Zu dieser Methode vgl. z. B. *Henderson-Quandt*, Mikroökonomische Theorie, Berlin–Frankfurt/M. 1967, S. 115ff. Der genaue Zeitpfad der Anpassung kann mit Hilfe dieser Methode nicht abgeleitet werden.

$$\frac{s}{v} = \frac{sY}{K} = \frac{S}{K} = \frac{I}{K} = \frac{\Delta K}{K} > w_A,$$

so fragt sich, ob und wie dieser Überhang der befriedigenden über die natürliche Wachstumsrate, also die Diskrepanz zwischen Kapital- und Arbeitswachstum, durch Änderungen des Kapitalkoeffizienten beseitigt werden kann. Wächst der Kapitalstock in einer größeren Rate als das Arbeitsangebot, so muß sich aufgrund geänderter Knappheitsrelationen der Lohn relativ zum Zins erhöhen. Bei genügend hohem Grad von Substituierbarkeit steuert der Faktorpreismechanismus den Einsatz von Arbeit und Kapital derart, daß Arbeit durch Kapital substituiert wird, die Kapitalintensität K/A demnach steigt. Vergrößert sich aber der Kapital- relativ zum Arbeitseinsatz, so sinken die partiellen Grenzerträge des Kapitals, wie aus den Annahmen einer linear-homogenen Produktionsfunktion bei unbegrenzt substitutionalen Faktoren folgt. Die Produktion wächst mithin in einer geringeren Rate als der Kapitalstock, der Kapitalkoeffizient nimmt zu.

Tabelle 5

K	Y	Grenzprodukt des Kapitals	$\frac{K}{Y}$
10	10		1
20	20	1	1
30	28	8/10	1,07
40	33	5/10	1,21

Ein Zahlenbeispiel macht die Zusammenhänge deutlich. Der Kapitalkoeffizient, der zunächst einen Wert von 1 hat, steigt im Laufe des Wachstumsprozesses auf 1,07 und 1,21 an, wenn das Grenzprodukt des Kapitals, hier als Verhältnis von Produktions- und Kapitalstockzuwachs definiert, auf 8/10 und 5/10 sinkt.

Relative Faktorpreise und Kapitalintensität – so können wir vermuten – werden im Zuge des Anpassungsprozesses so lange variieren, bis der Kapitalkoeffizient auf seinen Gleichgewichtswert gestiegen, der Überhang von s/v über w_A demnach durch Erhöhung von v beseitigt ist. Kapital und Arbeit wachsen dann in der gleichen Rate, so daß weitere

Änderungen der relativen Faktorpreise, der Kapitalintensität und des Kapitalkoeffizienten vermieden werden. Alle Größen des Systems haben ihre Gleichgewichtswerte erreicht.

Dieser erstmals u. a. von *Solow* (1956) analysierte Anpassungsprozeß hat den Anstoß zur Entwicklung einer neuen Richtung der Wachstumstheorie gegeben, der man das Etikett „neoklassisch" zulegt. Die vor allem auch von *Meade* (1962), *Swan* (1956), *Phelps* (1961), *v. Weizsäcker* (1962) u. a. fortentwickelte neoklassische Wachstumstheorie verdient die Bezeichnung „neoklassisch" aus mehreren Gründen: Zunächst ist die Annahme substitutionaler Faktoren charakteristisch für die auf der Marginalanalyse aufbauende neoklassische Produktionstheorie. Neoklassisch ist sodann die für die Grenzproduktivitätstheorie unentbehrliche Prämisse, daß die Faktorpreise sich nach der relativen Knappheit der Produktionsfaktoren richten. Schließlich ist neoklassischem Denken die Annahme von der automatischen Anpassung des Systems an einen Vollbeschäftigungszustand adäquat: Während im System mit limitationalen Produktionsfaktoren – sofern Konstanz der Technik unterstellt ist – jede Diskrepanz zwischen Kapital- und Arbeitswachstum zur Unterbeschäftigung eines der beiden Faktoren führt, garantiert die Variation der relativen Faktorpreise durch die dadurch ausgelösten Substitutionsprozesse die stetige Realisierung der Vollbeschäftigung.

b) Die Pro-Kopf-Produktionsfunktion und der Stabilisierungsmechanismus

1. Der erörterte Anpassungsmechanismus kann mit Hilfe von Abb. 21 erläutert werden. Auf den Achsen sind die Kapitalintensität k und die Arbeitsproduktivität y, also die Produktion je Beschäftigten, abgetragen. Zunächst wird angenommen, daß das Sozialprodukt Y nur aus einem Gut besteht, welches entweder konsumiert oder investiert werden kann (Ein-Sektoren-Modell). Ferner ist der Kapitalstock als homogen und von unbegrenzter Lebensdauer unterstellt. Die Funktion y (k) beschreibt den Verlauf der Pro-Kopf-Produktion in Abhängigkeit von der Kapitalintensität, wobei abnehmendes Steigungsmaß der Funktion, d. h. sinkende Grenzprodukte des Kapitals, unterstellt ist.

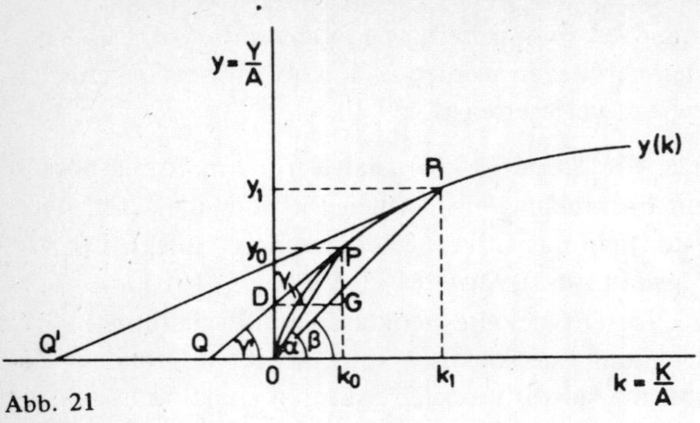

Abb. 21

Ein solcher Verlauf folgt aus einer linear-homogenen Cobb-Douglas-Funktion[11]). Die Pro-Kopf-Funktion erhält man nach Division dieser Funktion (Gleichung 4) durch A

$$y = \frac{Y}{A} = \frac{A^{\alpha} K^{1-\alpha}}{A} = A^{\alpha-1} K^{1-\alpha} = \frac{K^{1-\alpha}}{A^{1-\alpha}} = k^{1-\alpha}.$$

Für $k = 0$ folgt also auch $y = 0$: Da die Isoquanten im Falle einer Cobb-Douglas-Funktion die Achsen niemals schneiden (vgl. Abb. 20c), ist bei einem Kapitaleinsatz und damit auch einer Kapitalintensität von Null mit Hilfe von Arbeit allein eine Güterproduktion nicht möglich. Da ferner $1-\alpha < 1$ ist, führt eine Erhöhung von k nur zu einem unterproportionalen Anstieg von y. Die Funktion $y(k)$ weist also degressiven Verlauf auf[12]).

---

[11]) Daß eine Pro-Kopf-Produktionsfunktion des in Abb. 21 gezeichneten Typs nur bei linearer Homogenität der Produktionsfunktion gezeichnet werden kann, wird auch aus folgender Überlegung deutlich: Einem gegebenen Wert von K/A ist ein bestimmter Wert von Y/A zugeordnet. Da ein gegebener Wert von K/A mit einer proportionalen Vermehrung von K und A vereinbar ist, bleibt Y/A nur dann konstant, wenn auch Y und A in gleichem Maße steigen.

[12]) Eine solche Produktionsfunktion wird als „well behaved" bezeichnet. Aus $y = f(k) = k^{1-\alpha}$ folgen als Eigenschaften dieser Funktion:

$$f'(k) > 0; \; f''(k) < 0$$

$$f'(k) \to \infty, \text{ wenn } k \to 0; \; f'(k) \to 0, \text{ wenn } k \to \infty.$$

Die Pro-Kopf-Funktion muß also im Ursprung senkrecht verlaufen. Zeichnerische Ungenauigkeiten, die in den folgenden Schaubildern in dieser Hinsicht manchmal auftreten, möge der Leser entschuldigen.

Das Steigungsmaß dieser Funktion entspricht dem Grenzprodukt des Kapitals, wie im folgenden bewiesen wird: Nimmt man die Produktionsfunktion $Y = F(K, A)$ als linear homogen an, so kann sie auch in der Form

$$y = \frac{Y}{A} = F(k, 1) \tag{1}$$

geschrieben werden[13]). Es folgt

$$y = \frac{Y}{A} = f(k). \tag{2}$$

Das Steigungsmaß dieser Pro-Kopf-Funktion ist durch

$$\frac{dy}{dk} = f'(k) \tag{3}$$

bestimmt und entspricht – wie jetzt zu zeigen ist – dem Grenzprodukt des Kapitals $GPK = \partial Y/\partial K$. Schreibt man (2) in der Form

$$Y = A \cdot f(k),$$

so gilt für das Grenzprodukt des Kapitals:

$$GPK = \frac{\partial Y}{\partial K} = \frac{\partial\,[A \cdot f(k)]}{\partial K}$$

$$\frac{\partial Y}{\partial K} = A \cdot f'(k) \cdot \frac{\partial k}{\partial K} = A \cdot \frac{dy}{dk} \cdot \frac{\partial k}{\partial K}. \tag{4}$$

Nun ist aber

$$\frac{\partial k}{\partial K} = \frac{\partial\left(\frac{K}{A}\right)}{\partial K} = \frac{A}{A^2} = \frac{1}{A}, \tag{5}$$

so daß man nach Einsetzen in (4) erhält:

$$\frac{\partial Y}{\partial K} = A \cdot \frac{dy}{dk} \cdot \frac{1}{A} = \frac{dy}{dk}. \tag{6}$$

---

[13]) Zu den Eigenschaften solcher Funktion vgl. z. B. *Lewis, J. P.*, An Introduction to Mathematics for Students of Economics, London 1964, S. 251ff. (insbes. S. 253).

Das Grenzprodukt des Kapitals $\partial Y/\partial K$ stimmt also mit dy/dk, dem Steigungsmaß der Pro-Kopf-Funktion, überein.

2. Wenn auf $y\,(k)$ der Produktionspunkt P mit den zugeordneten Werten k_0 für die Kapitalintensität und y_0 für die Arbeitsproduktivität realisiert wird, ist die Kapitalproduktivität durch

$$\tan\alpha = \frac{Y}{A} : \frac{K}{A} = \frac{Y}{K} = \frac{1}{v},$$

der Kapitalkoeffizient also durch

$$\frac{1}{\tan\alpha} = v$$

determiniert. P erfüllt als Produktionspunkt nur dann die Bedingungen des totalen Wachstumsgleichgewichts, wenn auch

$$\tan\alpha = \frac{1}{v} = \frac{w_A}{s}, \qquad (1)$$

die Steigung der Linie OP also nicht nur die Kapitalproduktivität, sondern auch das Verhältnis von Arbeitswachstumsrate und Sparquote mißt. Aus (1) folgt dann

$$\frac{1}{\frac{K}{Y}} = \frac{w_A}{\frac{S}{Y}}$$

$$w_A = \frac{S}{K} = \frac{I}{K} = \frac{\Delta K}{K}. \qquad (2)$$

Arbeit und Kapital wachsen also wieder in der gleichen Rate, so daß die Kapitalintensität auf dem Niveau k_0 konstant bleibt. Wegen der Annahme einer linear-homogenen Produktionsfunktion steigt auch das Einkommen um den gleichen Prozentsatz:

$$\frac{\Delta K}{K} = \frac{s}{v} = \frac{\Delta A}{A} = \frac{\Delta Y}{Y}. \qquad (3)$$

Dieser durch (3) determinierten Gleichgewichtsrate ist ein gleichgewichtiges Faktorpreisverhältnis zugeordnet, sofern vollständige Konkurrenz, also Übereinstimmung der realen Faktorpreise mit den Grenzprodukten, unterstellt wird. Da das Anstiegsmaß der Produktionsfunktion dem Grenzprodukt des Kapitals $\partial Y/\partial K$ entspricht, werden Grenzproduktivität des Kapitals und Realzins z in P durch

$$\tan\gamma = \frac{PG}{DG} = \frac{\partial Y}{\partial K} = z \qquad (4)$$

angegeben. Aufgrund von (4) kann jetzt abgeleitet werden, welcher Teil der pro Arbeiter erzeugten Produktion ($y_0 O$) den Kapitalisten als Zinseinkommen zufließt. Definiert man das Zinseinkommen Z nunmehr als Produkt aus Kapitaleinsatz und Durchschnittsverzinsung ($Z = z \cdot K$)[14]), so folgt:

$$z \cdot \frac{K}{A} = \frac{Z}{A}$$

oder – bei Verwendung der Werte aus Abb. 21:

$$\frac{Z}{A} = \frac{PG}{DG} \cdot DG = PG = y_0 D. \qquad (5)$$

$Z/A = y_0 D$ stellt hier jenen Teil der Produktion pro Arbeiter $Y/A = y_0 O$ dar, der den Kapitalisten in Form von Zinseinkommen zufällt.

Die Lohnsumme pro Arbeiter kann sodann als Restgröße ermittelt werden. Bezeichnet man die Lohnsumme mit L und berücksichtigt man, daß $L = Y - Z$ ist, so folgt aus

$$\frac{Y}{A} - \frac{Z}{A} = \frac{L}{A}$$

die aus Abb. 21 abzulesende Beziehung

$$\frac{L}{A} = y_0 O - y_0 D = DO. \qquad (6)$$

$L/A = DO$ repräsentiert jenen Teil der Pro-Kopf-Produktion, der an die Arbeiter in Form von Löhnen ausgeschüttet wird. DO als Quotient aus Lohnsumme und Arbeitseinsatz gibt aber zugleich den Lohnsatz l je Arbeiter an.

---

[14]) Dieses Zinseinkommen im Sinne der Theorie der funktionellen Einkommensverteilung (Grenzproduktivitätstheorie) ist nicht unbedingt identisch mit dem Besitzeinkommen, wie es in Kapitel V verwendet wurde. Besitzeinkommen enthält außer Zinseinkommen auch Differentialrenten und sonstige Gewinne.

Mit diesen Überlegungen ist das gleichgewichtige Faktorpreisverhältnis festgelegt. Weil der Lohnsatz $l = DO$ und der Zinssatz $z = \tan\gamma = \tan\gamma' = DO/OQ$ ist, wird das Faktorpreisverhältnis durch

$$\frac{l}{z} = DO : \frac{DO}{OQ} = OQ \tag{7}$$

bestimmt. Bei Geltung dieser relativen Faktorpreise erweist es sich als sinnvoll, Kapital und Arbeit in dem durch k_0 determinierten Verhältnis einzusetzen.

Die vorhergehenden Überlegungen setzen uns nunmehr in die Lage, die Konsequenzen einer Abweichung von s/v und w_A anhand von Abb. 21 zu untersuchen und insbesondere zu überlegen, ob das Gleichgewichtswachstum durch Variationen von v erneut realisiert werden kann. Es sei zunächst die Kapitalintensität k_0 mit der zugeordneten Kapitalproduktivität $\tan\alpha = 1/v$ unterstellt. Der Wert von w_A/s werde aber nicht durch die Steigung der Linie OP ($\tan\alpha$), sondern durch die Steigung von OP_1 ($\tan\beta$) angegeben. Es existiert also die Konstellation

$$\frac{1}{v} > \frac{w_A}{s}$$

$$\frac{s}{v} > w_A$$

$$w_K > w_A .$$

Der Kapitalstock wächst also schneller als die Arbeit, so daß sich die Kapitalintensität über k_0 hinaus erhöht. Diese Kapitalintensivierung wird von einer Erhöhung des Lohn/Zins-Verhältnisses begleitet, denn der Streckenabschnitt OQ ($= l/z$) ist größer, wenn Produktionspunkte auf der $y(k)$-Funktion rechts von P verwirklicht werden, der Schnittpunkt der Tangenten an $y(k)$ mit der negativen Abszisse sich also nach links verschiebt. Die gleichzeitige Zunahme von l/z und k macht demnach deutlich, daß die relative Verteuerung der Arbeit die Unternehmer veranlaßt hat, Arbeit durch Kapital zu substituieren. Weil aber die Erhöhung der Kapitalintensität mit sinkenden Grenzerträgen des Kapitals verbunden ist, steigt der Kapitalstock stärker als die Produktion, so daß die Kapitalproduktivität sinkt, der Kapitalkoeffizient also zunimmt. Geometrisch kommt die Abnahme von $1/v$ dadurch zum Ausdruck, daß die Steigung der Fahrstrahlen geringer wird, wenn der Produktionspunkt auf der $y(k)$-Funktion nach rechts rückt.

Der neue Gleichgewichtspfad wird durch den Produktionspunkt P_1 bestimmt; weil sich die Kapitalproduktivität von $\tan\alpha$ auf $\tan\beta$ vermindert hat, entspricht sie nunmehr dem Quotienten w_A/s. Kapital, Arbeit und Volkseinkommen wachsen in der gleichen Rate, so daß die Kapitalintensität (k_1), die Arbeitsproduktivität (y_1) und der Kapitalkoeffizient ($1/\tan\beta$) auf dem neuen Wachstumspfad konstant sind. Die Analyse des Anpassungsprozesses mit Hilfe von Abb. 21 zeigt deutlich, daß die Konstellation $s/v > w_A$ durch eine Erhöhung des Kapitalkoeffizienten, welche ihrerseits eine Zunahme der Arbeitsproduktivität und der Kapitalintensität impliziert, in eine Gleichgewichtslage überführt worden ist. Voraussetzung für ein gleichgewichtiges Wachstum ist allerdings die Wirksamkeit des Preismechanismus: Das Lohn-Zins-Verhältnis muß sich von OQ auf OQ' erhöhen, damit die Unternehmer den für die Existenz der Gleichgewichtslösung notwendigen Substitutionsprozeß vollziehen.

3. Eine alternative Darstellung der Zusammenhänge, die anhand von Abb. 21 erläutert wurden, läßt sich mit Hilfe von Abb. 22 geben. Zusätzlich zur $y(k)$-Funktion wird eine Kurve

$$sy = \frac{sY}{A} = \frac{S}{A}$$

eingetragen, welche angibt, wie sich die Ersparnis pro Arbeitnehmer mit steigender Kapitalintensität entwickelt. sy steht in einer festen Relation zu y, wenn die (durchschnittliche und marginale) Sparquote fixiert ist. So verläuft für $s = 0{,}5$ die sy-Funktion stets in halber Höhe der y-Funktion. Nimmt man die Kapitalintensität bei k_0 als gegeben an, der Produktionspunkt liegt also in P_1 und die Pro-Kopf-Ersparnis ist durch die Strecke $C_1\,k_0$ bestimmt, so mißt der Tangens eines Fahrstrahls vom Nullpunkt zur sy-Funktion die Wachstumsrate des Kapitalstocks s/v:

$$\tan\alpha = \frac{sy}{k} = \frac{\frac{sY}{A}}{\frac{K}{A}} = \frac{sY}{K} = \frac{s}{v}.$$

Gleichgewichtswachstum liegt offenbar nur dann vor, wenn auch die Wachstumsrate des Arbeitspotentials dem Tangens des Winkels α entspricht. k_0 wäre dann die gleichgewichtige Kapitalintensität, y_0 die Pro-Kopf-Produktion, $C_1 k_0$ die Pro-Kopf-Ersparnis und $\tan\gamma$ die Kapitalproduktivität.

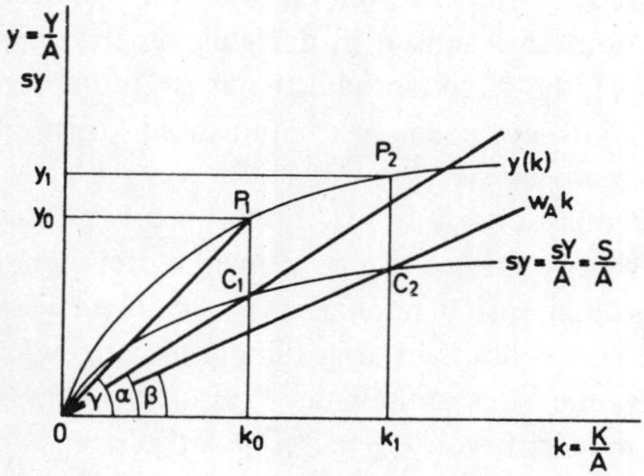

Abb. 22

w_A sei nun aber durch die Steigung $\tan\beta$ einer Nullpunktgeraden von der Form $w_A k$ angegeben:

$$\tan\beta = \frac{w_A k}{k} = w_A .$$

Da $\tan\alpha > \tan\beta$, also

$$w_K = \frac{s}{v} > w_A ,$$

entwickelt sich jener Prozeß, der bereits mit Hilfe von Abb. 21 erläutert wurde: Die Kapitalintensität erhöht sich auf k_1, der Produktionspunkt wandert nach P_2 und die Pro-Kopf-Ersparnis steigt auf $C_2 k_1$. Da s/v nun durch die Steigung der Linie OC_2 bestimmt ist, stimmen die Wachstumsraten von Kapital und Arbeit überein. Die Anpassung von s/v vollzieht sich wiederum über eine Erhöhung von v (Abnahme von $1/v$), denn $\tan\gamma$ nimmt einen kleineren Wert an, wenn der Produktionspunkt P_1 durch P_2 ersetzt wird.

Die Lage der möglichen Gleichgewichtspositionen wird durch den Verlauf der $w_A k$-Funktion bestimmt. Weil das Gleichgewicht durch den

Schnittpunkt von sy und $w_A k$ fixiert ist, sy aber gleich der tatsächlichen Pro-Kopf-Investition $S/A = I/A$ ist, repräsentiert die $w_A k$-Funktion die pro Arbeiter erforderliche, also ein proportionales Wachstum von K und A sichernde Investition. Sie kann insofern als Kurve der Gleichgewichtsinvestition (pro Arbeiter) gedeutet werden. Die Gleichgewichtspunkte sind mithin durch Übereinstimmung von tatsächlicher Investition sy und erforderlicher Investition $w_A k$ charakterisiert.

4. Das Wachstumsgleichgewicht läßt sich schließlich auch mit Hilfe von Abb. 23 demonstrieren, in der auf den Achsen die Arbeitsintensität A/K und die Kapitalproduktivität $1/v = Y/K$ abgetragen sind. Die Kurve Y/K, deren Anstiegsmaß das Grenzprodukt der Arbeit ist – man beachte die Analogie zu Abb. 21 – zeigt dann, wie sich die Produktion je Kapitaleinheit entwickelt, wenn der Arbeitseinsatz pro Einheit des Kapitalstocks zunimmt. In Abb. 23 ist ferner eine Kurve

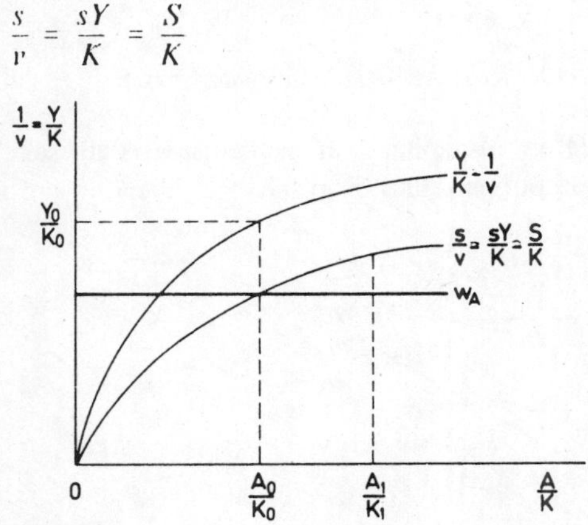

Abb. 23

eingetragen, welche die Ersparnis je Kapitaleinheit angibt. Zwischen den Kurven $1/v$ und s/v besteht eine Relation, die analog dem Verhältnis der Kurven y und sy in Abb. 21 ist. Schließlich wird die konstante Wachstumsrate der Arbeit durch eine Parallele zur Abszisse im Abstand w_A gemessen.

Ist nun die Arbeitsintensität A_1/K_1 verwirklicht, so wächst der Kapitalstock schneller als die Arbeit, denn s/v übersteigt w_A. Folglich steigt das Lohn-Zins-Verhältnis, die Arbeitsintensität nimmt also ab, bis das System seinen Gleichgewichtswert A_0/K_0 findet, der die Übereinstimmung von s/v und w_A garantiert.

4. Die Wirkungen von Datenänderungen auf das System

Die Übereinstimmung der Arbeitszuwachsrate mit dem Ausdruck s/v kennzeichnet den Gleichgewichtspfad der Entwicklung. Es sei nun eine Störung der Entwicklung in der Form angenommen, daß 1) die Arbeitszuwachsrate oder 2) die Sparquote einmalig ihren Wert verändern, dann aber auf neuem Niveau konstant sind (autonome Änderungen). Wie werden in diesen Fällen Zuwachsrate und Niveau des Systems beeinflußt?

a) Die Bedeutung unterschiedlicher Arbeitszuwachsraten

Allen bisher verwendeten Modellen war gemeinsam, daß sich die Zuwachsraten von Einkommen und Kapitalstock über Variationen

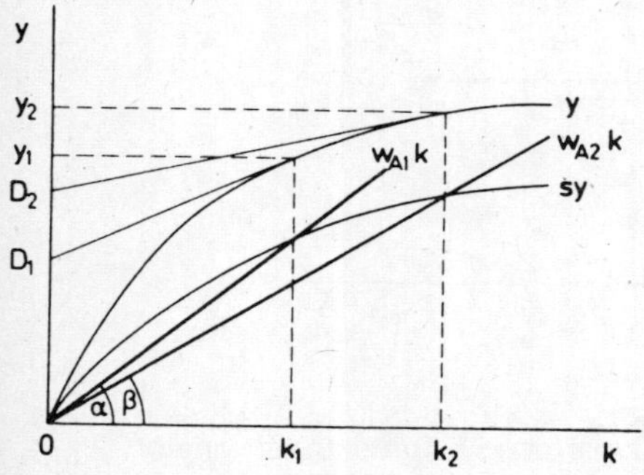

Abb. 24

von v allein an die Wachstumsrate des Arbeitspotentials anpassen. Die Entwicklung des Systems ist also von der Wachstumsrate des Arbeitsangebots bestimmt, von der wir annehmen wollen, daß sie der Wachstumsrate der Bevölkerung entspricht. Das System kann demnach nur dann auf einen anderen Wachstumspfad gelangen, wenn w_A sich ändert. Um die Konsequenzen unterschiedlicher Werte von w_A zu überprüfen, unterstellen wir zwei Volkswirtschaften I und II, von denen unter sonst gleichen Umständen – identischen Spar- und Produktionsfunktionen – die eine Volkswirtschaft die Arbeitszuwachsrate w_{A_1} (Kurve $w_{A_1}k$) und die andere die Wachstumsrate w_{A_2} (Kurve $w_{A_2}k$) aufweist (Abb. 24). Da $\tan\alpha > \tan\beta$, ist w_{A_1} größer als w_{A_2}. Die gleichgewichtigen Kapitalintensitäten (k_1 und k_2) sind nun durch den Schnittpunkt der sy-Funktion mit den jeweiligen $w_A k$-Geraden bestimmt. Da die Sparquote in beiden Ländern gleich ist, weist die Volkswirtschaft mit der geringeren Arbeitswachstumsrate die größere Kapitalintensität k_2 auf. Auch die Pro-Kopf-Produktion übersteigt den Wert im anderen Land, denn die Arbeit ist mit mehr Kapital versehen. Folglich ist der Lohnsatz OD_2 höher als der Lohnsatz OD_1 im ersten Land. Bei gegebener Spar- und Produktionsfunktion geht es den Arbeitern im gleichgewichtigen Wachstum umso besser, je langsamer sich das Arbeitsangebot vermehrt. Nach diesen Überlegungen könnte der Lebensstandard in den Entwicklungsländern wesentlich gesteigert werden, wenn es bei unveränderten Produktions- und Sparfunktionen – diese (sicher nicht streng erfüllte) Voraussetzung ist entscheidend – gelingen würde, das rapide Bevölkerungswachstum einzudämmen.

b) Die Bedeutung unterschiedlicher Spar- und Investitionsquoten

Das bisher abgeleitete Ergebnis, daß sich die Einkommenswachstumsrate (= Kapitalwachstumsrate s/v) stets an w_A anpaßt und durch w_A begrenzt ist, scheint der landläufigen und in der Wirtschaftspolitik dominierenden Auffassung zu widersprechen, daß unabhängig von w_A die Wachstumsrate des Volkseinkommens durch eine Erhöhung der Spar- und damit der Investitionsquote forciert werden kann. Zur Klärung dieses Widerspruchs ist die Analyse der Frage interessant, wie eine autonome Erhöhung der Sparneigung (= Investitionsquote) die Variablen des Systems, vor allem aber die Wachstumsraten, beeinflußt. Ist w_Y wiederum durch w_A begrenzt oder kann die Wachstumsrate des Volkseinkommens steigen?

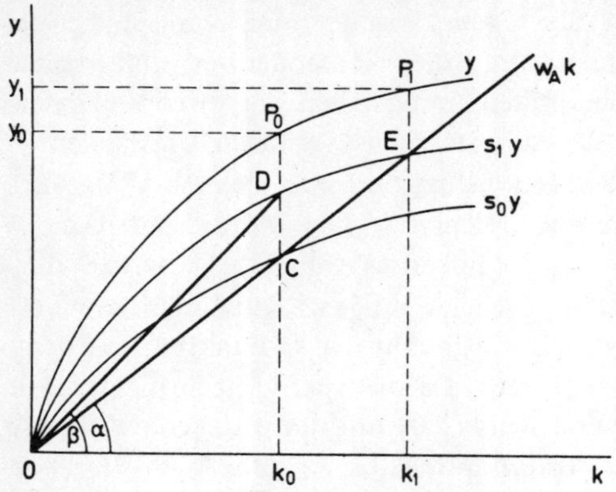

Abb. 25

In Abb. 25 sei zunächst die Pro-Kopf-Sparfunktion $s_0 y$ mit der Sparquote s_0 verwirklicht. Da die Steigung der $w_A k$-Geraden $\tan \alpha = w_A$ ist, wird die gleichgewichtige Kapitalintensität durch k_0 und die gleichgewichtige Arbeitsproduktivität durch y_0 angegeben. Die Pro-Kopf-Ersparnis ist $s_0 y = Ck_0$, und die Steigung der (nicht eingezeichneten) Linie OP_0 bezeichnet $1/v$, den Kehrwert des Kapitalkoeffizienten. Diese Werte des Systems bestimmen die Position des Gleichgewichts, denn die in C gegebene Bedingung

$$s_0 y = w_A k$$

$$s_0 \frac{Y}{A} = w_A \cdot \frac{K}{A}$$

impliziert zugleich

$$\frac{s_0}{v} = w_A .$$

Die Steigung der Geraden $w_A k$ mißt also nicht nur w_A, sondern – als Fahrstrahl OC zur $s_0 y$-Funktion gedeutet – auch die Kapitalwachstumsrate $s_0 y/k = s/v$.

Erhöht sich nun die Sparquote von s_0 auf s_1, so wird die $s_0 y$-Funktion durch $s_1 y$ ersetzt. Der Kapitalintensität k_0 ist folglich eine Pro-Kopf-Ersparnis Dk_0 zugeordnet, und es gilt

$$s_1 y > w_A k$$

$$\frac{s_1}{v} > w_A$$

$$w_K > w_A .$$

Eine Erhöhung der Sparquote hat mithin zur Folge, daß sich die Wachstumsrate des Kapitalstocks s/v erhöht und die konstante, durch die Steigung der Linie $w_A k$ bestimmte Zuwachsrate der Arbeit übersteigt. Die Kapitalintensität nimmt folglich zu. Da sich der Produktionspunkt auf der y (k)-Funktion nach oben bewegt, steigt auch das Volkseinkommen stärker als die Arbeit – die Arbeitsproduktivität $y = Y/A$ wird also größer –, und wir können folgern, daß eine Erhöhung der Sparquote durchaus in der Lage ist, die Einkommenszuwachsrate über w_A hinaus anzuheben. Allerdings kann dieses Wachstum nur temporär, für die Zeitdauer der Annäherung an das Gleichgewicht, beschleunigt werden. Ist erst der neue, durch den Schnittpunkt von $w_A k$ und $s_1 y$-Funktion bestimmte Gleichgewichtspunkt E erreicht, so wächst der Kapitalstock in der gleichen Rate wie die Arbeit ($s_1/v = w_A$). Aufgrund der linearen Homogenität der Produktionsfunktion weist auch das Volkseinkommen die gleiche, mit w_A und w_K identische Zuwachsrate auf. Da w_A jedoch unverändert blieb – die $w_A k$-Gerade ihre Position behielt – wächst das Einkommen im neuen Gleichgewicht mit der gleichen Rate wie auf dem alten Gleichgewichtspfad.

Wir erhalten also das wichtige Ergebnis, daß eine Erhöhung der Sparquote die Wachstumsrate des Einkommens (und des Kapitalstocks) zwar temporär, nicht aber auf die Dauer erhöhen kann. Die Wachstumsrate dieser Größen ist nach wie vor durch w_A limitiert. Allerdings vollzieht sich das Wachstum auf höherem Niveau. Verglichen mit dem Ausgangszustand haben die folgenden Variablen höhere Werte: Die Pro-Kopf-Produktion (y_1), die Kapitalintensität (k_1) und der Kapitalkoeffizient, dessen Kehrwert, die Kapitalproduktivität, durch die Steigung der (nicht eingezeichneten) Linie OP_1 bestimmt wird. Ist der neue Gleichgewichtspfad jedoch erreicht, so bleiben diese Größen unverändert, da K, Y und A in der gleichen, nämlich der ursprünglichen, durch w_A bestimmten Rate wachsen.

2. Das Verständnis der zentralen These dieses Abschnitts, also die Behauptung, daß die Einkommenswachstumsrate auf lange Sicht von der Sparquote unabhängig ist, bereitet dem Anfänger nach allen Erfahrungen oft nicht geringe Schwierigkeiten. Daher sollen die Ergebnisse des Abschnitts 1) in anderer Form und mit Hilfe eines Zahlenbeispiels erläutert werden: Im Ausgangszustand sind Y/A und K/A auf einem bestimmten Niveau y_0 und k_0 fixiert, so daß alle Größen in der gleichen Rate, z. B. um 1/10 wachsen:

$$\underbrace{\frac{\Delta K}{K}\left(=\frac{s_0}{v}=\frac{s_0 Y}{K}\right)}_{10\,\%}=\frac{\Delta Y}{Y}=\frac{\Delta A}{A}$$

$$10\,\% \qquad = 10\,\% = 10\,\%.$$

Steigt die Sparquote von s_0 auf s_1, so folgen die Beziehungen (a), (b) und (c):

(a) $$\frac{\Delta K}{K}\left(=\frac{s_1 Y}{K}\right)>\frac{\Delta A}{A}.$$

Da $\Delta K/K = s_1/v > s_0/v$ und die Arbeitszuwachsrate konstant gleich 10% ist, wächst der Kapitalstock schneller als die Arbeit. Die Kapitalintensität steigt also an und nähert sich dem Grenzwert k_1, der auf dem neuen Gleichgewichtspfad erreicht wird.

(b) $$\frac{\Delta Y}{Y}>\frac{\Delta A}{A}.$$

Wird die Arbeit mit mehr Kapital kombiniert – die Effizienz der Arbeit nimmt also zu –, so steigt das Volkseinkommen stärker als die Arbeit. Auch die Arbeitsproduktivität nimmt folglich zu, bis der Grenzwert y_1 erreicht ist.

(c) $$\frac{\Delta K}{K}>\frac{\Delta Y}{Y}.$$

Da sinkende Grenzerträge den vermehrten Kapitaleinsatz begleiten, erhöht sich der Kapitalstock schneller als die Produktion. Die Kapitalproduktivität nimmt also ab, der Kapitalkoeffizient dagegen zu, wie durch die Steigung der Linien OP_0 und OP_1 verdeutlicht wird. Dies folgt schon aus der angenommenen Konstanz von β, der Produktionselastizität des Kapitals:

$$\beta = \frac{\partial Y}{\partial K} \cdot \frac{K}{Y} = \text{const.}$$

Einer Verminderung der Grenzproduktivität des Kapitals muß eine relativ gleich große Erhöhung von K/Y entsprechen, sofern β unverändert bleibt.

Die Beziehungen (a), (b) und (c) bewirken also während des Anpassungsprozesses die Konstellation

$$\frac{\Delta K}{K} > \frac{\Delta Y}{Y} > \frac{\Delta A}{A}$$

also z. B.

15% > 12% > 10%.

Die Arbeitswachstumsrate liegt nach wie vor bei 10%. Während die Einkommenszuwachsrate vor der Störung ebenfalls 10% betrug, steigt sie nun über diesen Satz hinaus und zeigt somit an, daß das Tempo der Entwicklung durch eine Erhöhung von s beschleunigt wird. Doch ist diese Beschleunigung nur temporär: Nach Annäherung an den neuen Pfad sind die Wachstumsraten von K und Y auf die Wachstumsrate von A, also auf 10%, gesunken. Wächst nämlich, wie Bedingung (c) anzeigt, das Einkommen langsamer als der Kapitalstock:

$$\frac{\Delta K}{K} > \frac{\Delta Y}{Y} \quad \text{oder} \quad \frac{s_1 Y}{K} > \frac{\Delta Y}{Y},$$

so sinkt mit Y/K auch $s_1 Y/K$, bis sich die Zuwachsraten von K und Y erneut entsprechen. Dies aber ist nur möglich bei einer Rate von $w_A = 10\%$. Nur wenn K um den gleichen Satz wie A zunimmt, kann auch Y in dieser Rate wachsen. Mit anderen Worten: Erhöht sich die Sparquote s, so steigt der Kapitalstock in einer höheren Rate als die Produktion. Da aber das Sparen proportional zum Einkommen steigt, nimmt das Verhältnis $S/K = I/K = \Delta K/K$, also die Kapitalwachstumsrate wieder ab, bis die Zuwachsrate von 10%, die nunmehr auch für das Einkommen gilt, erreicht ist.

3. Nach unseren Erörterungen folgt das Volkseinkommen dem in Abb. 26 gezeichneten Pfad. Nimmt man die Sparquote zunächst als gegeben an, so stimmen Einkommens- und Arbeitswachstumsrate über-

ein. Wird nun die Sparquote im Zeitpunkt t_0 erhöht, so wächst das Volkseinkommen schneller als die Arbeit, bis der Anpassungsprozeß beendet ist, wenn sich beide Wachstumsraten (ab t_1) erneut entsprechen. Die Einkommenswachstumsrate nach dem Zeitpunkt t_1 ist also gleich der Einkommenswachstumsrate vor t_0. Indessen sind nur die Wachstumsraten gleich, nicht aber die Niveaus, auf denen sich die Entwicklung vollzieht.

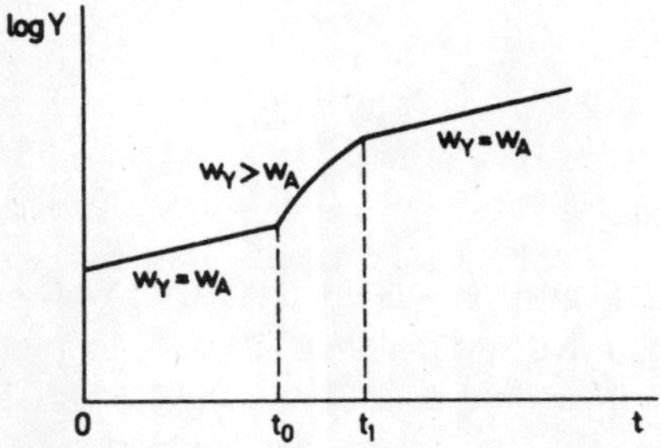

Abb. 26

Für Zwecke der Wirtschaftspolitik ist offenbar die Frage wichtig, auf welche Zeitdauer sich der Anpassungsprozeß bezieht. Da die Wachstumsrate nur für begrenzte Zeit, nicht aber auf lange Sicht durch eine Änderung von s berührt wird, würde die Bedeutung einer investitionspolitisch orientierten Wachstumspolitik gemindert werden, wenn die „Schubwirkung" der erhöhten Sparquote schnell verpufft. Für realistische Parameter ist jedoch mit einer sehr langen Anpassungsperiode zu rechnen, so daß sich die Bedeutung der Investitionen für das Wachstum kaum vermindert: Anpassungsprozesse – nicht golden-age-Zustände – beherrschen das Bild der Wirklichkeit.

4. Oft hat man einen Gegensatz zwischen diesen aus neoklassischen Prämissen abgeleiteten Thesen und der Harrod-Domar-Theorie des Wachstums zu konstruieren versucht. Während die Sparquote im neoklassischen Modell auf die Dauer nur das Einkommensniveau, nicht aber die Einkommenszuwachsrate bestimmt, wird z. B. im Domar-Modell die Größe der gleichgewichtigen Wachstumsrate s/v durch s beeinflußt. Indessen läßt sich dieser „Gegensatz" als nicht existent nach-

weisen: Es sei angenommen, daß sich die Kapitalwachstumsrate s/v durch Zunahme von s erhöht. Unterstellt man limitationale Produktionsfaktoren (Domar-Modell), so kann die Einkommenszuwachsrate offenbar nur dann ansteigen, wenn sich auch w_A, und zwar in gleichem Maße wie w_K, erhöht. Unter solchen Annahmen wird aber auch im neoklassischen Modell die Einkommenswachstumsrate *auf die Dauer* steigen. Bleibt w_A im Domar-Modell hingegen konstant, so kann die höhere Wachstumsrate von Y weder temporär noch auf Dauer verwirklicht werden, da die komplementären Arbeitskräfte fehlen. Durch Erhöhung von s steigt zwar die befriedigende, nicht aber – und zwar auch nicht auf Zeit – die tatsächliche Einkommenswachstumsrate an. Diese ist nach wie vor durch das Arbeitswachstum begrenzt. Insofern besteht kein fundamentaler Unterschied zum neoklassischen Modell; dieses erlaubt sogar – im Gegensatz zum Domar-Modell – eine temporäre Erhöhung von w_Y.

5. Multiple Gleichgewichte[15])

Bis hierher wies das System eindeutige Gleichgewichtswerte für alle Variablen des Systems auf, was u. a. daran lag, daß „glatter“ Verlauf der sy- und $w_A k$-Funktionen unterstellt war. Sieht man s und w_A

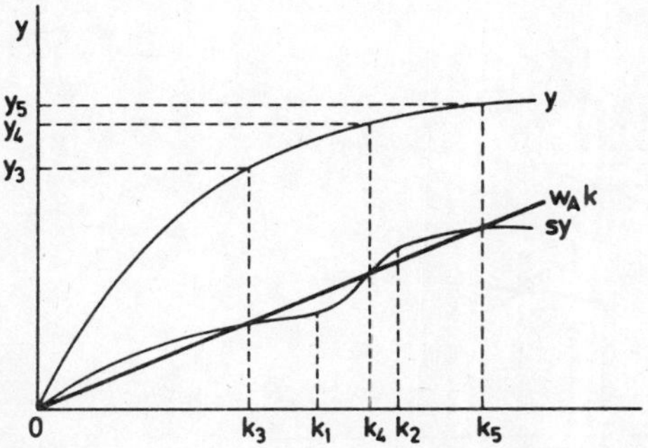

Abb. 27

[15]) Solche Fälle werden von *Johnson* (1966) erläutert und auf Fragen der Entwicklungsländertheorie bezogen.

jedoch als variable Größen an, so ergibt sich die Möglichkeit multipler Gleichgewichte, wie zunächst am Fall einer variablen Sparquote demonstriert wird (Abb. 27). Da die sy-Funktion bis k_1 in einer festen Relation zur y-Kurve steht, ist s bis hierher konstant. Zwischen k_1 und k_2 erhöht sich s, um dann auf erhöhtem Niveau erneut konstant zu bleiben. Bei diesem Verlauf der sy-Funktion sind drei Gleichgewichtspunkte möglich, denen die Kapitalintensitäten k_3, k_4, k_5 und die Pro-Kopf-Einkommen y_3, y_4, y_5 entsprechen. Die Wachstumsraten stimmen für alle Lösungen überein; sie sind der Wachstumsrate der Arbeit gleich. Nur das Einkommensniveau ist offensichtlich umso höher, je größer das Verhältnis von Kapital und Arbeit wird.

Die Stabilität des Wachstumsgleichgewichts ist dann gesichert, wenn k_3 oder k_5 die gleichgewichtigen Kapitalintensitäten sind. Links von k_3 ist s/v, die Steigung des Fahrstrahls zur sy-Funktion, größer als w_A, so daß sich k bis zum Gleichgewichtswert k_3 erhöht. Die Anpassung an k_5 vollzieht sich in gleicher Form, wenn Kapitalintensitäten links von k_5 realisiert sind. Dagegen repräsentiert k_4 ein unstabiles Gleichgewicht. Unterschreitet k den gleichgewichtigen Wert k_4, so steigt die Arbeit schneller als der Kapitalstock, die Kapitalintensität nimmt also ab, bis bei k_3 ein neues Gleichgewicht erreicht ist. Entsprechend hat eine Abweichung des Systems von k_4 nach rechts zur Folge, daß K um einen größeren Satz zunimmt als A und sich k_5 einstellt.

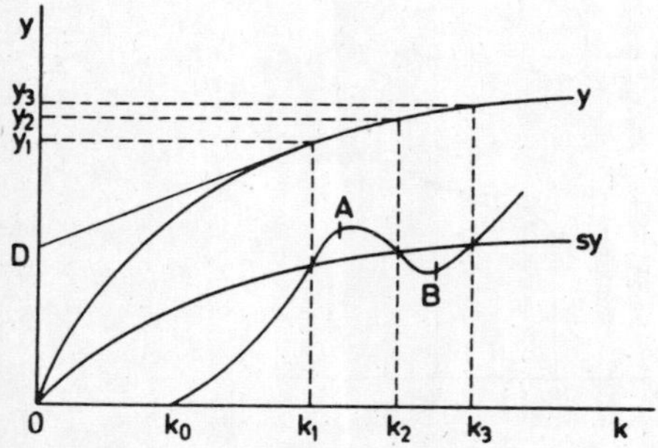

Abb. 28

Multiple Gleichgewichte sind auch bei variabler Arbeitszuwachsrate denkbar (Abb. 28). Bis k_0 sei die Arbeitswachstumsrate – hier mit der Bevölkerungszuwachsrate gleichgestellt – gleich Null, weil Pro-Kopf-Produktion und Lohnsatz derart niedrig sind, daß eben das Existenzminimum erreicht ist. Bestimmt der Anstieg der Fahrstrahlen zur Kurve $k_0 AB$ die Höhe von w_A, so nimmt w_A bis A – der Fahrstrahl wird zur Tangente – zu, um zwischen A und B zu sinken (weil z. B. der Wunsch nach Freizeit steigt). Von B an nimmt w_A dann wieder zu. Auch in diesem Falle existiert ein unstabiles Gleichgewicht k_2, das von den stabilen Gleichgewichten k_1 und k_3 umgeben ist.

Literaturübersicht zum VI. Kapitel

Das neoklassische Wachstumsmodell wurde von mehreren Autoren entwickelt, u. a. von *R. Solow*, A Contribution to the Theory of Economic Growth, Quarterly Journal of Economics. Bd. 70, 1956; *J. E. Meade*, A Neoclassical Theory of Economic Growth, 2. Aufl., London 1962; *T. W. Swan*, Economic Growth and Capital Accumulation, Economic Record, Bd. 32, 1956. Eine ausgezeichnete zusammenfassende Darstellung gibt *H. G. Johnson*, The Neo-classical One-Sector Growth Model: A Geometrical Exposition and Extension to a Monetary Economy, Economica, Bd. 33, 1966; deutsche Übersetzung in: *H. G. Johnson*, Beiträge zur Geldtheorie und Geldpolitik, Berlin 1969. Über die Zeitdauer der Anpassung an einen golden-age-Pfad orientiert *R. Sato*, Fiscal Policy in a Neoclassical Growth Model: An Analysis of Time Required for Equilibrating Adjustment, Review of Economic Studies, Bd. 30, 1963, deutsche Übersetzung in: *H. König* (1968).

VII. Wachstumsgleichgewicht und CES-Produktionsfunktion

Die Cobb-Douglas-Funktion impliziert eine konstante Substitutionselastizität von Eins. Diese Annahme ist indessen nicht mit der Beobachtung vereinbar, daß bestimmte Produktionsfaktoren „gute" Substitute sind (Substitutionselastizität > 1), während andere Produktionsfaktoren nur schwer gegeneinander substituierbar sind (Substitutionselastizität < 1). Die CES-Produktionsfunktion trägt dieser Tatsache Rechnung: Zwar ist die Substitutionselastizität auch hier als konstant angenommen (CES = constant elasticity of substitution), doch wird nicht mehr ein Wert von Eins gefordert. Die Substitutionselastizität kann vielmehr zwischen Null und Unendlich variieren, so daß die Cobb-Douglas-Funktion, aber auch die Leontief-Produktionsfunktion mit limitationalen Faktoren (Substitutionselastizität gleich Null), als Spezialfälle der allgemeineren CES-Funktion erscheinen. Da Wachstumsraten sowie Existenz- und Stabilitätsbedingungen bisher unter den restriktiven Annahmen der Cobb-Douglas-Funktion abgeleitet wurden, ist nunmehr zu prüfen, ob die gewonnenen Ergebnisse auch unter den allgemeineren Prämissen der CES-Funktion aufrechtzuerhalten sind. Zuvor ist es jedoch notwendig, wichtige Eigenschaften der CES-Funktion kurz zu erörtern.

1. Eigenschaften der CES-Produktionsfunktion

Die grundsätzlich homogene CES-Funktion wird für den Spezialfall linearer Homogenität, auf den wir uns beschränken wollen, in der Form

$$Y = [bK^{-\rho} + aA^{-\rho}]^{-\frac{1}{\rho}} \tag{1}$$

geschrieben.

1. Zunächst sei der Beweis für die lineare Homogenität erbracht. Wir mulitplizieren in (1) K und A mit λ und können lineare Homogenität der Funktion dann konstatieren, wenn auch Y auf λY wächst:

$$[b(\lambda K)^{-\rho} + a(\lambda A)^{-\rho}]^{-\frac{1}{\rho}} =$$

$$[\lambda^{-\rho}(bK^{-\rho} + aA^{-\rho})]^{-\frac{1}{\rho}} =$$

$$\lambda\, [bK^{-\rho} + aA^{-\rho}]^{-\frac{1}{\rho}}. \tag{2}$$

Setzt man Y in Ausdruck (2) ein – vgl. Gleichung (1) –, so folgt:

$$[b(\lambda K)^{-\rho} + a(\lambda A)^{-\rho}]^{-\frac{1}{\rho}} = \lambda Y. \tag{3}$$

Nach (3) führt also eine proportionale Vermehrung von A und K nach Maßgabe von λ zu einer Erhöhung der Produktion ebenfalls nach Maßgabe von λ. Die Produktionsfunktion (1) ist also linear homogen.

2. Durch Differentiation von (1) ermitteln wir unter Verwendung der Kettenregel das partielle Grenzprodukt des Kapitals:

$$\frac{\partial Y}{\partial K} = -\frac{1}{\rho}\, [bK^{-\rho} + aA^{-\rho}]^{-\frac{1}{\rho}-1} \cdot \left(-\rho bK^{-\rho-1}\right)$$

$$\frac{\partial Y}{\partial K} = b\, [bK^{-\rho} + aA^{-\rho}]^{-\frac{1}{\rho}(1+\rho)} \cdot K^{-1-\rho}.$$

Wegen (1) gilt:

$$\frac{\partial Y}{\partial K} = b\left(\frac{Y}{K}\right)^{1+\rho}. \tag{4}$$

Entsprechend folgt für das Grenzprodukt der Arbeit

$$\frac{\partial Y}{\partial A} = a\left(\frac{Y}{A}\right)^{1+\rho} \tag{5}$$

Es läßt sich zeigen – ohne daß hier der Beweis geführt werden soll –, daß die partiellen Grenzprodukte sinken, wenn der Arbeitseinsatz (Kapitaleinsatz) ceteris paribus vermehrt wird.

Ferner ergibt sich das Faktorpreisverhältnis aus (4) und (5) als

$$\frac{l}{z} = \frac{\partial Y/\partial A}{\partial Y/\partial K} = \frac{a}{b}\left(\frac{K}{A}\right)^{1+\rho} \tag{6}$$

3. Mit Hilfe von (5) läßt sich zeigen, daß der Parameter ρ – als Substitutionsparameter bezeichnet – den Grad der Substituierbarkeit von Arbeit und Kapital bestimmt. Die Substitutionselastizität war gegeben als[1])

$$\sigma = \frac{d(K/A)/K/A}{d(l/z)/l/z} = \frac{d\,ln\,(K/A)}{d\,ln\,(l/z)}$$

Einsetzen von (6) ergibt:

$$\sigma = \frac{d\,ln\,(K/A)}{d\,ln\,(a/b) + (1+\rho)\cdot d\,ln\,(K/A)}$$

Weil *b* und *a* konstant sind, folgt

$$\sigma = \frac{1}{1+\rho} \text{ bzw. } \rho = \frac{1}{\sigma} - 1. \tag{7}$$

Der Parameter ρ (Substitutionsparameter) wird durch den Wert der Substitutionselastizität σ bestimmt und ist insofern ein Maß für die Substituierbarkeit der Produktionsfaktoren: Für $\sigma = \infty$ ist $\rho = -1$; für $\sigma = 0$ (limitationale Faktoren) ist $\rho = \infty$. Der Substitutionsparameter durchläuft also für σ von Null bis Unendlich die Werte von Unendlich bis minus Eins. Im Spezialfall der Cobb-Douglas-Funktion folgt aus $\sigma = 1$ ein Wert für $\rho = 0$. Da sich der Grad der Substituierbarkeit – wie in den Abb. 20a–20e gezeigt – in der Krümmung der Isoquante niederschlägt, determiniert ρ daher das Maß dieser Krümmung.

4. Es bleibt noch die Aufgabe, die ökonomische Bedeutung der Parameter b und a zu bestimmen. Da sich zeigen läßt, daß b und a über die Verteilung des Sozialprodukts mitentscheiden, legen wir die aus der Analyse der Cobb-Douglas-Funktion bekannte Definition der Lohnquote (= partielle Produktionselastizität der Arbeit) zugrunde:

$$\alpha = \frac{L}{Y} = \frac{l\cdot A}{Y} = \frac{\partial Y}{\partial A}\cdot\frac{A}{Y}. \tag{8}$$

Einsetzen von (5) ergibt

---

[1]) *ln* bezeichnet den natürlichen Logarithmus.

$$\alpha = a\left(\frac{Y}{A}\right)^{1+\rho} \cdot \frac{A}{Y} = a\left(\frac{Y}{A}\right)^{1+\rho} \cdot \left(\frac{Y}{A}\right)^{-1}$$

$$\alpha = a\left(\frac{Y}{A}\right)^{\rho}. \tag{9}$$

Entsprechend gilt für die Zinseinkommensquote β (partielle Produktionselastizität des Kapitals):

$$\beta = b\left(\frac{Y}{K}\right)^{\rho}. \tag{10}$$

Das Verhältnis von Lohn- zu Zinseinkommen ist daher bestimmt durch:

$$\frac{\alpha}{\beta} = \frac{L}{Z} = \frac{a}{b}\left(\frac{K}{A}\right)^{\rho}. \tag{11}$$

Die Parameter a und b determinieren daher zusammen mit der Kapitalintensität und dem Substitutionsparameter die Verteilung; sie werden daher als Distributionsparameter bezeichnet[2]). Da im Spezialfall der

[2]) Auf den Isoquantenverlauf (Abb. 29) wirken sich a und b wie folgt aus: Bekanntlich wird das Steigungsmaß einer Isoquante Y_1 in einem Punkt C bestimmt durch:

$$\tan\alpha = \frac{\partial Y}{\partial A} : \frac{\partial Y}{\partial K}$$

Aus (6) folgt

$$\tan\alpha = \frac{a}{b}\left(\frac{K}{A}\right)^{1+\rho}$$

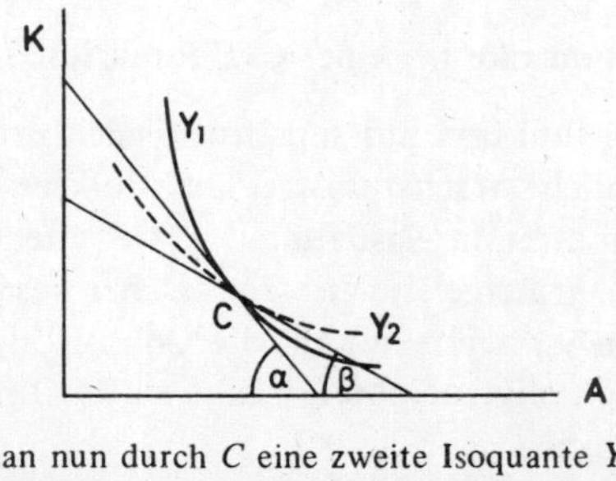

Abb. 29

Zeichnet man nun durch C eine zweite Isoquante Y_2 mit dem Anstieg tan β, so folgt – da K/A für beide Kurven in C identisch ist –, daß a/b für Y_1 absolut größer als für Y_2 ist. Das gilt unter der Prämisse, daß beide Kurven die gleiche Substitutionselastizität aufweisen. a/b bestimmt daher die „Schiefe" der Isoquate.

Cobb-Douglas-Funktion $\sigma = 1$ und ρ mithin Null ist, folgt aus (11) für diese Funktion:

$$\frac{\alpha}{\beta} = \frac{L}{Z} = \frac{a}{b}$$

und nach (9) und (10)

$$\alpha = a \text{ und } \beta = b.$$

Die Distributionsparameter stimmen also in diesem Fall mit den Einkommensquoten überein, so daß die Verteilung – unabhängig vom Wert der Kapitalintensität – konstant bleibt.

Die Verteilung variiert jedoch mit der Kapitalintensität, sofern die Substitutionselastizität ungleich Eins ist. Unterstellt sei z. B. eine Erhöhung von K/A. Wenn $\sigma < 1$ und ρ folglich größer Null ist, muß sich nach (11) L/Z $(=\alpha/\beta)$ auch bei Konstanz von a/b erhöhen. Für $\sigma < 1$ steigt nämlich die Kapitalintensität um einen geringeren Satz als das Lohn-Zins-Verhältnis, so daß wegen

$$\frac{Z}{L} = \frac{K}{A} \cdot \frac{z}{l} = \frac{K/A}{l/z}$$

das Verhältnis von Lohneinkommen zu Zinseinkommen zunimmt. Änderungen der Kapitalintensität werden daher bei gegebenen Werten von ρ, a und b stets von Variationen der Verteilung begleitet, wenn $\sigma \neq 1$ ist.

2. Die tatsächliche Wachstumsrate bei einer CES-Funktion

Im Falle einer Produktionsfunktion mit substitutionalen Produktionsfaktoren kann die tatsächliche Wachstumsrate des Volkseinkommens stets aus den mit ihren Produktionselastizitäten gewichteten Zuwachsraten von Kapital und Arbeit hergeleitet werden. Daher beschreibt die Gleichung $w_Y = \beta w_K + \alpha w_A$ nicht nur für die Cobb-Douglas-Funktion, sondern auch für den allgemeineren CES-Fall das tatsächliche Wachstum des Sozialprodukts.

Für den interessierten Leser wird im folgenden der (an sich überflüssige) Beweis gebracht. Zur Ableitung der tatsächlichen Wachstumsrate gehen wir von Gleichung (1) aus

$$Y = [bK^{-\rho} \cdot aA^{-\rho}]^{-\frac{1}{\rho}} = f[K(t), A(t)] \tag{1}$$

und differenzieren nach der Zeit:

$$\frac{dY}{dt} = \frac{\partial Y}{\partial K} \cdot \frac{dK}{dt} + \frac{\partial Y}{\partial A} \cdot \frac{dA}{dt}$$

$$= \frac{\partial}{\partial K}[bK^{-\rho} + aA^{-\rho}]^{-\frac{1}{\rho}} \frac{dK}{dt} + \frac{\partial}{\partial A}[bK^{-\rho} + aA^{-\rho}]^{-\frac{1}{\rho}} \cdot \frac{dA}{dt}.$$

$$\frac{dY}{dt} = -\frac{1}{\rho}[bK^{-\rho} + aA^{-\rho}]^{-\frac{1}{\rho}-1} (-\rho bK^{-\rho-1}) \frac{dK}{dt}$$

$$-\frac{1}{\rho}[bK^{-\rho} + aA^{-\rho}]^{-\frac{1}{\rho}-1} (-\rho aA^{-\rho-1}) \frac{dA}{dt}$$

Wegen (1) folgt:

$$\frac{dY}{dt} = Y^{\rho+1} \cdot bK^{-\rho-1} \frac{dK}{dt} + Y^{\rho+1} \cdot aA^{-\rho-1} \frac{dA}{dt}.$$

$$\frac{dY}{dt} \cdot \frac{1}{Y} = Y^{\rho} \cdot bK^{-\rho} \cdot \frac{dK}{dt} \cdot \frac{1}{K} + Y^{\rho} \cdot aA^{-\rho} \cdot \frac{dA}{dt} \cdot \frac{1}{A}.$$

$$w_Y = \left(\frac{Y}{K}\right)^{\rho} b \cdot w_K + \left(\frac{Y}{A}\right)^{\rho} a \cdot w_A.$$

Wegen (9) und (10) erhalten wir schließlich

$$w_Y = \beta \cdot w_K + \alpha \cdot w_A. \tag{12}$$

Auch im Falle einer CES-Produktionsfunktion erhalten wir mithin das vertraute Ergebnis, daß die tatsächliche Wachstumsrate des Volkseinkommens durch die Wachstumsraten von Kapital und Arbeit nach Maßgabe der partiellen Produktionselastizitäten (Einkommensquoten) bestimmt wird. Dieses Ergebnis tritt immer ein, wenn nur die Produktionsfaktoren substituierbar sind. Im Unterschied zum Fall der Cobb-Douglas-Funktion werden allerdings α und β ihre Werte ändern, wenn sich die Kapital-Arbeitsrelation im Zuge des Wachstumsprozesses verschiebt ($w_K \neq w_A$) und folglich die relativen Faktorpreise variieren.

3. Gleichgewichtswachstum, Existenz und Stabilität

1. Aus Gleichung (12) haben wir unter den Annahmen einer Cobb-Douglas-Funktion die gleichgewichtige Wachstumsrate mit den Eigenschaften $w_Y = w_K$ $(= s/v) = w_A$ abgeleitet. Ein Gleichgewichtswachstum dieser Art ist auch unter den Bedingungen einer CES-Funktion mit $\sigma \neq 1$ vorstellbar. Die in einer „steady state"-Situation geforderte Konstanz der Einkommenswachstumsrate läßt sich bei vorgegebenem Wert von w_A offenbar dann realisieren, wenn $w_K = w_A$ ist. Wegen der linearen Homogenität der Produktionsfunktion muß w_Y diesen Raten entsprechen und bei vorgegebenem konstanten Wert von w_A ebenfalls konstant sein. Die Konstruktion eines Gleichgewichtspfades mit den Kriterien $w_K = w_A = w_Y$ folgt aus der linearen Homogenität der Produktionsfunktion und wird durch den Wert von σ grundsätzlich nicht beeinflußt. Da Kapital und Arbeit in der gleichen Rate wachsen, K/A und folglich auch l/z auf einem solchen Pfad konstant sind, ändern sich die Verteilungsquoten α und β nicht, auch wenn die Substitutionselastizität von Eins verschieden ist. Die besonderen Eigenschaften der CES-Funktion werden erst bei Abweichungen von einem solchen Pfade von Bedeutung, weil ungleiche Raten des Kapital- und Arbeitswachstums auch die Verteilung ändern. Daher kommt den Existenz- und Stabilitätsproblemen besondere Bedeutung zu.

2. Die Existenz eines Gleichgewichtswachstums in der Rate $s/v = w_A$ war im Falle der Cobb-Douglas-Funktion stets gesichert, weil bei konstanten Werten von s und w_A der Kapitalkoeffizient zwischen Null und Unendlich schwanken konnte. Der Wertebereich von v wird indessen eingeschränkt, wenn σ ungleich 1 ist. Dies wird zunächst für $\sigma > 1$ gezeigt. Unter dieser Annahme verläuft die Einheitsisoquante wie in Abb. 20d. Aus diesem Schaubild kann im Falle linearer Homogenität der Produktionsfunktion Abb. 30 gewonnen werden, in der auf den Achsen nicht K und A (wie in Abb. 20d), sondern K/Y und A/Y abgetragen sind. Einem gegebenen Wert von K/Y ist stets ein bestimmter Wert von A/Y zugeordnet, denn bei proportionaler Vermehrung von K und Y (K/Y = const.) muß bei der unterstellten Produktionsfunktion auch der Arbeitseinsatz proportional gestiegen sein, so daß A/Y ebenfalls konstant bleibt.

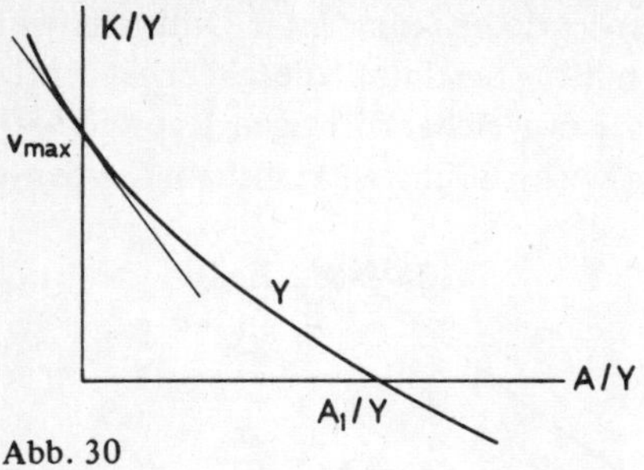

Abb. 30

Für $\sigma > 1$ macht Abb. 30 deutlich, daß $v = K/Y$ zwischen den Werten Null (bei einem Arbeitskoeffizienten in Höhe von A_1/Y) und v_{max} (bei einem Arbeitskoeffizienten von Null) schwanken kann: Der Kapitalkoeffizient kann also einen bestimmten Höchstwert v_{max} nicht überschreiten. Ist nun die Kombination von s und w_A derart, daß die Realisierung der Bedingung $s/v = w_A$ einen Wert von $v > v_{max}$ erfordert, so ist die Existenzbedingung nicht erfüllt: Ein Überhang der Kapital- über die Arbeitswachstumsrate, also die Konstellation $s/v > w_A$, kann durch Zunahme von v nicht beseitigt werden, wenn v dem maximalen Wert bereits entspricht, der höhere Gleichgewichtswert mithin nicht erreichbar ist. Da die möglichen Werte des Kapitalkoeffizienten zwischen Null und v_{max} liegen:

$$0 < v < v_{max},$$

ist die Konstellation $s/v = w_A$ bzw. $v = s/w_A$ nur dann realisierbar, wenn gilt:

$$0 < \frac{s}{w_A} < v_{max}.$$

Diese Existenzbedingung wird umso eher erfüllt, je kleiner s und/oder je größer w_A ist.

Die hier erörterten Zusammenhänge können mit Hilfe von Abb. 31 verdeutlicht werden. Eine Linie w_K zeigt die Wachstumsrate des Kapitalstocks in Abhängigkeit vom Kehrwert des Kapitalkoeffizienten, der Kapitalproduktivität $1/v$: Je kleiner v, je größer also $1/v$, umso größer ist auch w_K. Da w_K auch von der Sparquote s abhängt, verläuft die w_K-Linie umso steiler, je größer s ist. Der Schnittpunkt der Linie

$w_K = s/v$ mit einer w_A-Geraden – deren konstanter Ordinatenwert die Wachstumsrate der Arbeit mißt – bestimmt die gleichgewichtige Kapitalproduktivität $1/v_1$ bzw. den gleichgewichtigen Kapitalkoeffizienten v_1. Eine solche Gleichgewichtslösung ist realisierbar, wenn v_1

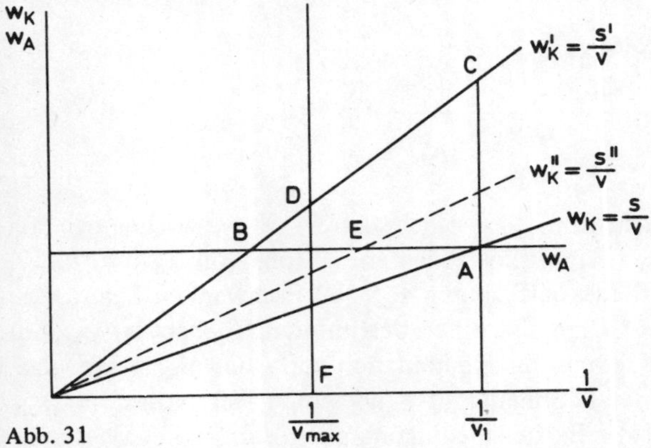

Abb. 31

zwischen Null und v_{max}, $1/v_1$ also zwischen Unendlich und $1/v_{max}$ liegt. Diese Existenzbedingung ist erfüllt, wenn $1/v_{max}$ den in Abb. 31 unterstellten Wert hat. Die durch *A* bestimmte Gleichgewichtslösung erweist sich zugleich auch als stabil (im statischen Sinne): Bei Abweichungen von *A* z. B. „nach rechts" ist w_K größer als w_A, so daß K/A steigt und die Kapitalproduktivität wegen des Gesetzes der abnehmenden Grenzerträge sinkt.

Die Existenzbedingung ist indessen nicht erfüllt, wenn die Linie $w_K' = s'/v$ die relevante Wachstumsrate angibt, denn die durch *B* gegebene Lösung ist grundsätzlich nicht erreichbar. Nimmt man z. B. in der Ausgangslage die Kapitalproduktivität mit $1/v_1$ an, so wird $w_K' > w_A$ (Strecke CA), wenn sich die Sparquote von s auf s' erhöht. Der dann folgende Ablauf sei hier nur skizzenhaft geschildert: Da sich das $1/z$-Verhältnis als Folge der geänderten Knappheitsrelationen erhöht, steigt K/A, so daß die Kapitalproduktivität unter $1/v_1$ sinkt. Zugleich verbessert sich die Verteilung zugunsten der Zinseinkommen, denn $\sigma > 1$ bewirkt, daß sich das K/A-Verhältnis prozentual stärker als die $1/z$-Relation erhöht. In der die Verteilung angebenden Gleichung

$$\frac{\beta}{\alpha} = \frac{Z/Y}{L/Y} = \frac{Z}{L} = \frac{K}{A} \cdot \frac{z}{l} = \frac{K/A}{l/z} \qquad (13)$$

wächst also K/A relativ stärker als $1/z$. Damit steigt auch β/α. Da die Produktionsfunktion als linear-homogen unterstellt ist – es gilt also $\alpha + \beta = 1$ – impliziert die Zunahme von β/α zugleich eine absolute Erhöhung (Verminderung) von β (von α).

Wir halten also fest: Übersteigt w_K den Wert von w_A, so sinkt die Produktivität des Kapitals und steigt der Anteil der Zinseinkommen am Sozialprodukt.

Die durch Kapitalintensivierung bedingte Abnahme der Kapitalproduktivität findet erst ihr Ende an der Untergrenze $1/\nu_{max}$. Nach Abb. 30 hat sich der Kapitalkoeffizient auf ν_{max} dann erhöht, wenn „auf der Ordinate produziert", die Kapitalintensität – als Folge des permanenten Überhanges von w_K über w_A – praktisch unendlich groß wird. Da im Produktionspunkt ν_{max} (Abb. 30) die Kapitalintensität Unendlich ist und $1/z$ – das Steigungsmaß der Isoquante – einen endlichen Wert aufweist, wird β/α nach (13) unendlich groß[3]). Wegen $\alpha + \beta = 1$ hat sich also β dem Wert Eins und α dem Wert Null angenähert: Da sowohl der Lohnsatz als auch die Arbeitsmenge (wegen $w_A > 0$) gestiegen sind, hat sich zwar die Summe der Lohneinkommen absolut erhöht; doch wachsen die Kapitaleinkommen im Zuge der Kapitalintensivierung in noch stärkerem Maße, so daß α, der relative Anteil der Lohneinkommen am Sozialprodukt, gegen Null geht.

Für $\beta = 1$ (und $\alpha = 0$) folgt nun aus (12) die Gleichheit von Einkommens- und Kapitalwachstumsrate, während gleichzeitig – wie aus Abb. 31 hervorgeht – w_A unter diesen Raten liegt. Eine derartige Konstellation kann durchaus als Gleichgewichtswachstum bezeichnet werden, wenn ein solches Gleichgewicht durch Konstanz von w_Y definiert ist: Da bei $\beta = 1$ die Kapital- und Einkommenswachstumsraten gleich sind, bleibt Y/K konstant. Die Kapitalproduktivität kann aber wegen der Beziehung $w_K = I/K = sY/K$ bei gegebenem s nur dann konstant sein, wenn sich w_K nicht verändert. Wegen $\beta = 1$ muß folglich auch die Konstanz von w_Y gegeben sein. Ist somit der Grenzwert $1/\nu_{max}$ erreicht, so stimmen die Wachstumsraten von Kapital und Einkommen nicht nur überein, sie müssen auch konstant sein. Weil nun w_A geringer als diese Raten ist, tritt also an die Stelle des „typischen" Gleichge-

[3]) Dies folgt auch aus Gleichung (11). Da eine Substitutionselastizität > 1 einen Substitutionsparameter < 0 impliziert, geht α/β mit wachsendem K/A gegen Null.

wichtspfades $w_Y = w_K = w_A$ der neue Pfad $w_Y = w_K > w_A$. Allerdings handelt es sich dabei um einen unwahrscheinlichen Spezialfall, der nur bei hohen Werten von s und/oder geringen Werten von w_A eintritt[4]).

3. Unter den Voraussetzungen der Cobb-Douglas-Funktion war die Einkommenswachstumsrate von der Sparquote unabhängig. Für eine CES-Funktion ist diese Unabhängigkeit nur dann gegeben, wenn sich der Schnittpunkt zwischen w_K – und w_A-Gerade stets im Existenzbereich befindet. Erhöht sich z.B. die Sparquote von s auf s'', so wird der Gleichgewichtspunkt A durch E ersetzt, da $w_K{}''$ die nunmehr relevante Wachstumsrate angibt. Weil E ebenso wie A als Gleichgewichtspunkt realisierbar ist, bleiben nach Beendigung aller Anpassungsprozesse die Wachstumsraten von K und Y auf dem neuen, durch E determinierten Pfad gegenüber der Ausgangslage unverändert. Steigt indessen die Sparquote von s auf s', so stellt sich nach Anpassung an $1/v_{\max}$ eine Wachstumsrate des Kapitals (und des Einkommens) in Höhe von DF ein, die größer als die Wachstumsrate in der Ausgangslage A ist. Die Zuwachsraten des Systems werden also auch auf lange Sicht durch Änderungen der Sparquote beeinflußt.

4. Analoge Probleme wie die unter 2) behandelten resultieren aus einer Substitutionselastizität < 1. Wie aus Abb. 20e hervorgeht, kann der Kapitalkoeffizient in diesem Falle alle Werte zwischen Unendlich und $K_{\min}/Y$ annehmen: Der Wertebereich ist also nach unten begrenzt, so daß die Gleichgewichtsbedingung $v = s/w_A$ nicht erreichbar ist, wenn der erforderliche Wert von v unter $v_{\min}$ liegt. Da

$$\infty > v > v_{\min},$$

ist $v = s/w_A$ realisierbar nur dann, wenn die Existenzbedingung

$$\infty > \frac{s}{w_A} > v_{\min}$$

erfüllt ist. Der Leser sollte aufgrund der vorhergegangenen Ausführungen in der Lage sein, die Konsequenzen der Nichterfüllung dieser

[4]) In Abb. 31 läßt sich der nicht erreichbare Punkt B offenbar durch eine Verringerung von s (Abwärtsbewegung der w_K-Linie) oder eine Erhöhung von w_A in den „realisierbaren" Bereich rechts von $1/v_{\max}$ verlagern.

Bedingung zu überprüfen. Er wird feststellen, daß die „traditionelle" Lösung $w_K = w_A = w_Y$ durch $w_K = w_Y < w_A$ ersetzt wird. In diesem Falle ist es offenbar durch Erhöhung der Sparquote möglich, w_K (und w_Y) auf w_A anzuheben. Entgegen der allgemeinen Regel hat also die Sparquote auch auf lange Sicht Einfluß auf die Wachstumsrate. In den folgenden Erörterungen sei jedoch von den hier untersuchten „anomalen" Fällen abgesehen und wiederum die Existenz von $s/v = w_A$ unterstellt.

4. Variabler Kapitalkoeffizient und variable Sparquote

Änderungen der Sparquote vollzogen sich in den bisher erörterten Modellen nur in Form von autonomen Datenvariationen. Da s auf dem neuen Niveau konstant blieb, wurden die durch diese exogene Störung bedingten Diskrepanzen von s/v und w_A allein durch Variationen von v aus dem Wege geräumt. Kann nun der Anpassungsprozeß nicht erleichtert werden, wenn neben v auch s als endogene Variable betrachtet wird, die Sparneigung also nicht nur in der Rolle des autonomen Störungsfaktors erscheint? Zur Beantwortung dieser Frage soll also im folgenden neben einem variablen Kapitalkoeffizienten auch eine variable, vom System abhängige Sparquote angenommen und untersucht werden, wie die Bedingung $s/v = w_A$ unter diesen Annahmen zu erreichen ist[5]). Nimmt man die Sparquote als von der Einkommensverteilung bestimmt an, so wird der Wert von s verändert, wenn das Verhältnis zwischen Zins- und Lohneinkommen variiert. Da in der Cobb-Douglas-Funktion Konstanz der Verteilung impliziert ist, setzt die Annahme der Variabilität von s voraus, daß die Cobb-Douglas-Funktion durch eine andere Produktionsfunktion mit einer Substitutionselastizität ungleich 1 ersetzt wird. An der Prämisse linearer Homogenität sei jedoch festgehalten.

Zur Vereinfachung wird eine „klassische" Sparfunktion unterstellt: Die Arbeiter konsumieren ihr gesamtes Lohneinkommen, während das

---

[5]) Wir unterstellen Existenz und Stabilität dieses Gleichgewichtspfades, sehen also hier und im folgenden von den im Rahmen der CES-Funktion behandelten „anomalen" Fällen ab.

Kapitaleinkommen, das Zinseinkommen Z[6]), teils in die Ersparnis fließt, teils konsumiert wird. Es gilt also

$$S = S_Z = s_Z \cdot Z.$$

(S_Z = Ersparnis aus Zinseinkommen, $s_Z = S_Z/Z$ = Sparquote am Zinseinkommen). Die gesamtwirtschaftliche Sparquote erhält man dann nach Division durch Y

$$s = \frac{S}{Y} = \frac{s_Z \cdot Z}{Y}. \tag{1}$$

Aus Gleichung (1) wird somit deutlich, daß sich bei konstanter Sparquote am Zinseinkommen die Sparneigung der Gesamtwirtschaft erhöht, wenn der Anteil Z/Y der Zinseinkommen am Volkseinkommen zunimmt. Insofern ist s als abhängige Variable der Verteilung bestimmt.

Setzt man nun Beziehung (1) in die Gleichgewichtsbedingung

$$\frac{s}{v} = w_A$$

ein, so folgt

$$\frac{s}{v} = \frac{s_Z \cdot Z}{Y \cdot v} = s_Z \cdot \frac{Z}{Y} \cdot \frac{Y}{K} = s_Z \cdot \frac{Z}{K} = w_A. \tag{2}$$

Da Z/K wegen der Beziehung $Z = z \cdot K$ den Zinssatz – auch Profitrate genannt – bezeichnet, erhält man als Gleichgewichtsbedingung

$$s_Z \cdot z = w_A. \tag{3}$$

Diese Bedingung reduziert sich auf $z = w_A$, wenn s_Z gleich 1 ist, die „Kapitalisten" also ihr gesamtes Zinseinkommen sparen; man spricht von „extrem klassischer" Sparfunktion. Wie wir später sehen werden, garantiert ein Wachstum auf dem Gleichgewichtspfad unter diesen Umständen auch die Maximierung des Konsums. Von der extremen Annahme $s_Z = 1$ sei vorläufig jedoch abgesehen. Aus (3) folgt nun:

---

[6]) Im Falle einer linear-homogenen Produktionsfunktion besteht das Besitzeinkommen lediglich aus Zinseinkommen im Sinne der Grenzproduktivitätstheorie; Residualgewinne usw. existieren nicht.

$$z = \frac{w_A}{s_Z}. \tag{4}$$

In dieser der Konstellation $s/v = w_A$ entsprechenden Bedingung für ein Wachstumsgleichgewicht sind s_Z und w_A konstant, während der Zinssatz variabel ist und den Anpassungsmechanismus steuert. Eine Änderung von z bewirkt

- Variationen der Verteilung, die auch den Wert von s berühren
- Änderungen des Kapitalkoeffizienten v, denn setzt man Vergütung nach dem Grenzprodukt voraus, so impliziert die Variation von z zugleich auch eine Variation der marginalen und durchschnittlichen Produktivität des Kapitals $1/v$.

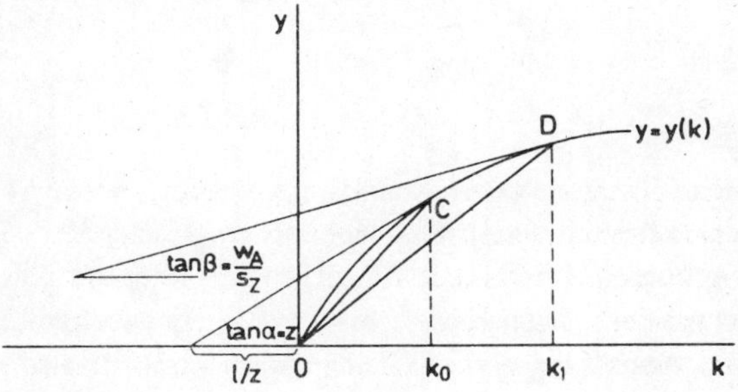

Abb. 32

Abb. 32 illustriert die Gleichgewichtsbedingung (4) und den durch Zinsvariationen bestimmten Anpassungsprozeß[7]). Geht man von einer gegebenen Kapitalintensität k_0 und dem zugehörigen Produktionspunkt C aus, so wird der Zinssatz (= Grenzprodukt des Kapitals) durch den Anstieg $\tan\alpha$ der Tangente in C angegeben. Dagegen werde w_A/s_Z durch den Anstieg $\tan\beta$ einer flacher verlaufenden Linie gemessen. Es existiert die Konstellation

$$z > \frac{w_A}{s_Z}$$

---

[7]) Da $\sigma \neq 1$ ist, muß die Produktionsfunktion nicht notwendig im Ursprung ansetzen. Für einen konstanten Wert von $\sigma > 1$ ist z. B. die Pro-Kopf-Produktion auch bei $k = 0$ positiv. Aus Vereinfachungsgründen sei von diesen Besonderheiten abgesehen, zumal bei anderen Werten von σ die y-Funktion nach wie vor im Ursprung beginnt.

$$z \cdot s_Z > w_A. \tag{5}$$

Damit stellt sich erneut die Frage nach der Stabilität des Gleichgewichts, nach der Existenz von Kräften, die eine Realisierung der Bedingung (4) erlauben. Da w_A und s_Z als gegeben unterstellt sind, kann der Anpassungsprozeß nur über den Zins, also über eine Annäherung von z an den Quotienten w_A/s_Z, gesteuert werden. Der Zinssatz müßte somit sinken, die Kapitalintensität hingegen steigen, bis der Produktionspunkt D erreicht ist: $\tan\alpha = z$ ist auf $\tan\beta = w_A/s_Z$ gefallen, die Kapitalintensität ist von k_0 auf k_1 gestiegen.

Kommt nun ein solcher Prozeß zustande? Wird der Zinssatz wirklich sinken? Da nach (2) und (3) $z \cdot s_Z = s/v$, impliziert Ungleichung (5):

$$\frac{s}{v} > w_A$$

$$w_K > w_A.$$

Die erforderliche Zinsreduktion ist mithin gesichert, wenn relative Seltenheiten den Preisbildungsprozeß beherrschen: Wächst der Kapitalstock in einer größeren Rate als die Arbeit, so sinkt der Zins, der Produktionspunkt wandert nach rechts, bis der Gleichgewichtspunkt D erreicht ist. Die Anpassung an ein Gleichgewicht kommt also in der Tat zustande.

Bis hierher wurde die Annäherung an ein Gleichgewicht im Lichte der Bedingung (5) behandelt. Nun läßt sich zeigen, daß die Variation von z zugleich auch eine Änderung von v und – im Regelfall – von s impliziert, so daß die Anpassung auch mit Hilfe von v und s gedeutet werden kann. Zur Erläuterung des Zusammenhangs wird unter Berücksichtigung von (1) und nach Erweiterung mit K von der Beziehung

$$s = \frac{s_Z \cdot Z}{Y} = s_Z \cdot \frac{Z}{K} \cdot \frac{K}{Y} = s_Z \cdot z \cdot v \tag{6}$$

ausgegangen. Liegt nun die Konstellation

$$\frac{s}{v} > w_A \quad \text{(7a)} \qquad \text{bzw.} \qquad z \cdot s_Z > w_A \quad \text{(7b)}$$

vor, so sinkt – wie gezeigt worden ist – der Zinssatz, während sich der Kapitalkoeffizient erhöht. Diese Erhöhung von v trägt gemäß (7a) zu einer Verringerung der Diskrepanz von Kapital- und Arbeitswachstum bei. Wie verhält sich aber s? Legt man die Beziehung (6) zugrunde, so lassen sich drei Fälle unterscheiden:

1. Entspricht der Prozentsatz der Zinsabnahme dem Prozentsatz der Erhöhung von v, so bleibt s bei gegebenem s_Z konstant. Dieser Fall tritt ein, wenn man eine Cobb-Douglas-Funktion unterstellt. In dieser Funktion sind α und β, also Zins- und Lohneinkommensquoten, als konstant angenommen. Wie jedoch aus der Sparfunktion (1) hervorgeht, folgt aus der Konstanz von Z/Y (und damit L/Y) auch die Konstanz von s, wenn s_Z unverändert bleibt. Die Last der Anpassung fällt also voll auf v.
2. Legt man indessen eine andere Produktionsfunktion mit einer Substitutionselastizität ungleich Eins zugrunde, so mag z in (6) um weniger sinken als sich v erhöht; die Sparquote nimmt mithin zu. Damit der Gleichgewichtspunkt D in Abb. 32 erreicht wird, muß aufgrund von (7a) der Kapitalkoeffizient in einer stärkeren Rate als im ersten Falle steigen, um auch die Erhöhung von s zu kompensieren.
3. Schließlich ist es denkbar, daß sich z um einen größeren Satz als v verändert, s demnach sinkt. Der durch Variationen von v gekennzeichnete Anpassungsprozeß wird also durch eine Änderung von s unterstützt.

In den folgenden Erörterungen wird von diesem kombinierten Anpassungsmechanismus abgesehen und somit unterstellt, daß s konstant ist (autonome Veränderungen von s sind dagegen zugelassen). Die Anpassung von s/v an w_A erfolgt mithin nur über eine Variation von v.

Literaturübersicht zum VII. Kapitel

Über die CES-Produktionsfunktion orientieren *W. Scheper*, Produktionsfunktionen mit konstanter Substitutionselastizität, Jahrbücher f. Nationalökonomie und Statistik, Bd. 177, 1965; *E. Helmstädter*, Die Isoquanten gesamtwirtschaftlicher Produktionsfunktionen mit konstanter Substitutionselastizität, Jahrbücher f. Nationalökonomie und Statistik, Bd. 176, 1964. Zum Einbau einer CES-Funktion in die Wachstumstheorie vgl. *J. D. Pitchford*, Growth and the Elasticity of Factor Substitution, The Economic Record, Bd. 36, 1960, *K. Sato*, Growth and the Elasticity of Factor Substitution: A Comment – How Plausible is Unbalanced Growth, The Economic Record, Bd. 39, 1963.

VIII. Die goldene Regel der Akkumulation

1. In den Kapiteln VI und VII wurden die Eigenschaften von Gleichgewichtspfaden unter alternativen produktionstheoretischen Prämissen erörtert. Wenn ein Gleichgewichtspfad mit den Eigenschaften $s/v = w_A$ existiert und zugleich die Stabilität gesichert ist, kann die Wachstumsrate durch Variation der Spar- und Investitionsquote nicht geändert werden[1]). Dagegen kann das Niveau des Sozialprodukts pro Kopf und des Sozialprodukts ingesamt gehoben werden, wenn höhere Spar- bzw. Investitionsquoten verwirklicht werden. Unterschiedlichen Sparquoten entsprechen divergierende Niveaus der Wachstumspfade, die allerdings gleiche Zuwachsraten haben. Unter solchen Bedingungen ist die Frage interessant, welcher Wert der Sparquote als erstrebenswert, als optimal erscheint. Die Beantwortung dieser Frage setzt offenbar die Formulierung einer Zielfunktion, also die Bestimmung der Zielvariablen voraus, die es zu optimieren gilt.

Die Maximierung des Einkommensniveaus ist als Zielvorstellung kaum verwendbar, da unter den Annahmen der neoklassischen Wachstumstheorie eine Volkswirtschaft dieses höchste Einkommensniveau offenbar nur dann erreicht, also nur dann auf dem maximal zu realisierenden Pfade wächst, wenn die Sparquote gleich 1 und die Konsumquote Null ist. Stattdessen sei Konsummaximierung als Ziel unterstellt. Es ist also jener Wert der Spar- und Investitionsquote gesucht, der diese Maximierung des Konsumniveaus erlaubt. Daß die Erzielung eines maximalen Konsumniveaus nicht mit der Realisierung eines maximalen Einkommensniveaus identisch ist, wird schon aus der Überlegung klar, daß der Konsum als Differenz zwischen Einkommen und Ersparnis definiert ist:

$$C = Y - S.$$

Eine Vergrößerung der Sparquote erhöht zwar den Wert von Y, gleichzeitig aber auch den Wert von S, so daß generell nicht gesagt werden kann, ob der Konsum als Differenz beider Größen zu- oder abnimmt.

[1]) Dagegen hat die Sparquote auch auf lange Sicht Einfluß auf die Wachstumsrate des Volkseinkommens, wenn im Falle einer CES-Funktion der Schnittpunkt zwischen w_A – und s/v – Gerade außerhalb des Existenzbereichs liegt.

Bei hoher Sparquote ist zwar das Einkommen, gleichzeitig aber auch der Konsumverzicht groß, so daß nicht nur relativ, sondern vielleicht auch absolut nur wenig für den Verbrauch verbleibt. Demgegenüber mag bei geringer Sparquote das Sozialprodukt zwar klein, der Konsum hingegen wegen des geringen Sparens dennoch höher sein als im Falle des großen Sozialprodukts.

Die Problematik der Beziehungen zwischen Sparquote und Konsumniveau sei an einem Beispiel erläutert (Abb. 33). Durch Realisierung einer Sparquote in Höhe von s_1 werde im Ausgangszustand ein Volkseinkommen OC (= 100) verwirklicht, das auf dem Pfade Y_1 in einer bestimmten, durch w_A determinierten Rate wächst. Wird die Sparquote s_1 mit 0,3 angenommen, so ist der Ausgangskonsum OA gleich 70. Da die durchschnittliche Konsumquote als konstant gilt, wächst auch der Verbrauch in der gleichen Rate wie das Volkseinkommen entlang einem Pfad C_1, der parallel zu Y_1 verläuft.

Wird nun eine Sparquote in Höhe von s_2 = 0,5 verwirklicht, so steigt das Volkseinkommen z. B. auf OD = 150, da nach unseren Überlegungen das Einkommensniveau eine wachsende Funktion der Sparquote ist[2]). Dieses Einkommen erhöht sich entlang Y_2 in der gleichen Rate wie das Sozialprodukt OC; die Pfade Y_1 und Y_2 sind also Parallelen, denn der Wert der Sparquote bleibt ohne Einfluß auf die Wachstumsrate. Weil sich nun die Sparquote von 0,3 auf 0,5 erhöht hat, werden 75 Teile des Ausgangseinkommens von 150 konsumiert. Wird dieses Konsumniveau durch die Strecke OB bezeichnet, so entwickelt sich von diesem Niveau ausgehend der Verbrauch auf dem Pfad C_2, der ebenfalls parallel zu den anderen Pfaden des Systems verläuft.

Da der Pfad C_2 oberhalb von C_1 liegt, ist die Sparquote s_2 in diesem Falle der Sparquote s_1 „überlegen". Zwar wird von dem höheren Sozialprodukt von 150 ein geringerer *relativer* Anteil konsumiert (= 75) als von dem geringeren Sozialprodukt von 100 – hier ist der Verbrauch im Ausgangszustand 70 –, doch liegt der *absolute* Verbrauch auf einem höheren Niveau. Durch die Zunahme der Sparquote hat sich also nicht nur der Einkommenspfad, sondern auch der Konsumpfad nach oben verschoben.

---

[2]) Der Wert 150 ist natürlich willkürlich gesetzt.

Während in Abb. 33 die Erhöhung der Sparquote den Konsumpfad nach oben verschiebt, ist andererseits auch der Fall vorstellbar, daß sich der Konsum nach einer Zunahme von s verringert. Die einer Sparquote $s_2 = 0{,}5$ entsprechenden Konsum- und Einkommenspfade C_2 und Y_2 (mit dem Ausgangskonsum $OB = 75$ und dem Ausgangseinkommen $OD = 150$) werden von Abb. 33 auf Abb. 34 übertragen.

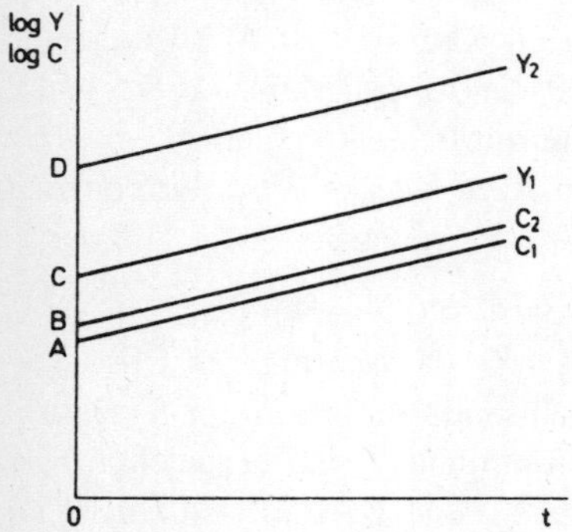

Abb. 33

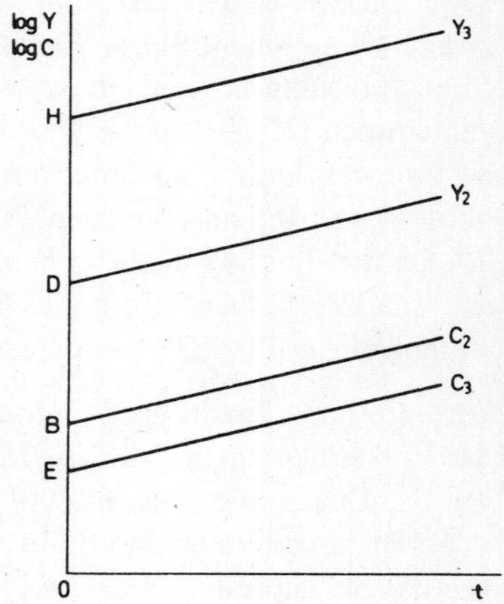

Abb. 34

Eine Erhöhung der Sparquote auf $s_3 = 0{,}8$ habe nun eine Einkommenserhöhung auf 250 (OH) zur Folge, so daß der Konsum von 75 auf 50 (OE) sinkt. Der Konsumpfad C_3 liegt mithin unterhalb von C_2. Zwar wird durch Erhöhung von s ein höheres Einkommensniveau auch in diesem Fall bewirkt, doch ist der Sparanteil an diesem Einkommen derart groß, daß für den Konsum nur ein geringer Rest bleibt. Die Sparquote s_3 ist also in diesem Fall der Sparquote s_2 „unterlegen".

Wenn nun alternativen Sparquoten unterschiedliche Konsumpfade zugeordnet sind – Pfade, die sich bei Erfüllung der Gleichgewichtsbedingung niemals schneiden – so muß ein Konsumpfad existieren, der von allen möglichen Entwicklungspfaden die höchste Lage aufweist. Gesucht ist jene Sparquote, die dieses Konsummaximum garantiert, also die Bedingung erfüllt, daß das „golden-age"-Wachstum zugleich auch das optimale Wachstum ist. Dies ist die Frage nach der „Goldenen Regel der Akkumulation".

2. Der Konsum einer Volkswirtschaft ergibt sich als Differenz aus Einkommen und Ersparnis, die im Gleichgewichtszustand der gewollten Investition entspricht

$$C = Y - S = Y - I$$

Berücksichtigt man die Identitätsbeziehung $I = dK/dt$, so folgt nach Erweiterung mit K

$$C = Y - \frac{dK}{dt} \cdot \frac{1}{K} \cdot K$$

$$C = Y - w_K \cdot K.$$

Da nach der optimalen, den Konsum maximierenden Akkumulationsquote gefragt ist, bilden wir die erste Ableitung nach K und setzen diese gleich Null. Dabei ist w_K konstant, weil nur Gleichgewichtspfade betrachtet werden.

$$\frac{\partial C}{\partial K} = \frac{\partial Y}{\partial K} - w_K = 0$$

$$\frac{\partial Y}{\partial K} = w_K. \qquad (1)$$

Gleichung (1) gibt die gesuchte Regel für das Konsummaximum: Befindet sich die Wirtschaft auf einem Gleichgewichtspfad, so gilt als notwendige Bedingung für ein Konsummaximum, daß die Grenzproduktivität des Kapitals $\partial Y/\partial K$ der konstanten Wachstumsrate des Kapitals entspricht[3]), die ihrerseits in unserem Grundmodell – alle Größen steigen um den gleichen Satz – den Wachstumsraten der Arbeit und des Einkommens gleich ist. Auf allen „golden age"-Pfaden ist die Bedingung

$$w_K = w_Y = w_A$$

[3]) Damit (1) ein Maximum und kein Minimum beschreibt, muß sich das Grenzprodukt des Kapitals mit wachsendem Kapitaleinsatz vermindern.

erfüllt, aber unter der Schar dieser Pfade existiert nur einer, der auch das Grenzprodukt des Kapitals (*GPK*) diesen Größen gleich macht und insofern der Optimalpfad ist:

$$GPK = w_K = w_Y = w_A \,.$$

Ergebnis (1) kommt selbstverständlich auch dann zustande, wenn nicht Gesamt- sondern Pro-Kopf-Größen zur Ableitung verwendet werden, so daß die zu maximierende Zielgröße der Konsum je Arbeiter *C*/*A* ist:

$$\frac{C}{A} = \frac{Y}{A} - \frac{I}{A}$$

$$\frac{C}{A} = \frac{Y}{A} - \frac{dK}{dt} \cdot \frac{1}{K} \cdot \frac{K}{A}$$

$$\frac{C}{A} = \frac{Y}{A} - w_K \cdot \frac{K}{A} \,.$$

Differenziert man nach dem Pro-Kopf-Kapital (der Kapitalintensität) und setzt die 1. Ableitung erneut gleich Null, so folgt:

$$\frac{\partial \left(\frac{C}{A}\right)}{\partial \left(\frac{K}{A}\right)} = \frac{\partial \left(\frac{Y}{A}\right)}{\partial \left(\frac{K}{A}\right)} - w_K = 0$$

$$\frac{\partial \left(\frac{Y}{A}\right)}{\partial \left(\frac{K}{A}\right)} = w_K \,.$$

Da der Ausdruck auf der linken Seite das Steigungsmaß der Pro-Kopf-Produktionsfunktion bezeichnet, diese Steigung aber – wie gezeigt worden ist (S. 87f.) – dem Grenzprodukt des Kapitals entspricht, gilt auch:

$$\frac{\partial Y}{\partial K} = w_K \,. \qquad (1\,a)$$

Um nun die optimale Sparquote zu gewinnen, multipliziert man beide Seiten von Gleichung (1) mit *K*/*Y*

$$\frac{\partial Y}{\partial K} \cdot \frac{K}{Y} = w_K \cdot \frac{K}{Y} = \frac{dK}{dt} \cdot \frac{1}{K} \cdot \frac{K}{Y} = \frac{dK}{dt} \cdot \frac{1}{Y}.$$

Weil $dK/dt = I = S$, folgt somit

$$\frac{\partial Y}{\partial K} \cdot \frac{K}{Y} = \frac{S}{Y}. \tag{2}$$

Auf der linken Seite von Gleichung (2) steht die Produktionselastizität des Kapitals β, auf der rechten Seite die Sparquote $s = S/Y$. Diese Sparquote ist folglich dann optimal, wenn sie der Produktionselastizität des Kapitals entspricht:

$$\beta = s. \tag{2 a}$$

Gleichung (2) läßt sich schließlich noch in anderer Weise formulieren, wenn Vergütung nach dem Grenzprodukt unterstellt ist. Die Zinseinkommensquote entspricht dann der Produktionselastizität des Kapitals, so daß aus (2) folgt:

$$\frac{Z}{Y} = \frac{S}{Y}. \tag{2b}$$

Diese Bedingung wird nun automatisch erfüllt, wenn die Sparquote am Zinseinkommen $s_Z = S_Z/Z$ gleich 1 und die Sparquote am Lohneinkommen $s_L = S_L/L$ gleich Null ist. Man spricht in diesem Falle von einer extrem klassischen Sparfunktion. Unter diesen Annahmen stimmt die volkswirtschaftliche Gesamtersparnis (= Ersparnis der Kapitalbesitzer) mit dem Zinseinkommen überein ($S = S_Z = Z$), so daß Bedingung (2b) erfüllt ist. Die optimale Sparquote wird mithin automatisch verwirklicht.

3. Um die goldene Regel für die ökonomische Interpretation durchsichtig zu machen, operieren wir nunmehr mit endlichen Variationen und schreiben (1) in der Form[4])

---

[4]) Streng genommen ist das Grenzprodukt des Kapitals stets eine Größe, die infinitesimale Änderungen impliziert. Aus Gründen der Veranschaulichung sei sie nunmehr jedoch wie folgt definiert: Sie mißt den Zuwachs an Produktion, wenn sich der Kapitalstock um eine Einheit vergrößert.

$$GPK = \frac{\Delta K}{K} = \frac{I}{K}. \tag{1b}$$

Da die Wachstumsrate des Kapitalstocks I/K in der Zeit konstant ist, müssen I und K in der gleichen Rate wachsen. Konstanz von I/K erfordert also, daß die Bedingung

$$\frac{\Delta K}{K} = \frac{\Delta I}{I}$$

bzw.

$$\frac{\Delta K}{K} = \frac{\Delta I}{\Delta K} = \frac{\Delta S}{\Delta K}$$

erfüllt ist. Einsetzen in (1b) ergibt

$$GPK = \frac{\Delta S}{\Delta K}. \tag{1c}$$

In dieser Formulierung, die mit (1b) identisch ist, bietet sich eine einfache Deutung der goldenen Regel an. Sind (1b) und (1c) nicht gegeben, gilt z.B. die Konstellation

$$GPK > \frac{\Delta S}{\Delta K} \quad \text{bzw.} \quad GPK > \frac{\Delta K}{K},$$

so ist das Einkommenswachstum, welches aus der Erhöhung des Kapitaleinsatzes um eine Einheit folgt, also das Grenzprodukt des Kapitals, größer als die Erhöhung des Sparens, die diese Zunahme des Kapitalstocks begleitet. Die Differenz zwischen Y und S – der Konsum – wird folglich größer, wenn die Kapitalintensivierung anhält und die Sparquote demnach erhöht wird.

Gilt umgekehrt

$$GPK < \frac{\Delta S}{\Delta K} \quad \text{bzw.} \quad GPK < \frac{\Delta K}{K},$$

dann hat eine Erhöhung des Kapitalstocks zur Folge, daß der Sparzuwachs den Einkommenszuwachs übertrifft, das Konsumniveau also sinkt. In diesem Falle ist es sinnvoll, den Kapitaleinsatz zu reduzieren, die Sparquote demnach zu senken. Das Konsummaximum ist nach diesen Überlegungen erst dann erreicht, wenn der durch eine Kapitalakkumulation bedingte Einkommenszuwachs der Zunahme des Sparens genau entspricht, der „Grenzgewinn an Konsum“, der durch Installation einer zusätzlichen Kapitaleinheit realisiert werden kann, demnach zu Null wird.

4. Mit Hilfe der Pro-Kopf-Produktionsfunktion ist es möglich, die optimale Sparquote geometrisch abzuleiten (Abb. 35). Weil auf jedem Gleichgewichtspfad die Kapitalwachstumsrate der (konstanten) Arbeitszuwachsrate gleich ist, determiniert der Anstieg der $w_A k$-Funktion nicht nur die Zuwachsrate des Arbeitspotentials, sondern auch die des Kapitalstocks – und zwar unabhängig davon, wie groß die Sparquote ist. Durch die Sparquote wird lediglich der Gleichgewichtswert der Pro-Kopf-Variablen bestimmt. Hat die Sparquote eine Höhe von s_0 – es gilt also die $s_0 y$-Funktion –, so mißt k_0 die Kapitalintensität, die Pro-Kopf-Produktion ist gleich der Strecke Bk_0 und die Pro-Kopf-Ersparnis beträgt Ak_0. Folglich repräsentiert BA den Konsum pro Kopf. Um nun zu prüfen, ob s_0 die optimale Sparquote in dem Sinne ist, daß der Pro-Kopf-Konsum sein Maximum erreicht hat, sei eine Er-

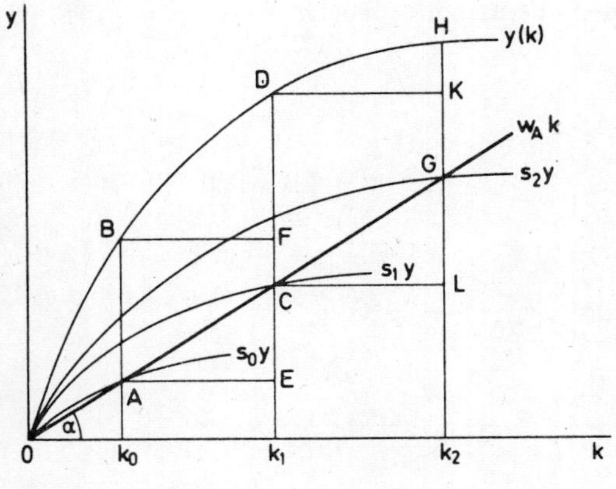

Abb. 35

höhung der Sparquote auf s_1 unterstellt. Da $s_1 y$ die neue Sparfunktion angibt, steigt die Kapitalintensität von k_0 auf k_1. Die Pro-Kopf-Produktion erhöht sich um DF, während die Pro-Kopf-Ersparnis um CE

zunimmt. Weil aber *DF* größer als *CE* ist, steigt auch der Pro-Kopf-Konsum; er entspricht nunmehr der Strecke *DC* und übertrifft das ursprüngliche Verbrauchsniveau *BA*. Die durch Erhöhung der Sparquote bedingte Kapitalakkumulation hat also das Konsumniveau erhöht und einen nicht-optimalen Konsumpfad durch einen höher gelegenen, allerdings die gleiche Wachstumsrate aufweisenden Pfad ersetzt.

Erhöht man nun die Sparquote weiter auf s_2 (s_2y-Funktion), so schrumpft der Pro-Kopf-Konsum von *DC* auf *HG*, denn der Zuwachs an Pro-Kopf-Ersparnis *GL* übersteigt das Wachstum der Pro-Kopf-Produktion *HK*. Das System muß sich folglich von der Optimalsituation entfernen, wenn die Sparquote auf s_2 steigt. Während also durch fortgesetzte Kapitalintensivierung zunächst eine Erhöhung des Konsums bewirkt wird, weil der Grenzertrag des Kapitals und damit der Einkommenszuwachs hoch ist (Bewegung von k_0 nach k_1), nimmt jenseits des optimalen Wertes der Kapitalintensität der Konsum wieder ab, denn das Grenzprodukt des Kapitals wird immer kleiner und unterschreitet nunmehr den Betrag des Zusatzsparens, den die Kapitalakkumulation erfordert. Es gilt folglich jene *sy*-Funktion, also jene Sparquote *s* zu finden, die diesen optimalen Wert der Kapitalintensität ermöglicht.

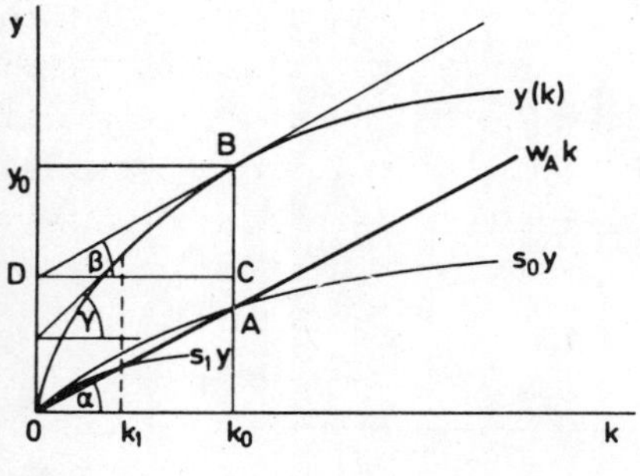

Abb. 36

In Abb. 36 wird eine Tangente *DB* an die *y*-Funktion gezeichnet, die parallel zur $w_A k$-Funktion verläuft. Da bei einer Kapitalintensität k_0 das Steigungsmaß von $w_A k$ der Steigung von $y(k)$ in *B* entspricht, repräsentiert *BA* den maximalen Abstand zwischen diesen Kurven.

Die Kapitalintensität k_0 wird indessen nur dann verwirklicht, wenn die Sparquote s_0 die Realisierung eines Gleichgewichtspunktes A gestattet. Weil Bk_0 und Ak_0 Pro-Kopf-Produktion und Pro-Kopf-Ersparnis messen, wird der Pro-Kopf-Konsum durch die Strecke BA fixiert. Da sich unabhängig von der Sparquote alle Gleichgewichtspunkte stets auf der $w_A k$-Funktion befinden und die Ordinaten der $w_A k$-Funktion insofern die Höhe der Gleichgewichtsersparnis (pro Kopf) messen, repräsentiert der Abstand zwischen y- und $w_A k$-Funktion den Gleichgewichtskonsum (pro Kopf). Nun ist der maximale Abstand zwischen y und $w_A k$ durch die Strecke BA bestimmt; diese Strecke zeigt den maximalen Konsum pro Kopf an, der bei Realisierung der optimalen Sparquote s_0 erreicht werden kann.

Weil $\tan\beta$ das Grenzprodukt des Kapitals in B, $\tan\alpha$ jedoch die Wachstumsrate der Arbeit und damit des Kapitalstocks mißt, stimmen diese Größen überein, wenn der Produktionspunkt B mit der Kapitalintensität k_0 erreicht ist. Die goldene Regel wird somit erfüllt[5]). Beträgt die Sparquote hingegen nur s_1 – die Kapitalintensität ist gleich k_1 –, so übertrifft das Steigungsmaß der y-Funktion ($\tan\gamma = GPK$) die Steigung von $w_A k$. Durch eine Vergrößerung von s ist es mithin noch möglich, den Pro-Kopf-Konsum zu steigern.

5. Die goldene Regel der Kapitalakkumulation erlaubt eine Aussage über die optimale Investitionspolitik nur dann, wenn sich die Konsumpfade niemals schneiden und folglich einer dieser Pfade als der beste aller Pfade klassifiziert werden kann. Dieses Optimierungskriterium muß jedoch versagen, sofern die Wachstumsrate des Systems – entgegen dem neoklassischen Modell – nicht nur temporär, sondern auch auf lange Sicht von der Höhe der Sparquote abhängt[6]).

In Abb. 37 sei ein Ausgangseinkommen Y_0 realisiert, das zu alternativen Konsumniveaus C_0^1 oder C_0^2 führt, je nachdem, ob die hohe Sparquote s_1 oder die geringere Sparquote s_2 verwirklicht wird. Ist die hohe Spar- und Investitionsquote s_1 gegeben, so wächst das Einkommen entlang dem Pfad Y_1, der Konsum hingegen auf dem parallel

[5]) Bei Realisierung des Konsummaximums ist $Ak_0 = Dy_0$. Weil Ak_0 gleich der Ersparnis pro Arbeiter S/A, Dy_0 dagegen gleich dem Zinseinkommen pro Arbeiter Z/A ist, wird die Bedingung $Ak_0 = Dy_0$ automatisch erfüllt, wenn $Z = S$ gilt (extrem klassische Sparfunktion).

[6]) Vgl. dazu die Ausführungen auf S. 100f.

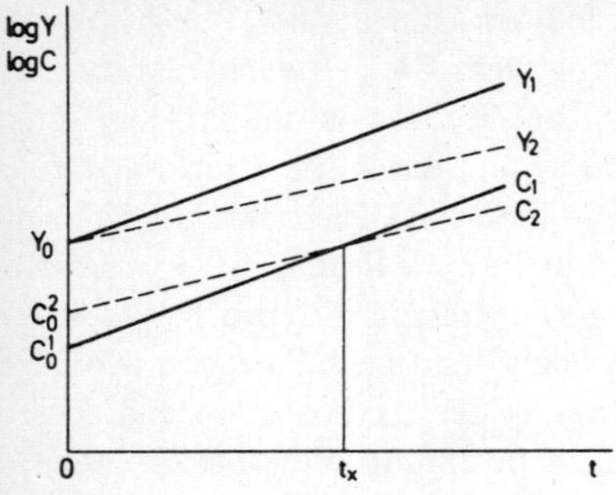

Abb. 37

verlaufenden Pfad C_1, sofern Konstanz der Konsumquote unterstellt ist. Sieht man die Wachstumsrate nunmehr als abhängige Variable der Sparquote an, so wächst das Einkommen bei einer geringeren Sparquote s_2 mit einer kleineren Rate (Pfad Y_2), die zugleich die Rate der Konsumausdehnung (Pfad C_2) angibt. Im ersten Falle steigt also der Konsum mit einer höheren Rate von einem niedrigen Niveau ausgehend, im anderen Falle ist das Niveau zwar höher, die Zuwachsrate aber kleiner. Die Konsumpfade werden sich folglich schneiden, was in Abb. 37 im Zeitpunkt t_x der Fall ist. Die geringere Sparquote s_2 ermöglicht also – verglichen mit s_1 – einen höheren Konsum in der Gegenwart; da jedoch das Wachstumstempo nur gering ist, wird der hohe Konsum in der Gegenwart durch einen geringeren Verbrauch in der Zukunft erkauft. Die Gesellschaft steht also vor der Wahl, entweder im Interesse der künftigen Versorgung den Gegenwartskonsum zu drosseln oder aber „dem Augenblick zu leben", auf Kosten des Konsumniveaus in späteren Zeiten. Ein eindeutiges Konsummaximum ist jedenfalls nicht bestimmbar, weil kein Konsumpfad existiert, der in jedem Zeitpunkt höher als die anderen Pfade liegt. Nur mit Hilfe einer Zeitpräferenzfunktion ist es in diesem Falle möglich, eine Entscheidung zwischen höherem Gegenwarts- oder Zukunftskonsum zu treffen und die Sparquote entsprechend zu bestimmen.

Zur Lösung des Problems der optimalen Investitionspolitik konstruiert man zunächst für jeden Zeitpunkt t eine Nutzenfunktion, in der der Nutzen u als Funktion des Pro-Kopf-Konsums erscheint:

$$u = u\left[\frac{C(t)}{A(t)}\right].$$

Wenn nun die Gesellschaft den durch Konsum vermittelten Nutzen umso geringer schätzt, je weiter der Konsum in der Zukunft liegt, kann durch Einführung eines Diskontierungsfaktors a in die gesellschaftliche Wohlfahrstfunktion der Nutzen zukünftiger Perioden auf die Ausgangsperiode abdiskontiert werden. Der Gesamtnutzen U, den ein bestimmter Wachstumspfad vermittelt, läßt sich dann durch Addition (Integrieren) der abdiskontierten Nutzen der einzelnen Perioden ermitteln:

$$U = \int_{t=0}^{\infty} e^{-at}\, u\left[\frac{C(t)}{A(t)}\right] dt.$$

In optimaler Weise ist das Wachstumsproblem offenbar dann gelöst, wenn diese Funktion ihr Maximum erreicht, die Aufteilung des Sozialprodukts auf Konsum und Investition mithin so erfolgt, daß sie den Zeitpräferenzen der Gesellschaft am besten entspricht. Im Rahmen dieser Einführung ist es allerdings nicht möglich, auf die komplizierten Lösungsansätze einzugehen.

Auch im neoklassischen System wird der Rückgriff auf eine Zeitpräferenzfunktion dann ganz unerläßlich, wenn die Kapitalintensität von ihrem optimalen, die Übereinstimmung von Grenzprodukt des Kapitals und Wachstumsrate garantierenden Wert verschieden ist. Unterstellt man, daß die tatsächliche Kapitalintensität k_1 ihren optimalen Wert k_0 unterschreitet (vgl. Abb. 36), so kann das langfristige Konsumniveau durch eine Erhöhung von s gesteigert werden. Da diese Anhebung des Zukunftskonsums indessen durch Verzicht auf Gegenwartskonsum (via Erhöhung von s) erkauft wird, muß die Gesellschaft auch in diesem Falle den Nutzengewinn in der Zukunft mit dem Nutzenverlust in der Gegenwart vergleichen. Solche Entscheidungsprobleme entfallen nur dann, wenn sich die Betrachtung allein auf parallel laufende Gleichgewichtspfade beschränkt und jene Anpassungsprozesse vernachlässigt werden, die Folge einer Änderung der Sparquote sind.

Literaturübersicht zum VIII. Kapitel

Die goldene Regel der Akkumulation wurde unabhängig von mehreren Autoren entwickelt, u. a. von *E. S. Phelps*, The Golden Rule of Accumulation: A Fable for Growthmen, American Economic Review, Bd. 51, 1961, deutsche Übersetzung in: *H. König* (1968); *C. C. von Weizsäcker*, Wachstum, Zins und optimale Investitionsquote, Tübingen–Basel 1962; *J. Robinson*, A Neoclassical Theorem, Review of Economic Studies, Bd. 29, 1962.

Zur Theorie des optimalen Wachstums sind inzwischen auch im deutschen Sprachbereich Aufsätze erschienen, die über die jüngste Entwicklung orientieren; vgl. z. B. *B. S. Frey*, Optimales Wachstum; Übersicht und Kritik, Jahrbücher für Nationalökonomie und Statistik, Bd. 184, 1970; *J. Schumann*, Zur Theorie optimalen wirtschaftlichen Wachstums, Zeitschrift für die gesamte Staatswissenschaft, Bd. 125, 1969. Sehr empfehlenswert ist eine von *K. Shell* herausgegebene Aufsatzsammlung: Essays on the Theory of Optimal Economic Growth, Cambridge/Mass. 1967. Wohl das erste Modell des optimalen Wachstums ist entwickelt worden von *F. A. Ramsey:* A Mathematical Theory of Saving, Economic Journal, Bd. 38, 1928.

IX. Das neoklassische Zwei-Sektoren-Modell

1. Bestimmung der Gleichgewichtswerte

Wir kehren nun wieder von der normativen Theorie zur wertneutralen Analyse von Gleichgewichtspfaden zurück und erörtern einige Möglichkeiten zum Ausbau des neoklassischen Modells. Als eine der Annahmen des neoklassischen Modells wurde die Prämisse genannt, daß nur ein Gut produziert wird, welches sowohl investiert als auch konsumiert werden kann (Ein-Sektoren-Modell). In den folgenden Ausführungen werden dagegen zwei Sektoren unterstellt, von denen der eine nur Konsumgüter, der andere nur Kapitalgüter produziert. Unter den Voraussetzungen des Zwei-Sektoren-Modells gilt es nun, die Werte bestimmter Variabler zu bestimmen, deren Ableitung uns schon im Ein-Sektoren-Model beschäftigt hat:

- die gleichgewichtigen Kapitalintensitäten in beiden Sektoren
- die gesamtwirtschaftliche Kapitalintensität, als gewogener Durchschnitt der partiellen Kapitalintensitäten definiert
- die gleichgewichtige Pro-Kopf-Produktion in beiden Bereichen.

Als neu zu bestimmende Größen treten explizit auf:

- das Verhältnis der Preise zwischen Konsum- und Kapitalgütern,
- die Verteilung des Arbeitskräftepotentials auf die beiden Sektoren.

1. In Abb. 38 werden auf der Ordinate die Pro-Kopf-Produktion in der Konsumgüterindustrie $y_c = Y_C/A_C$ (Y_C = Konsumgüterproduktion, A_C = Arbeitseinsatz in der Konsumgüterindustrie) und in der Kapitalgüterindustrie $y_K = Y_K/A_K$ (Y_K = Produktion an Kapitalgütern, A_K = Arbeitseinsatz in der Kapitalgüterindustrie) abgetragen; auf der positiven Abszisse werden gesamtwirtschaftliche Kapitalintensität k und partielle Kapitalintensitäten k_K und k_C gemessen. Die partiellen Pro-Kopf-Produktionsfunktionen werden also durch die Kurven y_C und y_K angegeben. Zur Vereinfachung werde ferner eine extrem klassische Sparfunktion unterstellt. Während also die Arbeiter ihr gesamtes Einkommen konsumieren, fließen die Zinseinkommen ohne Rest in die

Ersparnis (= Investition). Unter diesen Annahmen werden die partiellen Kapitalintensitäten, zunächst die der Kapitalgüterindustrie, bestimmt.

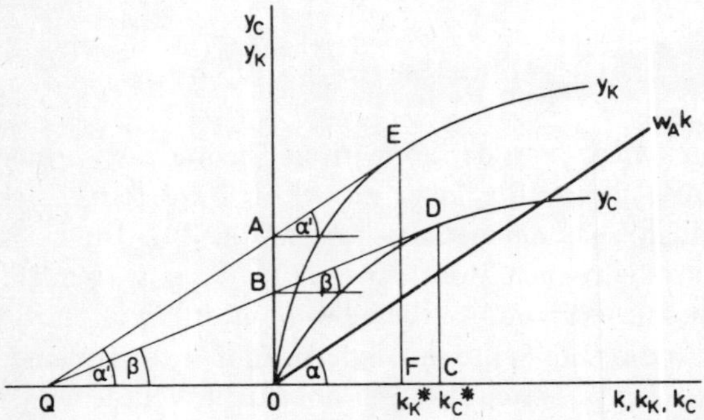

Abb. 38

Das Anstiegsmaß der y_K-Funktion determiniert das Grenzprodukt des Kapitals in der Kapitalgüterindustrie, also den Realzins, der in Einheiten von K gemessen wird. Wenn eine extrem klassische Sparfunktion unterstellt ist, die Gesamtersparnis also die Höhe des Zinseinkommens hat, wird der Anstieg der y_K-Funktion auch durch die Zuwachsrate des Kapitalstocks bestimmt:

$$\text{GPK in der Kapitalgüterindustrie} = z = \frac{Z}{K} = \frac{S}{K} = \frac{I}{K} = \frac{\Delta K}{K}.$$

Dieses Ergebnis, daß der Zinssatz (= Grenzprodukt des Kapitals) der Zuwachsrate des Kapitals entspricht, ist aus der Ableitung der „golden rule" bekannt.

Da ein Gleichgewichtswachstum die Zunahme von Kapital und Arbeit in der gleichen Rate fordert, w_A jedoch dem Anstieg der $w_A k$-Funktion ($\tan \alpha$) entspricht, gilt es, jenen Wert von k_K zu bestimmen, bei dem das Grenzprodukt des Kapitals, der Zinssatz und damit die Zuwachsrate des Kapitals der Wachstumsrate der Arbeit entsprechen. Um den gesuchten Wert von k_K zu finden, wird parallel zur $w_A k$-Funktion die Tangente an y_K in E gezogen. Die gleichgewichtige Kapitalintensität in der Kapitalgüterindustrie ist dann durch k_K^* fixiert, denn $w_A = \tan \alpha$

und $w_K = z = \tan\alpha'$ stimmen überein. Die Strecke OQ mißt die Reallohn-Realzins-Relation in der Kapitalgüterindustrie. Reallohn und Realzinssatz – gemessen in Kapitalgütereinheiten – sind durch OA und $\tan\alpha'$ gegeben.

Es werden nun Kapitalintensität, Reallohn und Realzins in der Konsumgüterindustrie bestimmt. Diese sind einfach abzuleiten, wenn vollständige Konkurrenz auf den Bezugsmärkten, also Unterschiedslosigkeit der monetären Faktorpreise, unterstellt ist. Der Geldlohn (Geldzins) in einem Sektor entspricht dann dem Geldlohn (Geldzins) im anderen Bereich:

$$\text{Geldlohn in der } C\text{-Industrie} = \text{Geldlohn in der } K\text{-Industrie}$$
$$\text{Geldzins in der } C\text{-Industrie} = \text{Geldzins in der } K\text{-Industrie}$$

Also sind auch die relativen Preise gleich:

$$\frac{\text{Geldlohn in } C}{\text{Geldzins in } C} = \frac{\text{Geldlohn in } K}{\text{Geldzins in } K};$$

Nun wird der Geldlohn (Geldzins) als Produkt aus Reallohn (Realzins) und Güterpreisen definiert. Mißt man den in der Konsumgüterindustrie gezahlten Reallohn (Realzins) in Einheiten des Konsumguts, den in der Kapitalgüterindustrie gegebenen Reallohn (Realzins) jedoch in Einheiten des Kapitalgutes, so ist der Reallohn (Realzins) in C mit dem Konsumgüterpreis P_C, der Reallohn (Realzins) in K jedoch mit dem Preis des Kapitalgutes P_K zu multiplizieren:

$$\frac{\text{Reallohn in } C \cdot P_C}{\text{Realzins in } C \cdot P_C} = \frac{\text{Reallohn in } K \cdot P_K}{\text{Realzins in } K \cdot P_K}$$

$$\frac{\text{Reallohn in } C}{\text{Realzins in } C} = \frac{\text{Reallohn in } K}{\text{Realzins in } K}.$$

Das Reallohn-Realzins-Verhältnis ist folglich in beiden Sektoren gleich, wenn die monetären Faktorpreise nicht differieren. Nun wird das Lohn-Zins-Verhältnis in der Kapitalgüterindustrie durch die Strecke OQ angegeben. Damit OQ das Faktorpreisverhältnis auch in der Konsumgüterindustrie bestimmt, muß das Grenzprodukt des Kapitals in der Konsumgüterindustrie – also der Realzins in Einheiten des Konsumguts gemessen – durch den Anstieg $\tan\beta$ einer Tangente QD an die y_C-

Funktion mit dem Endpunkt Q gemessen werden. Der Reallohn, ebenfalls in Konsumgütereinheiten ausgedrückt, beträgt dann OB, und die gleichgewichtige Kapitalintensität in der Konsumgüterindustrie wird durch k_C^* fixiert.

2. Nach Ableitung der partiellen Kapitalintensitäten wird als weitere Variable des Systems das Preisverhältnis zwischen dem Kapital- und Konsumgut deduziert. Dieses Verhältnis ist durch die Bedingung determiniert, daß der Geldlohn (Geldzins) in den beiden Sektoren übereinstimmt:

$$1 = \frac{\text{Geldlohn in } C}{\text{Geldlohn in } K} = \frac{\text{Reallohn in } C}{\text{Reallohn in } K} \cdot \frac{p_C}{p_K}, \qquad (1)$$

wobei der Reallohn in C (in K), d.h. der in der Konsumgüterindustrie (Kapitalgüterindustrie) verdiente Reallohn, wiederum in Einheiten des Konsumgutes (des Kapitalgutes) gemessen ist. Angenommen, der Geldlohn sei in beiden Sektoren DM 10,–. Mit diesem Betrag kann man entweder 2 Konsumgüter (Reallohn gemessen in Konsumgütern) oder 4 Kapitalgüter (Reallohn gemessen in Kapitalgütern) kaufen. Der Konsumgüterpreis beträgt dann DM 5,–, der Kapitalgüterpreis DM 2,50:

$$1 = \frac{10}{10} = \frac{2}{4} \cdot \frac{5}{2{,}5}.$$

Nun wird der in Konsumgütereinheiten gemessene Reallohn in der Konsumgüterindustrie durch die Strecke OB, der in Kapitaleinheiten ausgedrückte Reallohn in der Kapitalgüterindustrie dagegen durch OA gemessen. Das Reallohnverhältnis ist also OB/OA. Gleichung (1) wird folglich nur dann erfüllt, wenn das Preisverhältnis der Relation OA/OB entspricht:

$$1 = \frac{\text{Geldlohn in } C}{\text{Geldlohn in } K} = \frac{OB}{OA} \cdot \frac{OA}{OB}.$$

Da das Preisverhältnis zwischen Konsum- und Kapitalgütern dem Verhältnis OA/OB entspricht, hat das Konsumgut in dem hier dargestellten Falle einen höheren Preis als das Kapitalgut.

Dieses Preisverhältnis läßt sich auch mit Hilfe des Zinssatzes ableiten. Es gilt analog zu (1)

$$1 = \frac{\text{Geldzins in } C}{\text{Geldzins in } K} = \frac{\text{Realzins in } C}{\text{Realzins in } K} \cdot \frac{P_C}{P_K}$$

$$= \frac{\tan \beta}{\tan \alpha'} \cdot \frac{P_C}{P_K}$$

$$= \frac{OB/OQ}{OA/OQ} \cdot \frac{P_C}{P_K}$$

$$1 = \frac{OB}{OA} \cdot \frac{OA}{OB} .$$

Auch jetzt ergibt sich das Gleichgewichtspreisverhältnis in Höhe von OA/OB.

3. Es sei weiter gefragt, wie das vorhandene Arbeitskräftepotential auf die beiden Sektoren verteilt wird. Es wird also der Wert der Quotienten

$$\frac{A_C}{A} \quad \text{und} \quad \frac{A_K}{A}$$

gesucht, wobei A_C und A_K die Mengen der im Konsum- und Kapitalgüterbereich eingesetzten Arbeitskräfte bezeichnen. Aus der Definitionsgleichung

$$A = A_C + A_K$$

folgt

$$1 = \frac{A_C}{A} + \frac{A_K}{A}$$

$$\frac{A_K}{A} = 1 - \frac{A_C}{A} .$$

Ist also erst einmal A_C/A bekannt, so kann A_K/A als Restgröße gefunden werden. Zur Bestimmung von A_C/A wird von der Identitätsbeziehung

$$\frac{Y_C}{A} = \frac{Y_C}{A_C} \cdot \frac{A_C}{A} \tag{2}$$

ausgegangen. Die Konsumgüterproduktion Y_C je Arbeitskraft entspricht dem Produkt aus Pro-Kopf-Erzeugung der in der Konsumgüterindustrie eingesetzten Arbeitskräfte und dem Anteil der in der Konsumgüterindustrie beschäftigten Arbeitskräfte am gesamten Arbeitspotential. Nun wird die Pro-Kopf-Erzeugung in der Konsumgüterindustrie durch

$$y_C = \frac{Y_C}{A_C} = DC$$

bestimmt, so daß (2) zu

$$\frac{Y_C}{A} = DC \cdot \frac{A_C}{A} \tag{3}$$

wird.

A_C/A kann also dann gefunden werden, wenn Y_C/A bekannt ist. Die Bestimmung dieser Größe wird durch die Annahmen ermöglicht, daß

– das Konsumgüterangebot Y_C der Konsumnachfrage C gleich ist,
– der Gesamtkonsum C mit dem Lohneinkommen L übereinstimmt, weil eine extrem klassische Sparfunktion unterstellt wird.

Es gilt also

$$Y_C = C = L$$

und

$$\frac{Y_C}{A} = \frac{C}{A} = \frac{L}{A} = l,$$

wobei l den in Konsumgütereinheiten gemessenen Reallohnsatz bezeichnet. Dieser ist aber in Abb. 38 gleich OB[1]), so daß wir den gesuchten Wert für Y_C/A erhalten:

$$\frac{Y_C}{A} = OB.$$

Einsetzen in (3) ergibt:

$$\frac{A_C}{A} = \frac{OB}{DC}.$$

---

[1]) Da der Geldlohn in beiden Sektoren gleich ist, stimmt auch der in Konsumgütern gemessene Reallohn in beiden Bereichen überein.

Der relative Anteil der in der Konsumgüterindustrie eingesetzten Arbeitskräfte am gesamten Arbeitspotential ist also durch das Verhältnis OB/DC bestimmt. Damit liegt auch der Wert von A_K/A als Restgröße fest.

4. Als letzte Größe des Systems ist schließlich die gesamtwirtschaftliche Kapitalintensität zu determinieren. Diese ergibt sich als gewogener Durchschnitt aus den partiellen Kapitalintensitäten, wobei als Gewichte die Koeffizienten A_C/A und A_K/A fungieren, welche als Indikatoren für die relative Bedeutung der beiden Sektoren stehen. Weil der Kapitalstock sich aus dem Kapitaleinsatz in beiden Sektoren ergibt:

$$K = K_C + K_K,$$

folgt nach Division durch A und Erweiterung mit A_C bzw. A_K:

$$\frac{K}{A} = \frac{K_C}{A_C} \cdot \frac{A_C}{A} + \frac{K_K}{A_K} \cdot \frac{A_K}{A}$$

$$k = k_C \cdot \frac{A_C}{A} + k_K \cdot \frac{A_K}{A}. \qquad (4)$$

Die gesamtwirtschaftliche Kapitalintensität ist also gleich der Summe der mit den Beschäftigungsquotienten A_C/A und A_K/A gewichteten partiellen Kapitalintensitäten. Da nun alle Größen auf der rechten Seite schon bestimmt sind, liegt auch der Wert von k fest. Nach den durchgeführten Überlegungen sind die Größen in (4) wie folgt gegeben:

1) $\frac{A_C}{A} = \frac{OB}{CD} = \frac{QO}{QC}$ (Strahlensatz)

2) $\frac{A_K}{A} = 1 - \frac{A_C}{A} = 1 - \frac{QO}{QC} = \frac{QC - QO}{QC} = \frac{OC}{QC}$

3) $k_K = OF$

4) $k_C = OC.$

Einsetzen in (4) ergibt:

$$k = OC \cdot \frac{QO}{QC} + OF \cdot \frac{OC}{QC} = \frac{OC\,(QO + OF)}{QC} = OC \cdot \frac{QO + OF}{QO + OC}.$$

Weil QO das gleichgewichtige Reallohn-Realzins-Verhältnis l/z mißt, gilt:

$$k = k_C \cdot \frac{l/z + k_K}{l/z + k_C}. \qquad (5)$$

Im Falle der Abb. 38 ist k_C größer als k_K. Unter dieser Annahme führt eine Erhöhung von l/z stets zu einer Erhöhung auch von k, d. h. es wird Arbeit durch Kapital ersetzt. Dieses Ergebnis ist nicht notwendig zu erwarten. Wenn k_K den Wert von k_C übersteigt, kann k sogar sinken, obwohl k_K und k_C sich mit steigendem l/z erhöhen. Die Erklärung für dieses Paradoxon wird bei der Erörterung der Stabilitätsbedingung gegeben.

Die Ableitungen dieses Abschnitts führen zu folgendem Ergebnis: Die Größe der Arbeitswachstumsrate bestimmt die Höhe des Zinssatzes, der seinerseits k_K, l/z, k_C und damit auch k festlegt. Ist also w_A erst einmal vorgegeben, so werden im Zwei-Sektoren- wie auch im Ein-Sektoren-Fall alle Werte des Systems durch die Größe von w_A bestimmt.

2. Stabilitätsbedingungen im Zwei-Sektoren-Modell

1. Die Analyse des Ein-Sektoren-Modells führte zu dem Ergebnis, daß nach einer Abweichung des Systems von der Gleichgewichtsrate $s/v = w_A$ Kräfte hervorgerufen werden, die über Variationen der Kapitalintensität und des Kapitalkoeffizienten eine erneute Annäherung an das Gleichgewicht bewirken. Ist das Stabilitätspostulat nun auch im Zwei-Sektoren-Modell erfüllt[2])?

Auf der Ordinate von Abb. 39 wird das Lohn-Zins-Verhältnis, auf der positiven Abszisse das Grenzprodukt des Kapitals in der Kapitalgüterindustrie (*GPK* in *K*) abgetragen, das seinerseits – wie gezeigt worden ist – dem in Kapitalgütereinheiten gemessenen Realzinssatz und der Wachstumsrate des Kapitals entspricht (*GPK* in $K = z = w_K$). Die Kurve *ab* repräsentiert dann den Zusammenhang zwischen l/z-Relation und

---

[2]) Eine vollständige Stabilitätsuntersuchung ist nur mit Hilfe eines dynamischen Modells durchzuführen. Wir beschränken uns auf Stabilitätsuntersuchungen im statischen Sinn (vgl. auch S. 83).

GPK: Wenn der Lohnsatz in Relation zum Zinssatz steigt, erweist es sich für die Unternehmer der Kapitalgüterindustrie als sinnvoll, Arbeit durch Kapital zu ersetzen. Diese Erhöhung der Kapitalintensität bewirkt aber eine Abnahme des Grenzprodukts des Kapitals; die *ab*-Kurve verläuft also von rechts unten nach links oben. Im 1. Quadranten ist ferner eine w_A-Gerade eingetragen, welche die konstante, vom l/z-Verhältnis unabhängige Wachstumsrate der Arbeit bezeichnet. Im 2. Qua-

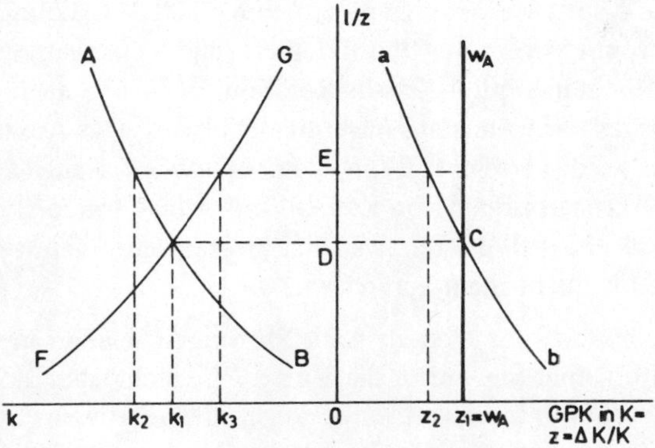

Abb. 39

dranten mißt die Kurve *AB* die Abhängigkeit der gesamtwirtschaftlichen Kapitalintensität *k* von der Höhe der Lohn-Zins-Relation. Nimmt man an, daß k_C größer als k_K ist, so folgt aus Gleichung (5), daß sich *k* bei steigendem l/z erhöht, also nicht nur in jeder Industrie, sondern auch in der Gesamtwirtschaft das gewünschte Verhältnis von Kapital zu Arbeit steigt. Der Verlauf der Kurve *AB* trägt diesen Zusammenhängen Rechnung. (Die Kurve *FG* sei zunächst vernachlässigt.)

Mit Hilfe dieser Zeichnung lassen sich die Gleichgewichtswerte des Systems bestimmen. Weil die Übereinstimmung der Wachstumsraten von Arbeit und Kapital als Gleichgewichtsbedingung gilt, ist der Gleichgewichtszins gleich z_1 (= w_A). Dem Zinssatz z_1 entspricht ein bestimmtes Grenzprodukt des Kapitals in der Kapitalgüterindustrie. Diesem zugeordnet ist ein Wert von k_K, der nur bei einem Lohn-Zins-Verhältnis in Höhe von *OD* erreicht wird. *OD* determiniert die gleichgewichtige Kapitalintensität der Gesamtwirtschaft in Höhe von k_1.

Bei konstanter Arbeitswachstumsrate sei nun eine plötzliche Störung in der Weise unterstellt, daß sich das Arbeitspotential (absolut) vermindert und von dem neuen Niveau aus in der gleichen Rate wächst. Da Arbeit nunmehr knapper ist, muß sich bei Geltung der Vollbeschäftigungsannahme die gesamtwirtschaftliche Kapitalintensität erhöhen, z. B. auf k_2, was eine Zunahme des Lohn-Zinsverhältnisses auf OE erfordert. In der Kapitalgüterindustrie verringert sich das Grenzprodukt des Kapitals; der Zins sinkt auf z_2, was einen Überhang der Arbeits- über die Kapitalwachstumsrate zur Folge hat. Das Lohn-Zins-Verhältnis fällt somit wieder ab und induziert jene Verringerung der gesamtwirtschaftlichen Kapital-Arbeits-Relation k, welche nach dem Abfallen der Kapitalwachstumsrate unvermeidlich wird. Das Ausgangsgleichgewicht ist wieder erreicht, wenn k auf k_1 sowie l/z auf OD gesunken ist. Die Wachstumsraten von Kapital und Arbeit stimmen dann wieder überein, so daß sich die relativen Faktorpreise und damit auch die Kapitalintensität nicht mehr verändern.

Die Annahme, daß sich das System nach Störungen wieder anpaßt, wird indessen problematisch, wenn die Kurve FG, nicht aber AB die Reaktion der Kapitalintensität auf Änderungen der relativen Faktorpreise mißt. Es wird jetzt also eine Reduktion der gesamtwirtschaftlichen Kapitalintensität bei einer Erhöhung der l/z-Relation unterstellt, was – wie aus Gleichung (5) hervorgeht – die Konstellation $k_K > k_C$ als notwendige, wenn auch nicht hinreichende Bedingung voraussetzt. Wird als exogener Schock nun eine plötzliche Vernichtung von Sachkapital unterstellt, so muß sich die Kapitalintensität der Gesamtwirtschaft vermindern – z. B. auf k_3 –, was sich nur bei einer Erhöhung des Lohn-Zins-Verhältnisses auf OE als möglich erweist[3]). Weil die Wachstumsrate des Kapitals (= z_2) folglich kleiner als die der Arbeit ist, sinkt die Kapitalintensität unter ihren Wert k_3. Dies erfordert einen

[3]) Es ist indessen zweifelhaft, ob l/z tatsächlich steigt. Da plötzlich Knappheit an Kapital eintritt, wäre eher eine Abnahme von l/z zu vermuten. Die Vernichtung von Sachkapital macht indessen eine Abnahme der Kapitalintensität unumgänglich, was bei Geltung der FG-Funktion ein höheres Lohn-Zins-Verhältnis von OE erfordert. Im Rahmen dieser statischen Gleichgewichtsanalyse bestimmen wir lediglich den zu k gehörenden Gleichgewichtswert von l/z und fragen, ob dieser Wert mit einem Gleichgewicht der anderen Größen des Systems vereinbar ist. Der tatsächliche Verlauf der l/z-Variablen kann nur mit Hilfe einer dynamischen Analyse bestimmt werden.

Anstieg von l/z über OE hinaus[4]). Die Variablen des Systems entfernen sich also immer mehr von jenen Werten, die allein die Gleichheit von w_A und w_K gestatten.

2. In welchen Fällen kommt nun die Kurve AB, und wann kommt die Kurve FG zustande? Die aus Gleichung (5) zu deduzierende Antwort lautet, daß sich k bei einer Steigerung von l/z in jedem Fall erhöht – die Stabilitätsbedingung also dann erfüllt ist –, wenn die Kapitalintensität der Konsumgüterindustrie die der Kapitalgüterindustrie übersteigt. Ein intuitiver Beweis wird wie folgt erbracht: Sinkt der Zinssatz relativ zum Lohn, so vermindern sich die Kosten der kapitalintensiven Konsumgüterindustrie im Vergleich zu den Kosten des arbeitsintensiven Kapitalgüterbereichs. Die Konsumgüterproduktion wird sich also im Verhältnis zur Kapitalgüterproduktion vergrößern, so daß der Anteil A_C/A der in der Konsumgütererzeugung beschäftigten Arbeitskräfte zunimmt und A_K/A entsprechend sinkt[5]). Nimmt man für Gleichung (4):

$$k = k_C \cdot \frac{A_C}{A} + k_K \cdot \frac{A_K}{A} \tag{4}$$

die folgenden Ausgangswerte an:

$$17 = 20 \cdot 0{,}7 + 10 \cdot 0{,}3,$$

wobei die Bedingung k_C (= 20) $>$ k_K (= 10) zu beachten ist, so folgt nach einer Erhöhung von A_C/A auf 0,8 und einer Verminderung von A_K/A auf 0,2:

$$18 = 20 \cdot 0{,}8 + 10 \cdot 0{,}2.$$

Da die gesamtwirtschaftliche Kapitalintensität als gewogener Durchschnitt der partiellen Kapitalintensitäten erscheint, k_C aber größer als

---

4) Wiederum wird im Rahmen einer statischen Betrachtung nicht die Frage nach dem tatsächlichen Verlauf gestellt. Da K um weniger als A wächst, könnte man vermuten, daß l/z aufgrund der gestiegenen relativen Häufigkeit der Arbeit abnimmt und die Kapitalintensität sich wieder entlang FG erhöht. Im Rahmen einer Gleichgewichtsbetrachtung gilt jedoch ein anderer Schluß: Wenn K um weniger als A wächst, können die zusätzlichen Faktormengen nur dann vollbeschäftigt werden, wenn in der Gesamtwirtschaft der Kapitalstock mit mehr Arbeit ausgestattet wird, k also sinkt. Dies erfordert unter Gleichgewichtsaspekten im Fall der Kurve FG eine Erhöhung von l/z.

5) Es gilt $\frac{A_C}{A} + \frac{A_K}{A} = \frac{A}{A} = 1.$

k_K ist, muß sich k vergrößern, wenn das der Kapitalintensität der Konsumgüterindustrie zugelegte Gewicht erhöht wird. Berücksichtigt man nun ferner, daß sich auch die partiellen Kapitalintensitäten als Folge der l/z-Erhöhung über 20 und 10 hinaus vergrößern, so steigt k noch weiter über den Wert von 18 hinaus.

Dieses Ergebnis, daß ein Anstieg von l/z den Wert von k erhöht, kann sich ebenfalls ergeben, wenn die Kapitalgüterindustrie kapitalintensiver als die Konsumgüterindustrie produziert, doch mag sich auch der umgekehrte, durch die Kurve *FG* bezeichnete Fall einstellen. Der Leser kann mit Hilfe von Gleichung (5) überprüfen, daß eine l/z-Erhöhung den Wert von k vermindert, wenn die partiellen Kapitalintensitäten nur wenig steigen, die Substitutionselastizitäten demnach gering sind. Zunächst mag es undenkbar erscheinen, daß sich die gesamtwirtschaftliche Kapitalintensität verringert, während die partiellen Kapitalintensitäten als Folge der l/z-Erhöhung steigen. Daß dieser Fall grundsätzlich jedoch möglich ist, wird durch die Betrachtung von Gleichung (4) verdeutlicht. Obwohl eine Erhöhung der Lohn-Zins-Relation den Wert von k_K und k_C anhebt, die partiellen Kapitalintensitäten also steigen, kann sich dennoch der Wert von k vermindern, wenn A_K/A sinkt (A_C/A steigt), also die kapitalintensivere Kapitalgüterindustrie ein geringeres Gewicht erhält[6]). Die Möglichkeit einer solchen Verschiebung folgt aus der unterstellten Sparfunktion, doch sei diesem Fall – da nur wenig relevant – hier nicht näher nachgegangen.

Literaturübersicht zum IX. Kapitel

Die Ausführungen in diesem Abschnitt basieren auf *F. H. Hahn* und *R. C. O. Matthews*, The Theory of Economic Growth, Economic Journal, Bd. 74, 1964. Grundlegende Beiträge zum neoklassischen Zwei-Sektoren-Modell sind: *H. Uzawa*, On a Two-Sector Modell of Economic Growth, Review of Economic Studies, Bd. 29, 1962 und (Teil II), Bd. 30, 1963; *K. Inada*, On a Two-Sector Model of Economic Growth: Comments and a Generalization, Review of Economic Studies, Bd. 30, 1963; *E.M. Drandakis*, Factor Substitution in the Two-Sector Growth Model, Review of Economic Studies, Bd. 30, 1963.

6) Diese Möglichkeit ist umso eher gegeben, je weniger sich k_K und k_C als Folge der Erhöhung von l/z vergrößern, je geringer also die Substitutionselastizitäten sind. Wenn sich demnach die Substitutionselastizitäten dem Wert Null nähern, ist die Konstellation $k_C > k_K$ nicht nur hinreichende, sondern auch notwendige Stabilitätsbedingung. Im Falle großer Elastizitäten kann die Stabilitätsbedingung allerdings auch dann erfüllt sein, wenn k_K größer als k_C ist.

X. Technischer Fortschritt und Wachstumstheorie

In den bisher behandelten Modellen wurden als wachstumsverursachende Kräfte allein die Vermehrung des Arbeitsangebots und des Kapitalstocks angesehen. Aus der Annahme einer linear-homogenen Produktionsfunktion folgte ferner die Konstanz der Pro-Kopf-Produktion, denn das Einkommen wächst in der gleichen Rate wie die Arbeit (und der Kapitalstock). Dieser als extensives Wachstum bezeichnete Entwicklungsprozeß ist nun durchaus untypisch für die tatsächliche Entwicklung, wie sie sich in industrialisierten Ländern vollzieht. Die ständige Erhöhung der Pro-Kopf-Produktion, die für das tatsächliche Wachstum charakteristisch erscheint, setzt nun entweder die Existenz einer überlinear-homogenen Produktionsfunktion oder eines dritten Faktors voraus, der die Effizienz von Arbeit und Kapital erhöht. Dieser Faktor sei als technischer Fortschritt – hier mit einer Verschiebung der Produktionsfunktion identifiziert – bezeichnet[1]).

1. Formen des technischen Fortschritts

Der technische Fortschritt zeigt sich einmal in der Form von Produktinnovationen, also in der Erzeugung neuer oder qualitativ besserer Erzeugnisse. Diese Art des Fortschritts wird im folgenden nicht behandelt. Sodann tritt der Fortschritt in Form von Verfahrensinnovationen auf, durch die es gelingt, die gleiche Produktmenge mit geringerem Faktoreinsatz oder eine größere Menge mit unverändertem Einsatz zu erzeugen. Der erste dieser Fälle ist in Abb. 40 dargestellt. Während eine Isoquante $Y_t = 10$ die Kapital- und Arbeitsmengen angibt, die eine Erzeugung von $Y = 10$ im Zeitpunkt t erlauben, repräsentiert die Iso-

[1]) Tatsächlich ist der technische Fortschritt vom Fall einer überlinear-homogenen Produktionsfunktion kaum abzugrenzen, wenn die Überlinearität z. B. mit einer Qualitätsverbesserung der Faktoren erklärt wird.

quante $Y_{t+1} = 10$ jene Kapital-Arbeits-Kombinationen, mit deren Hilfe die gleiche Menge im Zeitpunkt $t + 1$, nach Realisierung des Fortschritts, erzeugt werden kann. Da Kapital- und/oder Arbeitseinsatz pro Produkteinheit sich durch den Fortschritt vermindern, kann also der technische Fortschritt durch eine Verschiebung der Isoquante zum Ursprung hin gekennzeichnet werden.

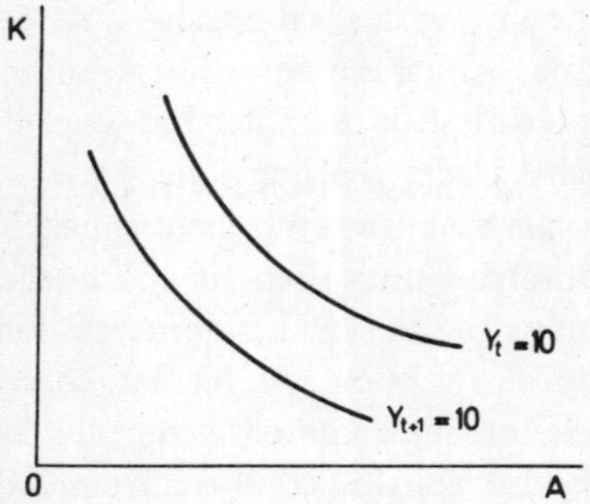

Abb. 40

Durch den technischen Fortschritt erhöht sich demnach die Produktivität der Faktoren. Wird die Effizienz des gesamten Faktorbestandes – im Falle des Kapitals z. B. die aller Maschinen – gesteigert, so spricht man von „unverkörpertem" oder „ungebundenem" Fortschritt (z. B. Verbesserung der Betriebsorganisation). Schlägt sich der Fortschritt dagegen nur in einem Teil des Faktorbestandes, etwa nur in den neuen Maschinen nieder, so liegt „verkörperter" oder „gebundener" Fortschritt vor, der nur in den neuen Maschinen „verkörpert", an diese „gebunden" ist.

Unverkörperter Fortschritt hat zur Folge, daß die Homogenität des Faktorbestandes erhalten bleibt. Es steigt z. B. die Leistungsfähigkeit aller Maschinen – unabhängig von ihrem Alter – im gleichen Ausmaß. In Wirklichkeit bedarf die Realisierung der technischen Erfindungen jedoch sehr oft der Konstruktion neuer Anlagen oder Maschinen, die dann allein den jüngsten Stand der Produktionstechnik verkörpern. Die Produktivitätserhöhung tritt somit nicht bei allen Maschinen, sondern nur bei den neuen Aggregaten auf, in welche die neuen Erkenntnisse der Technik eingegangen sind. Der Kapitalbestand ist also heterogen, und es wird notwendig, den Altersaufbau des Kapitalapparates als Variable einzuführen. Wir halten zunächst jedoch an der Voraussetzung des unverkörperten Fortschritts fest; es gilt die Prämisse der Homogenität der Faktoren.

Der technische Fortschritt wird ferner als autonom angesehen, welcher – um ein oft zitiertes Bild zu verwenden – wie Manna vom Himmel auf alle Produktionsfaktoren fällt. Es wird also z. B. nicht gefragt, wie der Fortschritt durch Substitutionsvorgänge, die Lernprozesse induzieren, beeinflußt ist, wie Ausgaben für die Forschung das technische Niveau bestimmen und wie der Bildungsaufwand wirkt. Diese Einschränkungen mindern den Wert der Modelle ganz wesentlich, doch kommt es zunächst darauf an, die Grundlagen der Theorie des technischen Fortschritts zu entwickeln.

2. Die Klassifikation des technischen Fortschritts

a) Die Klassifikation nach Hicks

In der Wirtschaftstheorie wird zwischen neutralem, arbeitssparendem und kapitalsparendem technischen Fortschritt unterschieden. Die Definition dieser Begriffe ist allerdings bei verschiedenen Autoren unterschiedlich, so daß wir, da in Wachstumsmodellen mit mehreren Versionen des Fortschrittsbegriffs gearbeitet wird, die Unterschiede zwischen diesen Varianten herausarbeiten müssen. Die Produktionsfunktion wird in den folgenden Erörterungen durchweg als linear-homogen angenommen.

1. Im Zeitpunkt t werden alle Faktorkombinationen, mit deren Hilfe die Produktmenge 10 erzeugt werden kann, durch die Isoquante $Y_t = 10$ angegeben (Abb. 41). Punkt A bezeichnet die Minimalkostenkombination, wenn die Kostengerade durch eine Linie mit dem Anstieg $\tan\beta$ bestimmt ist. Die gleichgewichtige Kapitalintensität wird durch den Anstieg der Geraden OA, also durch $\tan\alpha = K/A$, und das Verhältnis der Grenzproduktivitäten von Arbeit und Kapital, das im Gleichge-

wicht dem Lohn/Zins-Verhältnis gleich ist, durch $\tan\beta = GPA/GPK$ gemessen. Technischer Fortschritt, der sich zwischen den Zeitpunkten t und $t+1$ vollzieht, ist nun als Erzeugung der gleichen Produktmenge mit einem geringeren Faktoreinsatz definiert; die Isoquante $Y_t = 10$ wird also durch die Isoquante $Y_{t+1} = 10$ – die geringere Faktoreinsatzmengen angibt – ersetzt. Diese Isoquantenverschiebung impliziert

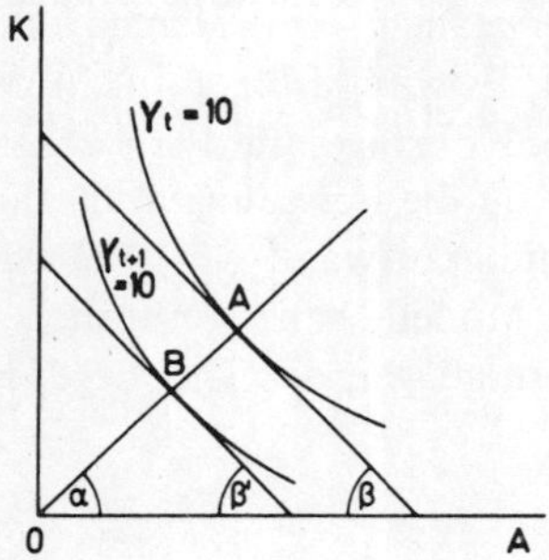

Abb. 41

neutralen Fortschritt im Sinne von *Hicks*, wenn sich bei gegebener Kapitalintensität K/A die Grenzproduktivitäten der Arbeit und des Kapitals in der gleichen Rate erhöhen, so daß das Grenzproduktivitätsverhältnis und damit das Faktorpreisverhältnis unverändert bleiben. Die Annahme konstanter relativer Faktorpreise schaltet Substitutionseffekte aus und gestattet es, die Produktivitätswirkungen des technischen Fortschritts in aller Reinheit darzustellen und sie von den Produktivitätseffekten der Substitution zu trennen. Die Kriterien des Hicks-neutralen Fortschritts sind beim Übergang von A nach B erfüllt, denn es gilt:

$$\tan\alpha = \frac{K}{A} = \text{const. und } \tan\beta = \tan\beta' = \frac{GPA}{GPK} = \text{const.}$$

Da das Zinseinkommen dem Produkt aus Kapitalstock und Zinssatz ($Z = z \cdot K$) und das Lohneinkommen dem Produkt aus Arbeitseinsatz und Lohnsatz ($L = l \cdot z$) entspricht[2]), impliziert diese Definition wegen der Beziehung

---

2) Hier und im folgenden bezeichnen l und z stets den Reallohn und den Realzins.

$$\frac{Z}{L} = \frac{z}{l} \cdot \frac{K}{A} = \frac{GPK}{GPA} \cdot \frac{K}{A} \tag{1}$$

die Konstanz der Einkommensverteilung, also der Relation zwischen Zins- und Lohneinkommen.

Arbeitsparender Fortschritt liegt dagegen vor, wenn bei gegebenem Verhältnis der realen Grenzprodukte – Substitutionsvorgänge sind also wieder ausgeschlossen – relativ mehr Arbeit als Kapital gespart wird, die Kapitalintensität sich folglich erhöht[3]). In Abb. 42 erfüllt

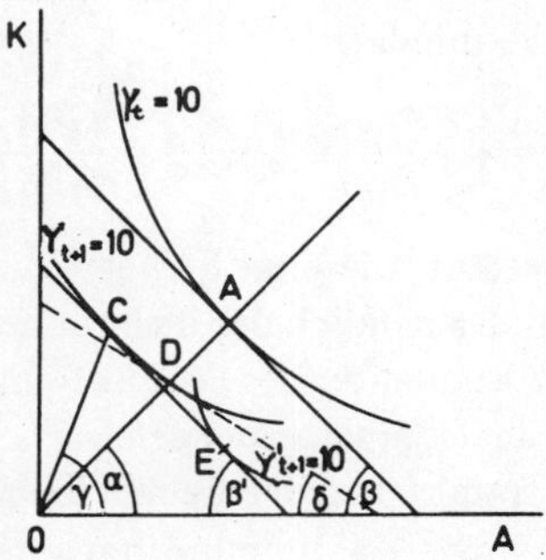

Abb. 42

der Übergang von A nach C die Bedingungen des arbeitsparenden Fortschritts, wenn die Isoquante $Y_t = 10$ durch die Isoquante $Y_{t+1} = 10$ ersetzt wird. Es gilt nämlich:

$$\tan\gamma = \frac{K_{t+1}}{A_{t+1}} > \tan\alpha = \frac{K_t}{A_t} \text{ und } \tan\beta = \tan\beta' = \frac{GPA}{GPK} = \text{const.}$$

Aus Gleichung (1) wird deutlich, daß das Verhältnis Z/L gestiegen, die relative Position der Kapitalbesitzer verbessert worden ist.

Oft wird der arbeitsparende Fortschritt im Sinne von *Hicks* auch anders definiert, indem man nicht das Grenzproduktivitätsverhältnis, sondern die Kapitalintensität als feste Bezugsgröße wählt. Während also bisher erörtert wurde, wie der technische Fortschritt bei gegebe-

3) Es sei der Fall ausgeschlossen, daß zwar der Arbeitseinsatz sinkt, der Kapitaleinsatz dagegen absolut steigt.

ner Grenzproduktivitätsrelation die Kapitalintensität verändert, kann man auch fragen, wie der Fortschritt bei gegebener Kapitalintensität das Grenzproduktivitätsverhältnis beeinflußt. Betrachtet man die Isoquante Y_{t+1} in Abb. 42, so bleibt die Kapitalintensität offenbar nur dann konstant, wenn D der Produktionspunkt ist. Da $\tan\delta$, also das GPA/GPK-Verhältnis in D, geringer als $\tan\beta$, das GPA/GPK-Verhältnis in A, ist, hat sich die Grenzproduktivität der Arbeit um einen geringeren Satz als die des Kapitals erhöht. Arbeitsparender Fortschritt im Sinne von *Hicks* liegt folglich auch dann vor, wenn sich das Verhältnis von Grenzproduktivität der Arbeit und Grenzproduktivität des Kapitals bei gegebener Kapitalintensität vermindert:

$$\tan\alpha = \frac{K}{A} = \text{const. und } \tan\delta = \frac{GPA_{t+1}}{GPK_{t+1}} < \tan\beta = \frac{GPA_t}{GPK_t}.$$

Beide Definitionen sind völlig äquivalent; die eine Fragestellung ist sozusagen das Spiegelbild der anderen. Da nämlich der technische Fortschritt als Verschiebung der gesamten Isoquante (der Produktionsfunktion) begriffen wird, hängt die Definition des arbeitsparenden Fortschritts nur davon ab, welchen Produktionspunkt auf der neuen Isoquante man wählt, ob man also die ursprüngliche Kapitalintensität oder das ursprüngliche Grenzproduktivitätsverhältnis als Bezugsbasis verwendet.

Wird die Isoquante $Y_t = 10$ dagegen durch $Y'_{t+1} = 10$ ersetzt, so liegt kapitalsparender Fortschritt vor. Dieser führt bei gegebenem Grenzproduktivitätsverhältnis zu einer Verringerung der Kapitalintensität, wie es beim Übergang von A nach E der Fall ist. Nach (1) sinkt das Zinseinkommen in Relation zum Lohneinkommen. Dieser Definition äquivalent ist die Kennzeichnung des kapitalsparenden Fortschritts als einer Fortschrittsart, die sich bei gegebener Kapitalintensität in einer Erhöhung der GPA/GPK-Relation niederschlägt.

2. In den bisherigen Überlegungen wurde angenommen, daß eine gegebene Produktmenge mit einem geringeren Faktoreinsatz erzeugt wird. Die erörterten Fortschrittskonzepte lassen sich hingegen auch dann verwenden, wenn eine gegebene Faktormenge einen größeren Ausstoß erzeugt. Die Definitionen der Fortschrittsvarianten ändern sich nicht.

So liegt neutraler Fortschritt wieder dann vor, wenn bei unverändertem Kapital- und Arbeitseinsatz, K/A bleibt mithin konstant, Grenzprodukt des Kapitals und Grenzprodukt der Arbeit um den gleichen Prozentsatz steigen. Erhöht sich z. B. bei unverändertem *K* und *A* die Gesamtproduktion von 100 auf 102, so ist 2% der Grad des Fortschritts. Neutral ist der Fortschritt folglich dann, wenn auch beide Grenzprodukte um 2% steigen. Erhöht sich *GPA* um weniger, *GPK* dagegen um mehr als 2%, so liegt arbeitsparender Fortschritt vor, denn *GPA*/*GPK* ist nunmehr kleiner als in der Ausgangssituation.

Für den Fall der Produktionserhöhung bei gegebenem Faktoreinsatz kann Hicks-neutraler Fortschritt mit Hilfe der Gesamtertragskurve des Kapitals (Abb. 43) erläutert werden. Auf der ursprünglichen, durch die Kurve Y_1 gekennzeichneten Produktionsfunktion liegt der Produk-

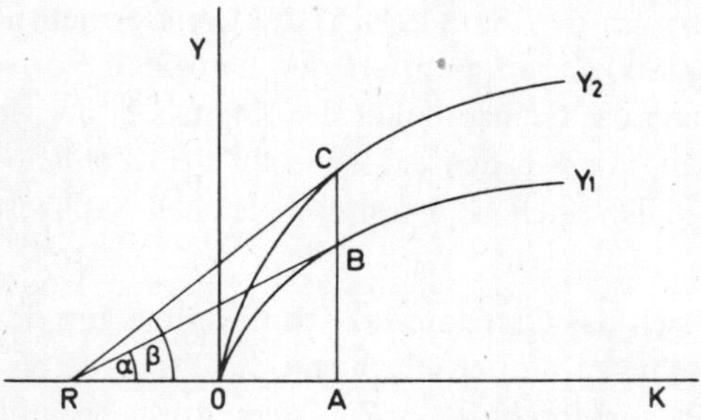

Abb. 43

tionspunkt in *B*, wobei das Grenzprodukt des Kapitals durch den Anstieg der Tangente, also durch $\tan\alpha = BA/RA$, gemessen wird. Durch den Fortschritt verschiebe sich die Produktionsfunktion nach Y_2. Da der Ableitung einer Gesamtertragskurve des Kapitals die Annahme konstanten Arbeitseinsatzes zugrundeliegt, darf sich auch der Kapitaleinsatz *OA* nicht ändern, wenn der technische Fortschritt neutral im Sinne von *Hicks* sein soll. Der neue Produktionspunkt liegt also in *C*. Konstanz der *K*/*A*-Relation ist nun zwar notwendige, nicht aber hinreichende Bedingung der Neutralität. Damit neutraler Fortschritt vorliegt, muß ferner die Bedingung gelten, daß *GPK* = *z* um den gleichen Satz wie *GPA* = *l* steigt, was nur dann der Fall ist, wenn auch *GPK* um die gleiche Rate wie die Produktion zunimmt. Dies sei an einem Zahlenbeispiel illustriert:

Y	K	$GPK = z$	Z	A	$GPA = l$	L
100	10	5	50	25	2	50
110	10	5,5	55	25	2,2	55

In der Ausgangssituation werde die Produktion Y von 100 zu 50 Teilen auf Zinseinkommen $Z = z \cdot K$ und zu 50 Teilen auf Lohneinkommen $L = l \cdot A$ verteilt. Nun steige Y um 10% auf 110. Weil neutraler Fortschritt Konstanz der Verteilung Z/L impliziert, müssen auch Zins- und Lohneinkommen jeweils um 10%, also auf 55 steigen. Kapital- und Arbeitseinsatz sind als konstant angenommen. Die Invarianz der Verteilung setzt demnach voraus, daß sich auch $z = GPK$ und $l = GPA$ jeweils um 10%, also um den Satz der Produktionsvermehrung erhöhen. Produktionspunkt C repräsentiert den neutralen Fortschritt folglich nur dann, wenn das Grenzprodukt des Kapitals in der gleichen Rate steigt wie Y, denn diese bedeutet – wie aus dem Zahlenbeispiel offensichtlich wird –, daß auch GPA um den gleichen Satz gestiegen ist.

Die Bedingung, daß sich das Grenzprodukt des Kapitals um den gleichen Satz wie Y erhöht, ist nun erfüllt, wenn die Tangente an Y_2 in C den negativen Abszissenabschnitt in R – dem Ausgangspunkt der Tangente an Y_1 in B – schneidet. Der Beweis ist einfach: Die Rate der Produktionserhöhung wird durch

$$\frac{\Delta Y}{Y} = \frac{CB}{BA} \tag{1}$$

gemessen. Weil gilt:

$$\tan\beta = GPK \text{ in } C = \frac{CA}{AR} \quad \text{und} \quad \tan\alpha = GPK \text{ in } B = \frac{BA}{AR}$$

folgt:

$$\frac{\Delta GPK}{GPK} = \frac{\tan\beta - \tan\alpha}{\tan\alpha} = \frac{\frac{CA}{AR} - \frac{BA}{AR}}{\frac{BA}{AR}} = \frac{\frac{CB}{AR}}{\frac{BA}{AR}} = \frac{CB}{BA} \tag{2}$$

Aus (1) und (2) ergibt sich also

$$\frac{\Delta Y}{Y} = \frac{\Delta GPK}{GPK} \text{ und – wie oben gezeigt – } = \frac{\Delta GPA}{GPA}.$$

Die Grenzproduktivitäten der Arbeit und des Kapitals haben sich also um den gleichen Satz erhöht. Auch die durchschnittlichen Kapital- und Arbeitsproduktivitäten sind höher als in der Ausgangssituation, denn Y ist bei konstanten Werten von A und K gestiegen.

Wir wollen uns eine Darstellung der anderen Fortschrittsvarianten ersparen.

3. Die Hicksschen Fortschrittsvarianten lassen sich schließlich noch mit Hilfe der Pro-Kopf-Produktionsfunktion erläutern (Abb. 44). Hier sei ein Fortschritt in der Weise unterstellt, daß die Produktionsfunktion y_1 mit dem Produktionspunkt C durch y_2 und den neuen Produktionspunkt D ersetzt wird. Diese Verschiebung erfüllt die Bedingungen der Hicks-Neutralität nur dann, wenn bei gegebener Kapitalintensität OE das Grenzproduktivitäts- und damit das Lohn-Zins-Verhältnis unverändert bleibt. In Abb. 44 ist diese Bedingung erfüllt, denn sowohl dem Produktionspunkt D als auch dem Produktionspunkt C ist ein Faktorpreisverhältnis zugeordnet, das – wie wir wissen – durch die Strecke OQ bestimmt wird. Reallohn (= GPA) und Realzins (= GPK) sind also um den gleichen Satz gestiegen: der Reallohn von OA auf OB und der Realzins von $\tan \alpha$ auf $\tan \beta$.

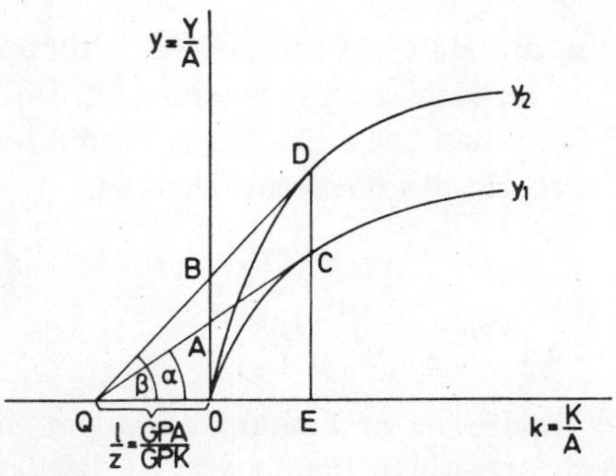

Abb. 44

b) Die Klassifikation nach Harrod

1. Als Kriterium für den neutralen Fortschritt wählt auch *Harrod* die Konstanz der Einkommensverteilung. Doch legt er als Bezugsgröße nicht die Kapitalintensität, sondern den Kapitalkoeffizienten zugrunde – nicht zuletzt wohl deshalb, weil die Harrodsche Definition auf die Zwecke der Wachstumstheorie bezogen ist, das befriedigende Wachstum aber durch proportionale Entwicklung von K und Y, also durch Konstanz des Kapitalkoeffizienten, gekennzeichnet wird. Da also im Gegensatz zu Hicks nicht die Invarianz der Kapitalintensität, sondern die des Kapitalkoeffizienten gefordert wird, ändert der Fortschritt nur dann nicht die Einkommensquoten Z/Y und L/Y, wenn auch der Zinssatz (= *GPK*) konstant bleibt. Die Beziehung

$$\frac{Z}{Y} = 1 - \frac{L}{Y} = \frac{K}{Y} \cdot z$$

macht diese Zusammenhänge deutlich.

Harrod-neutraler Fortschritt kann mit Hilfe der gleichen Techniken verdeutlicht werden wie Hicks-neutraler Fortschritt (Abb. 45). Auf der Isoquante $Y_t = a$ sei C der ursprüngliche Produktionspunkt. Da OD den Kapitaleinsatz bezeichnet, wird der Kapitalkoeffizient v durch

$$v = \frac{K}{Y} = \frac{OD}{a}$$

angegeben. Dagegen gilt für den Zinssatz

$$z = \frac{a}{OG}.$$

Der Zinssatz läßt sich also mit Hilfe der Strecke OG bestimmen, welche die Isokostenlinie auf der Kapitalachse abschneidet. Der Beweis wird wie folgt geführt: Setzt man linear-homogene Produktionsfunktionen auch jetzt voraus, so gilt das Eulersche Theorem

$$a = z \cdot K + l \cdot A$$

$$a = \frac{\partial Y}{\partial K} \cdot OD + \frac{\partial Y}{\partial A} \cdot DC. \qquad (1)$$

Das Gesamtprodukt a wird also bei Entlohnung nach dem Grenzprodukt voll auf die Faktoren Arbeit und Kapital verteilt. Division durch $\partial Y/\partial K$ ergibt:

$$\frac{a}{\frac{\partial Y}{\partial K}} = OD + \frac{\frac{\partial Y}{\partial A}}{\frac{\partial Y}{\partial K}} \cdot DC. \tag{2}$$

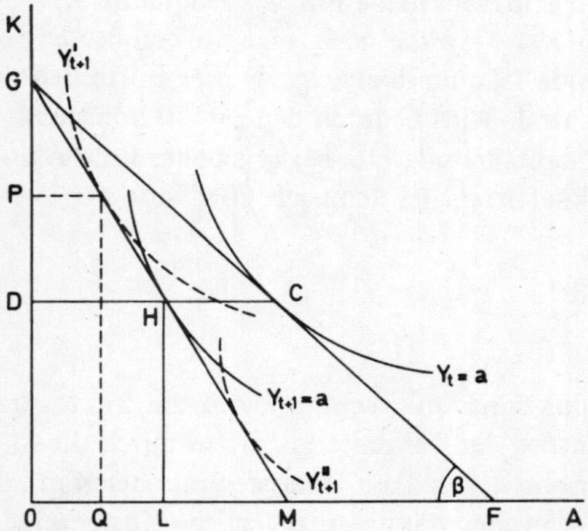

Abb. 45

Das in (2) enthaltene Verhältnis der Grenzproduktivitäten von Arbeit und Kapital wird gemessen durch:

$$\frac{\partial Y/\partial A}{\partial Y/\partial K} = \tan\beta = \frac{GO}{OF} = \frac{GD}{DC}.$$

Einsetzen in (2) ergibt:

$$\frac{a}{\frac{\partial Y}{\partial K}} = \frac{a}{z} = OD + \frac{GD}{DC} \cdot DC = OD + GD = OG$$

oder

$$z = \frac{a}{OG}.$$

Damit ist (2) bewiesen. Entsprechend kann der Lohnsatz durch

$$l = \frac{a}{OF}$$

gemessen werden.

Der technische Fortschritt verschiebe nun die Isoquante $Y_t = a$ zum Ursprung derart, daß $Y_{t+1} = a$ die neue, eine unveränderte Produktmenge repräsentierende Isoquante anzeigt. Dieser Fortschritt ist im Sinne von Harrod neutral: Wird C durch den Produktionspunkt H ersetzt, so bleibt der Kapitaleinsatz OD bei gegebener Produktion der gleiche. Der Kapitalkoeffizient ist demnach konstant:

$$v = \frac{OD}{a} = \text{const.}$$

Soll nun H der Produktionspunkt sein, so wird das Faktorpreisverhältnis durch den Anstieg der Tangente in H, also durch die Steigung der Geraden GM gemessen. Da diese Isokostenlinie die Kapitalachse im selben Punkte G schneidet wie die ursprüngliche Kostengerade GF, a/OG jedoch den Zinssatz im Ausgangszustand mißt, bleibt auch der Zinssatz nach dem Fortschritt unverändert:

$$z = \frac{a}{OG} = \text{const.}$$

Die Kriterien des Harrod-neutralen Fortschritts sind demnach erfüllt. Wie werden nun Lohnsatz (= GPA) und Arbeitsproduktivität Y/A durch diese Art des Fortschritts berührt? Wegen der Beziehung

$$\frac{L}{Y} = \frac{l \cdot A}{Y}$$

kann für $Y = a = \text{const.}$ die Lohnquote nur dann unverändert bleiben – Konstanz der Verteilung ist in Harrod-neutralem Fortschritt impliziert –, wenn der Lohnsatz (= GPA) um den gleichen Satz steigt wie der Arbeitseinsatz sinkt. In Abb. 45 erhöht sich der Lohnsatz (= GPA) von a/OF auf a/OM. Aber nicht nur die marginale, auch die durchschnittliche Arbeitsproduktivität Y/A nimmt zu, und zwar von a/DC auf a/DH.

Wir halten also fest: Liegt Harrod-neutraler Fortschritt vor, so bleiben

1. Grenzproduktivität des Kapitals, Zinssatz und Kapitalkoeffizient (Kapitalproduktivität) konstant, während sich
2. Grenzproduktivität der Arbeit, Lohnsatz und durchschnittliche Arbeitsproduktivität erhöhen.

Der technische Fortschritt verbessert nur die Produktivität der Arbeit und hat insofern die gleichen Wirkungen wie eine Vermehrung der Arbeiterzahl bei konstanter Produktivität. Man spricht daher auch von „labour-augmenting progress".

Berührt die neue Isoquante die Isokostenlinie *GM* links oberhalb von *H* (Isoquante Y'_{t+1}), so ist der Kapitalkoeffizient auf OP/a gestiegen, während die Arbeitsersparnis gegenüber *C* größer als im Fall des neutralen Fortschritts ist ($OQ < OL$). Dieser Fall des arbeitsparenden Fortschritts[4]) ist also dadurch charakterisiert, daß der Kapitalkoeffizient bei konstantem Zinssatz steigt und die Zinseinkommensquote folglich zunimmt. Dieser Definition äquivalent ist die Charakterisierung des arbeitsparenden Fortschritts als einer Fortschrittsart, bei der der Kapitalkoeffizient konstant bleibt, der Zinssatz aber steigt. Diese Formulierung wäre anzuwenden, wenn der neue Produktionspunkt im Schnittpunkt der Geraden *DC* mit Y'_{t+1} liegen würde: Die Tangente in diesem Punkt wird flacher, die Strecke *OG* folglich kleiner, und der Zinssatz a/OG nimmt zu. Kapitalsparender Fortschritt würde sich entsprechend bei Geltung einer Isoquante Y''_{t+1} ergeben.

2. Harrod-neutraler Fortschritt wird nunmehr mit Hilfe der Gesamtertragsfunktion abgeleitet (Abb. 46). Wenn *A* der ursprüngliche Produktionspunkt ist, wird die Kapitalproduktivität durch einen Fahrstrahl mit dem Anstieg $\tan\alpha = Y/K$, der Kapitalkoeffizient demnach durch $1/\tan\alpha = K/Y$ gemessen, während der Zinssatz dem Anstieg $\tan\beta$ der Tangente in *A* entspricht. Neutraler Fortschritt liegt nun beim Übergang von *A* nach *B* vor, da 1) der Kapitalkoeffizient ($= 1/\tan\alpha$) konstant bleibt und 2) die Tangente in *B* parallel zur Tangente in *C* verläuft, also auch der Zinssatz sich nicht verändert ($\tan\beta' = \tan\beta$). Weil bei konstantem Zins die relative Vermehrung des

---

4) Korrekter wäre es, von *relativ* arbeitsparendem Fortschritt zu sprechen, da ja auch bei neutralem Fortschritt der Arbeitseinsatz absolut sinkt.

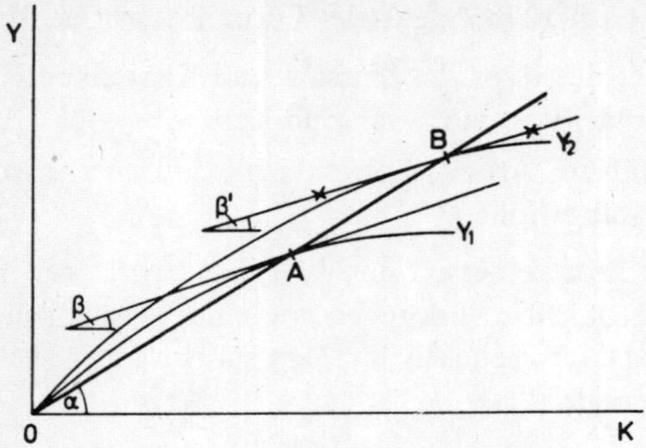

Abb. 46

Kapitaleinsatzes der Erhöhung der Produktion entspricht, hat auch das Zinseinkommen in der gleichen Rate zugenommen wie die Produktion. Z/Y und L/Y bleiben mithin unverändert. Da in Abb. 46 ferner gegebener Arbeitseinsatz unterstellt ist, muß der Reallohn in diesem Falle um den gleichen Satz wie Y gestiegen sein.

3. Legt man schließlich die Pro-Kopf-Funktion zugrunde (Abb. 47), so liegt neutraler Fortschritt wiederum beim Übergang von A nach B

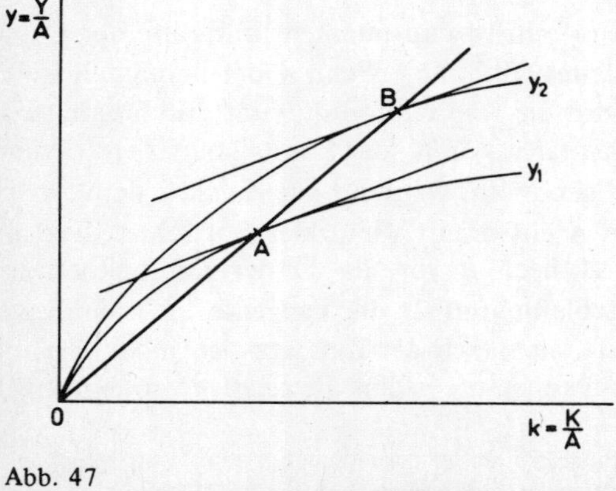

Abb. 47

vor: Zinssatz (der Anstieg der parallel verlaufenden Tangenten) und Kapitalproduktivität (der Anstieg von *OAB*) behalten ihre Werte.

c) Die Klassifikation nach Solow

Zur Vervollständigung unserer Klassifikation seien schließlich die Fortschrittsvarianten im Sinne von *Solow* dargestellt. Solows Definition des Neutralitätskonzepts steht im Gegensatz zu Harrods Version, weil nicht Konstanz von Zins und Kapitalkoeffizient, sondern von Lohn und Arbeitskoeffizient als Neutralitätskriterium gelten. Auch aus dieser Definition folgt Invarianz der Verteilung in der Zeit, wie aus der Beziehung $L/Y = l \cdot A/Y$ hervorgeht. In Abb. 48 liegt Solow-neutraler Fortschritt vor, wenn *D* durch *E* ersetzt wird, denn sowohl der Lohnsatz a/OF als auch der Arbeitskoeffizient werden durch den Fortschritt nicht beeinflußt. Dagegen hat sich der Zinssatz von a/OG auf a/OA erhöht und der Kapitalkoeffizient von OP/a auf OS/a vermindert. Diese Zunahme der Kapitalproduktivität wirkt so, als ob bei gegebener Effizienz mehr Kapitalgüter zur Verfügung stünden; daher spricht man

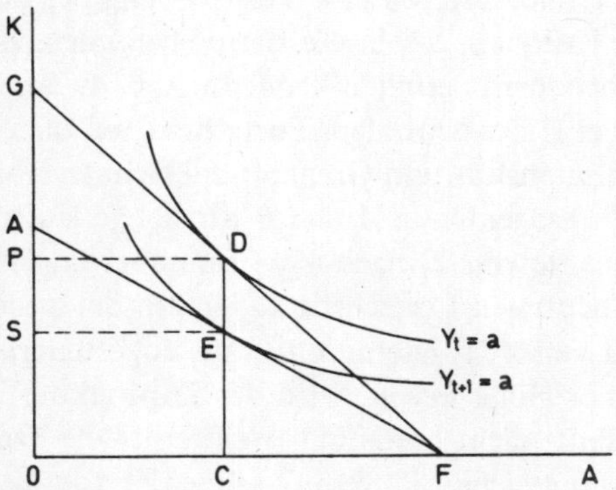

Abb. 48

auch von „capital augmenting progress". Auf den Solow-Fortschritt sei nicht weiter eingegangen, da uns diese Art des Fortschritts nicht näher beschäftigen wird.

3. Zur Frage der Vereinbarkeit von Hicks- und Harrod-neutralem Fortschritt

1. Den behandelten Neutralitätskonzepten ist lediglich gemeinsam, daß die Einkommensverteilung Z/L sich durch den Fortschritt nicht verändert. Alle anderen Variablen des Systems werden in unterschiedlicher Weise beeinflußt, wie Tabelle 6 noch einmal verdeutlicht (+ = Erhöhung, − = Abnahme, C = Konstanz).

Tabelle 6

	$k = K/A$	$y = Y/A$	$v = K/Y$	$l = GPA$	$z = GPK$	l/z	Z/L
Hicks	C	+	−	+	+	C	C
Harrod	+	+	C	+	C	+	C
Solow	−	C	−	C	+	−	C

In der mit unverkörpertem Fortschritt operierenden Wachstumstheorie wird vor allem der Harrod-neutrale, aber auch der Hicks-neutrale Fortschritt verwendet, so daß ein Vergleich zwischen diesen Varianten angebracht erscheint. Vor allem fragt es sich, ob diese Fortschrittsarten miteinander unvereinbar sind, oder ob eine Verschiebung der Produktionsfunktion nicht die Kriterien sowohl des Harrod-neutralen als auch des Hicks-neutralen Fortschritts erfüllen kann. In Abb. 49 sei A der alte und B der neue, bei Hicks-neutralem Fortschritt realisierte Produktionspunkt. Kapitalintensität und Grenzproduktivitätsverhältnis sind konstant, wenn die Tangenten in A und B parallel verlaufen. Die Verschiebung der Isoquante von Y_t nach Y_{t+1} läßt aber im Fall der Abb. 49 auch Harrod-neutralen Fortschritt zu, sofern der neue Produktionspunkt B nicht von A, sondern von C aus angesteuert wird. Da B und C auf gleicher Höhe liegen, wird der Kapitalkoeffizient OD/a durch den Fortschritt nicht beeinflußt. Weil ferner die Tangente in B die Kapitalachse im gleichen Punkte G schneidet wie die Tangente in C, bleibt auch der Zinssatz a/OG unverändert. Die dargestellte Verschiebung der Produktionsfunktion läßt also beide Fortschrittsarten zu.

Unter welchen Bedingungen kommt dieser Fall zustande? Die Vereinbarkeit der beiden Varianten ist nur dann gegeben, wenn die Substitutionselastizität zwischen den Punkten A und C gleich Eins ist. Dies läßt sich wie folgt beweisen: Da bei beiden Formen des neutralen

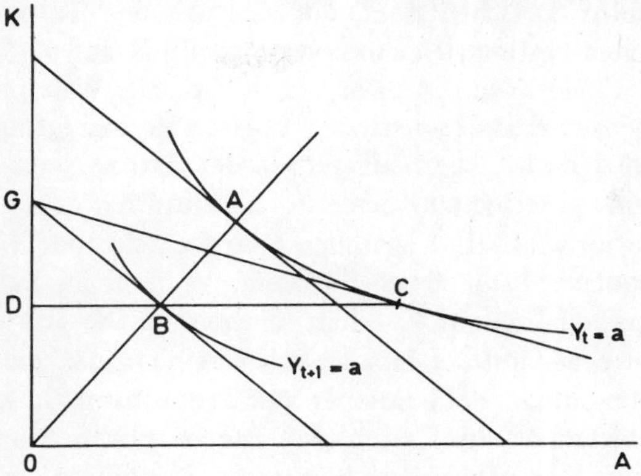

Abb. 49

Fortschritts die Einkommensverteilung konstant bleibt, muß die für B gegebene Verteilung der Verteilung in A entsprechen (Hicks-Neutralität). Weil aber auch die Verteilung in B mit der Verteilung in C übereinstimmt (Harrod-Neutralität), müssen die Einkommensquoten in A gleich den Quoten in C sein. Diese Bedingung ist aufgrund der Beziehung[5])

$$\frac{Z/Y}{L/Y} = \frac{Z}{L} = \frac{K}{A} \cdot \frac{z}{l} = \frac{K}{A} : \frac{l}{z}$$

indessen nur dann erfüllt, wenn der prozentualen Erhöhung von K/A, die bei einer Bewegung von C nach A auftritt, eine gleich große Erhöhung von l/z, also des Anstiegsmaßes der Isokostenlinie, entspricht, so daß das Verhältnis zwischen Zins- und Lohneinkommen konstant bleibt. Weil die Substitutionselastizität als Quotient aus prozentualer Änderung der Kapitalintensität und des Lohn-Zins-Verhältnisses definiert wird (vgl. S. 74), impliziert demnach eine Bewegung von C nach A eine Substitutionselastizität von Eins. In gleicher Weise läßt sich zeigen, daß auch Solow-neutraler Fortschritt unter dieser Bedingung das Vereinbarkeitspostulat erfüllt.

---

5) Wegen der Annahme linearer Homogenität ist $Z/Y + L/Y = 1$.

Während in Abb. 49 der neue Produktionspunkt B von alternativen Produktionspunkten A und C aus angesteuert wird, kann man die Vereinbarkeit der beiden Fortschrittsvarianten auch dadurch deutlich machen, daß man einen bestimmten Produktionspunkt A auf Y_t fixiert und von hier aus C oder B auf Y_{t+1} erreicht (Abb. 50). Während die Bewegung von A nach B Hicks-neutralen Fortschritt anzeigt, erfüllt der Übergang von A nach C die Bedingungen der Harrod-Neutralität. Damit die Isoquantenverschiebung beide Fortschrittsarten ermöglicht, muß die Substitutionselastizität zwischen B und C, also auf diesem Teilstück der Isoquante Y_{t+1}, gleich Eins sein, während im Fall der Abb. 49 diese Konstellation auf Y_t erfüllt sein mußte. Die erörterten Fälle sind also durchaus mit der Möglichkeit vereinbar, daß die Substitutionselastizität nur in Teilbereichen der Produktionsfunktion, zwischen den Punkten A und C (Abb. 49) oder zwischen B und C (Abb. 50), den Wert Eins aufweist, nicht aber für alle Punkte der Produktionsfunktion. Postuliert man nun aber die Vereinbarkeit der beiden Fortschrittskonzepte für jede Bewegung innerhalb einer Produktionsfunktion, so muß die Eigenschaft der Substitutionselastizität von Eins nicht nur für Teilbereiche, sondern für die gesamte Produktionsfunktion erfüllt sein. Die Cobb-Douglas-Funktion ist die einzige Funktion, die diese Bedingung erfüllt (vgl. S. 76ff). Legt man demnach eine Produktionsfunktion von diesem Typ zugrunde, so kann der Fortschritt Harrod-neutral und Hicks-neutral zugleich sein.

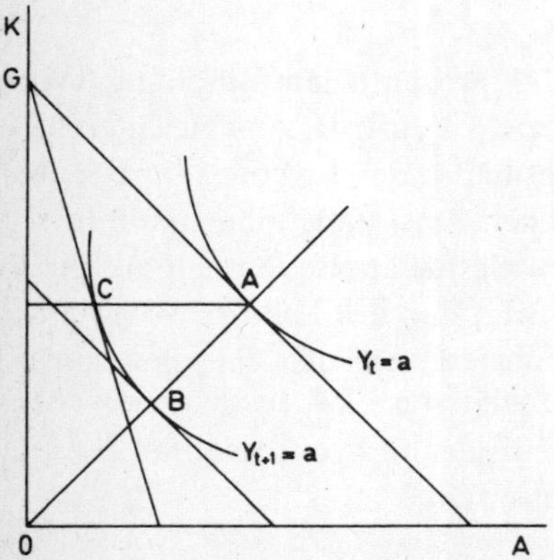

Abb. 50

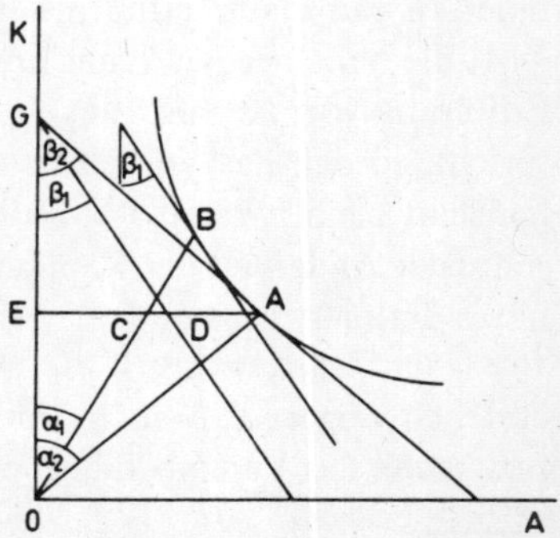

Abb. 51

2. Für die Vereinbarkeit der beiden Fortschrittsarten bei einer Substitutionselastizität von Eins wird ein einfacher geometrischer Beweis erbracht. Zu diesem Zwecke ist es zunächst notwendig, die Substitutionselastizität geometrisch zu ermitteln (Abb. 51). Bei einem Übergang von B nach A ändert sich das Arbeits-Kapital-Verhältnis relativ um

$$\frac{d\left(\frac{A}{K}\right)}{\frac{A}{K}} \approx \frac{\tan\alpha_2 - \tan\alpha_1}{\tan\alpha_2} = \frac{\frac{EA}{EO} - \frac{EC}{EO}}{\frac{EA}{EO}} = \frac{AC}{EA},$$

wobei die absolute Änderung, also $\tan\alpha_2 - \tan\alpha_1$, auf den höheren Wert $\tan\alpha_2$ bezogen wird. Zeichnet man die Parallele zur Tangente in B, so ist die relative, ebenfalls auf den höheren Wert bezogene Änderung des Zins-Lohn-Verhältnisses:

$$\frac{d\left(\frac{z}{l}\right)}{\frac{z}{l}} \approx \frac{\tan\beta_2 - \tan\beta_1}{\tan\beta_2} = \frac{\frac{EA}{EG} - \frac{ED}{EG}}{\frac{EA}{EG}} = \frac{AD}{EA}.$$

Daraus folgt

$$\frac{\frac{d\,(A/K)}{A/K}}{\frac{d\,(z/l)}{z/l}} \approx \frac{AC}{AD}.$$

Für den Übergang von B nach A ist also die Substitutionselastizität etwas größer als Eins. Nun wird die Substitutionselastizität hier anders definiert als in den früheren Erörterungen, als Reaktion des Arbeits-Kapital-Verhältnisses auf eine Änderung der Zins-Lohn-Relation, nicht aber als Verhältnis zwischen den relativen Änderungen der K/A- und l/z-Relation. Es kann indessen unschwer bewiesen werden, daß beide Fassungen zu den gleichen Werten führen[6]).

Die Substitutionselastizität ist offenbar gleich Eins, wenn die Punkte C und D zusammenfallen. Dieser Fall wird in Abb. 52 gezeigt. Legt man durch D und C die Isoquante Y_{t+1}, so wird sofort ersichtlich, daß der Fortschritt Harrod- und Hicks-neutral zugleich ist: Während

---

[6]) Vgl. z. B. *H. Hesse* und *B. Gahlen* (1967), S. 179f.

die Bewegung von *B* nach *D* (*C*) die Kriterien der Hicks-Neutralität erfüllt, zeigt der Übergang von *A* nach *D* (*C*) den Harrod-neutralen Fortschritt an.

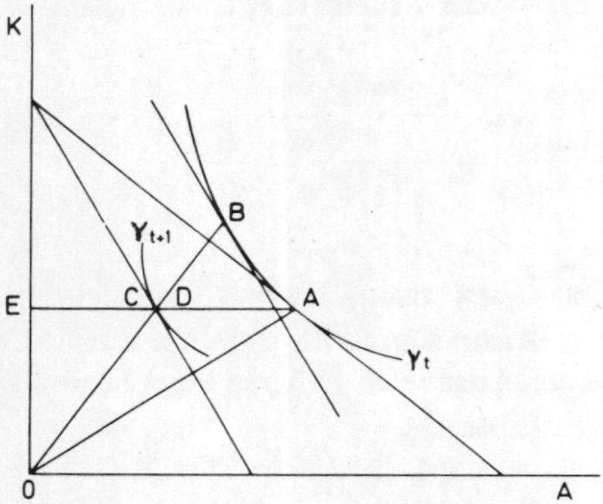

Abb. 52

3. Erfüllt die Verschiebung der Produktionsfunktion somit beide Neutralitätskriterien, so kann der Harrod-Fortschritt von *A* nach *D* in zwei Komponenten aufgespalten werden:

- eine Bewegung von *A* nach *B*, also einen Substitutionsvorgang, der den Zinssatz reduziert und den Kapitalkoeffizienten erhöht (Substitutionskomponente)
- einen Übergang von *B* nach *D*, also den Hicks-neutralen Fortschritt, der den Zinssatz wieder erhöht und den Kapitalkoeffizienten vermindert (eigentliche Fortschrittskomponente).

Harrod-neutraler Fortschritt kann also als Kombination aus Hicks-neutralem Fortschritt und Substitutionsvorgang verstanden werden, so daß der Kapitalkoeffizient – als Resultat entgegenwirkender Kräfte – im Endzustand den gleichen Wert hat wie in der Ausgangssituation. Ein solcher Ablauf wird von manchen Autoren als typisch für den Industrialisierungsprozeß betrachtet: Da im Laufe der Entwicklung Arbeit in zunehmendem Maße durch Kapital ersetzt worden ist, wäre ein Anstieg des Kapitalkoeffizienten dank sinkender Grenzerträge des Kapitals unvermeidlich gewesen, wenn nicht die Geltung des Ertragsgesetzes durch den „eigentlichen“ Fortschritt kompensiert worden wäre, so daß der Kapitalkoeffizient konstant blieb.

4. In besonders anschaulicher Form kann das Verhältnis zwischen beiden Fortschrittsarten auch anhand der Gesamtertrags- oder der Pro-Kopf-Produktionsfunktion erläutert werden. In Abb. 53, welche die Pro-Kopf-Version der Produktionsfunktion darstellt, ist die Bewegung von *A* nach *B* Hicks-neutral, die von *A* nach *C* dagegen Harrod-neutral. Da die Verteilung in *B* und *C* der Verteilung in *A* entspricht, müssen folglich auch die Einkommensquoten in *C* gleich denen in *B* sein. Dies setzt wiederum voraus, daß die Substitutionselastizität – zumindest zwischen *B* und *C* – gleich Eins ist: Der relativen Erhöhung der Kapitalintensität bei einer Bewegung von *B* nach *C* muß demnach eine relative Zunahme des Lohn-Zins-Verhältnisses in der gleichen Größenordnung entsprechen.

Auch an dieser Darstellung läßt sich zeigen, daß Harrod-neutraler Fortschritt in zwei Komponenten zerfällt:

- eine Erhöhung der Arbeitsproduktivität um *AB* aufgrund des Hicks-Fortschritts (eigentliche Fortschrittskomponente)
- eine Erhöhung der Arbeitsproduktivität um *CH* als Folge der gesteigerten Kapitalintensität (Substitutionskomponente).

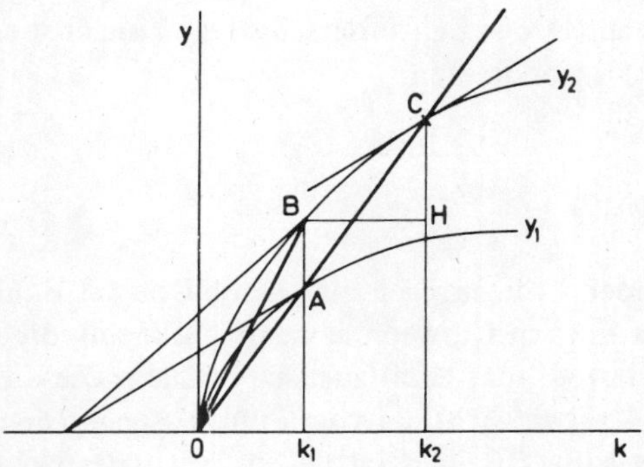

Abb. 53

Harrod-neutraler Fortschritt ist also die Summe der Arbeitsproduktivitätseffekte des „eigentlichen“ Fortschritts bei unveränderten Faktorintensitäten einerseits und der relativen Kapitalakkumulation andererseits. Die Kapitalproduktivität (der Kapitalkoeffizient) wird dagegen unterschiedlich beeinflußt. Während die Substitution von Arbeit durch Kapital die Kapitalproduktivität aufgrund der Geltung des Ertragsgesetzes mindert (den Kapitalkoeffizienten erhöht), bewirkt der „eigentliche“ Fortschrittseffekt eine Zunahme der Kapitalproduktivität (Abnahme des Kapitalkoeffizienten) derart, daß die Wirkung des Ertragsgesetzes neutralisiert wird und die Kapitalproduktivität (der Kapitalkoeffizient) konstant bleibt.

Durch Abb. 53 wird somit verdeutlicht, daß der Hicks-Fortschritt die Produktivität beider Faktoren erhöht. Der Harrod-Fortschritt ist zusätzlich mit einer Kapitalintensivierung verbunden, welche letztlich die Kapitalproduktivität konstant hält; hier steigt nur die Arbeitsproduktivität.

4. Technischer Fortschritt und Wachstumsgleichgewicht

Zur Analyse der durch einen technischen Fortschritt modifizierten Wachstumspfade wird zwischen den Fällen eines einmaligen Fortschritts, also einer einmaligen Verschiebung der Produktionsfunktion, und einer ständigen Effizienzerhöhung in Form einer konstanten Wachstumsrate des technischen Niveaus in der Zeit unterschieden. Zunächst sei ein einmaliger Fortschritt angenommen.

a) Einmaliger Fortschritt

Legt man den folgenden Erörterungen eine Cobb-Douglas-Funktion zugrunde, so muß der Fortschritt, wenn er neutral sein soll, die Kriterien der Hicks- und Harrod-Neutralität zugleich erfüllen. Diese Bedingung wird in Abb. 54 verwirklicht, da vom Punkte A ausgehend die Punkte B (Hicks-Fortschritt) und C (Harrod-Fortschritt) erreicht werden können. Sofern y_1 die ursprüngliche Produktionsfunktion und k_1 die Kapitalintensität bezeichnen, wird die Kapitalproduktivität durch den Anstieg der Geraden $OA = 1/v$ gemessen. Es sei $1/v = w_A/s$, so daß die Bedingungen eines Wachstumsgleichgewichts erfüllt sind.

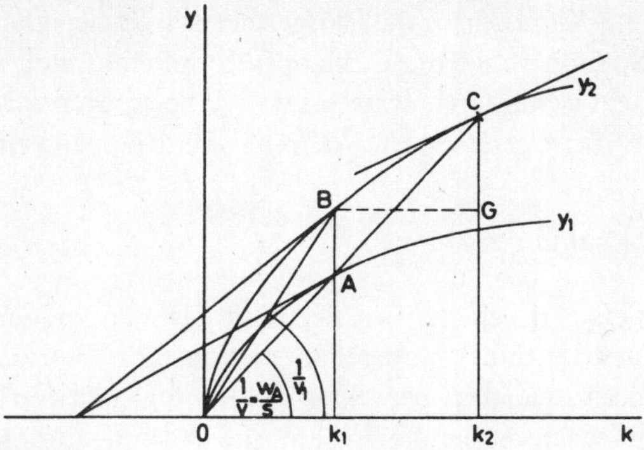

Abb. 54

Nun wird eine einmalige Verschiebung der Produktionsfunktion nach y_2 unterstellt. Bei gegebener Kapitalintensität k_1 steigt die Pro-Kopf-Produktion auf $k_1 B$, und die Kapitalproduktivität erhöht sich auf $1/v_1$ (Hicks-neutraler Fortschritt). Folglich gilt:

$$\frac{1}{v_1} > \frac{w_A}{s} \text{ bzw. } \frac{s}{v_1} > w_A \text{ bzw. } w_K > w_A .$$

Da bei gegebener Sparquote aus dem erhöhten Pro-Kopf-Einkommen absolut mehr gespart wird, steigt die Wachstumsrate des Kapitals über die der Arbeit hinaus. Die Kapitalintensität nimmt folglich zu. Auf dem neuen, durch den technischen Fortschritt erhöhten Niveau machen sich indessen als Folge der erhöhten Kapitalakkumulation sinkende Grenzprodukte des Kapitals bemerkbar, so daß die Produktion um weniger zunimmt als der Kapitalstock, $1/v_1$ also wieder sinkt. Der Anpassungsprozeß findet erst bei einer Kapitalintensität k_2 sein Ende – C ist dann der Produktionspunkt –, da $1/v_1$ hier auf w_A/s gesunken ist. Kapital, Arbeit und Produktion wachsen wieder in der gleichen Rate.

Der Übergang von A nach C erfüllt die Kriterien der Harrod-Neutralität, weil bei gegebenem Zins der Kapitalkoeffizient (die Kapitalproduktivität) konstant bleibt. Welche Wirkungen hat nun dieser Fortschritt? Da während der Annäherung an das Gleichgewicht der Kapitalstock schneller zunimmt als die Arbeit, ist der neue Wachstumspfad durch eine höhere Kapitalintensität ausgezeichnet als der alte Gleichgewichtspfad. Sodann steigt die Pro-Kopf-Produktion, weil sich das Einkommen in einer stärkeren Rate als das Arbeitspotential erhöht, solange k_2 noch nicht erreicht ist. Während des Übergangsprozesses gilt also

$$w_K > w_A \quad \text{und} \quad w_Y > w_A .$$

Ist k_2 indessen erst erreicht, so wachsen alle Größen wieder in der gleichen Rate, denn y und k sind nunmehr konstant. Ein einmaliger Fortschritt kann also lediglich bewirken, daß Kapital und Einkommen *temporär* stärker wachsen als die Arbeit. Die Wirkungen des technischen Fortschritts entsprechen insofern jenen Effekten, die für eine Erhöhung der Sparquote abgeleitet wurden.

Abb. 54 macht ferner deutlich, daß Hicks-neutraler Fortschritt mit Wachstumsgleichgewicht nur dann vereinbar ist, wenn die Substitutionskomponente hinzutritt, der Fortschritt also auch neutral nach Harrod ist. Bei Hicks-Neutralität *allein* ist Wachstumsgleichgewicht nicht möglich: Da für den Produktionspunkt B die Kapitalwachstumsrate die Arbeitswachstumsrate übertrifft ($1/v_1 > w_A/s$), erhöht sich die Kapital-Arbeits-Relation, so daß der Produktionspunkt nach rechts rückt. Ein neues Wachstumsgleichgewicht wird erst im „Harrod-Punkte" C erreicht[7]).

b) Wachstum bei technischem Fortschritt in einer konstanten Rate

Da moderne Volkswirtschaften durch einen ständigen Strom von Neuerungen gekennzeichnet sind, soll im folgenden permanenter Fortschritt in der Weise angenommen werden, daß sich die Produktionsfunktion in der Zeit nicht einmal, sondern ständig nach oben verschiebt. Die Konsequenzen dieser Annahme sind offensichtlich: Kapital und Einkommen werden nicht nur temporär, sondern ständig stärker wachsen als die Arbeit.

---

[7]) Wachstumsgleichgewicht ist nach diesen Überlegungen auch mit nicht-neutralem Fortschritt im Sinne von Hicks vereinbar, wenn nur der Fortschritt neutral nach Harrod ist. Dies setzt voraus, daß die Substitutionselastizität ungleich Eins ist (CES-Produktionsfunktion).

ba) Die tatsächliche Wachstumsrate bei Harrod-neutralem Fortschritt

Während die Gleichgewichtsrate $s/v = w_A$ unter der Annahme konstanter Technik (oder eines einmaligen Fortschritts) abgeleitet wurde, gilt es nun, die Kriterien des Gleichgewichtswachstums bei permanentem neutralen Fortschritt zu bestimmen. Legt man die Harrod-Variante zugrunde, so kann – wie *Uzawa* gezeigt hat[8]) – die Produktionsfunktion in der Form

$$Y = f\,[K, \epsilon(t)\,A] \tag{1}$$

geschrieben werden, wobei $\epsilon(t)$ einen von der Zeit abhängigen Effizienzfaktor bezeichnet, der nur der Arbeit zugeordnet ist, da im Harrod-Fall die Effizienz des Kapitals konstant bleibt. Steigt ϵ von 1 auf 2, so hat dies nach (1) auf die Produktion die gleiche Wirkung, als ob die Zahl der Arbeiter bei gegebener Effizienz verdoppelt worden wäre. Eine Erhöhung von ϵ wirkt so, als ob mehr Arbeiter zur Verfügung stünden. Der Ausdruck $\epsilon(t)\,A$, also das Produkt aus „physischem" Arbeitseinsatz A und Effizienzfaktor, kann daher auch als in Effizienzeinheiten gemessener Arbeitseinsatz gedeutet werden.

Unterstellt man für die weiteren Erörterungen wieder eine Cobb-Douglas-Funktion, so lautet diese nunmehr

$$Y = K^{\beta}\,[\epsilon(t)\,A]^{\alpha}. \tag{2}$$

Wir unterstellen nun, daß die Wachstumsrate der Effizienz in der Zeit konstant ist:

$$\frac{d\epsilon}{dt} \cdot \frac{1}{\epsilon} = h = \text{const.} \tag{3}$$

und bezeichnen h, die Zuwachsrate der Arbeitseffizienz, als technischen Fortschritt. Die Lösung dieser Gleichung ist

$$\epsilon = \epsilon_0\, e^{ht} \quad \text{oder} \quad \epsilon = e^{ht},$$

wenn ϵ zum Zeitpunkt $t = 0$ gleich Eins gesetzt wird. Einsetzen in (2) ergibt:

---

[8]) Der genaue Beweis findet sich bei *H. Uzawa*, Neutral Inventions and the Stability of Growth Equilibrium, Review of Economic Studies, Bd. 28, 1960/61, S. 117ff.

$$Y = K^{\beta} (e^{ht} A)^{\alpha}$$

$$Y = K^{\beta} e^{h\alpha t} A^{\alpha}. \tag{4}$$

In logarithmischer Schreibweise[9]) wird (4) zu

$$\ln Y = \beta \ln K + h\alpha t \cdot \underbrace{\ln e}_{=1} + \alpha \ln A. \tag{5}$$

Zur Ableitung der tatsächlichen Wachstumsrate wird nun – analog zum Vorgehen im Modell ohne Fortschritt – die Cobb-Douglas-Funktion nach t differenziert:

$$\frac{d \ln Y}{dt} = \beta \cdot \frac{d \ln K}{dt} + \alpha h + \alpha \cdot \frac{d \ln A}{dt}. \tag{6}$$

Nun ist

$$\frac{d \ln Y}{dt} = \frac{dY}{dt} \cdot \frac{1}{Y}.$$

Entsprechendes gilt für die Wachstumsraten von A und K. Also folgt aus (6):

$$\frac{dY}{dt} \cdot \frac{1}{Y} = \beta \cdot \frac{dK}{dt} \cdot \frac{1}{K} + \alpha h + \alpha \cdot \frac{dA}{dt} \cdot \frac{1}{A}$$

$$w_Y = \beta \cdot w_K + \alpha h + \alpha \cdot w_A. \tag{7}$$

Ausdruck (7) determiniert die tatsächliche Wachstumsrate des Volkseinkommens, welche sich von der Wachstumsrate ohne technischen Fortschritt [vgl. Gleichung (20), S. 79] um den Faktor αh unterscheidet.

bb) Die tatsächliche Wachstumsrate bei Hicks-neutralem Fortschritt

1. Fügt man Hicks-neutralen Fortschritt in die Wachstumsmodelle ein, so muß die Produktionsfunktion in der Form

$$Y = \gamma(t) f(K, A) \tag{8}$$

$$Y = f[\gamma(t) K, \gamma(t) A] \tag{9}$$

---

9) ln bezeichnet den natürlichen Logarithmus.

geschrieben werden. Der Effizienzfaktor γ ist jetzt beiden Faktoren zugeordnet, da sowohl Kapital als auch Arbeit effizienter werden. Der technische Fortschritt läßt die Grenzrate der Substitution (= Faktorpreisverhältnis) unverändert und vergrößert einfach die Produktmenge, die mit gegebenem Arbeits- und Kapitaleinsatz erzielt werden kann: Gleichung (9) besagt, daß die Produktmenge auch unabhängig von K und A (also für $dA/dt = 0$ und $dK/dt = 0$) gesteigert werden kann. Die Cobb-Douglas-Funktion lautet nunmehr:

$$Y = [\gamma(t)\,K]^{\beta}\,[\gamma(t)\,A]^{\alpha}. \tag{10}$$

Die konstante Wachstumsrate der Effizienz, also der Hicks-neutrale Fortschritt, ist

$$\frac{d\gamma}{dt} \cdot \frac{1}{\gamma} = F$$

mit der Lösung

$$\gamma = e^{Ft}. \qquad (\text{für } \gamma_0 = 1)$$

Einsetzen in (10) ergibt:

$$Y = [e^{Ft}K]^{\beta}\,[e^{Ft}A]^{\alpha}$$

$$Y = e^{F\beta t}K^{\beta}\,e^{F\alpha t}A^{\alpha}$$

$$Y = e^{Ft(\alpha+\beta)}K^{\beta}A^{\alpha}$$

Da $\alpha + \beta = 1$, folgt:

$$Y = e^{Ft}K^{\beta}A^{\alpha}. \tag{10a}$$

In logarithmischer Schreibweise:

$$\ln Y = F \cdot t \cdot \underbrace{\ln e}_{=1} + \beta \ln K + \alpha \ln A. \tag{11}$$

Durch Differenzieren nach der Zeit erhält man wieder die tatsächliche Wachstumsrate:

$$\frac{d \ln Y}{dt} = \beta \cdot \frac{d \ln K}{dt} + \alpha\,\frac{d \ln A}{dt} + F$$

$$w_Y = \beta w_K + \alpha w_A + F. \tag{12}$$

Als additive Konstante gibt also F jene Wachstumsrate des Einkommens an, die sich einstellen würde, wenn Kapital- und Arbeitseinsatz unverändert blieben. Diese Formulierung weist eindeutig auf Hicksneutralen Fortschritt hin, weil

- Konstanz von K und A auch Konstanz der Kapitalintensität bedeutet
- α und β – die Einkommensquoten am Volkseinkommen (= partielle Produktionselastizitäten) – konstante Größen sind, so daß sich Zins (GPK) und Lohn (GPA) bei gegebenem K/A um den gleichen Satz erhöhen müssen.

2. Weitere Implikationen des Wachstums bei Hicks-neutralem Fortschritt lassen sich ableiten, wenn man (12) unter Berücksichtigung von $\alpha = 1-\beta$ wie folgt umformt:

$$w_Y = \beta w_K + (1-\beta)\, w_A + F \qquad (13)$$

$$w_Y = \beta w_K + w_A - \beta w_A + F$$

$$w_Y = w_A + \beta\,(w_K - w_A) + F \qquad (14)$$

In dieser Formulierung erscheint also das Einkommenswachstum zunächst als Resultat der *„Skalenkomponente"* w_A: Eine gegebene Erhöhung des Arbeitspotentials führt in Kombinationen mit einer prozentual gleich großen Zunahme des Kapitalstocks bei konstanten Skalenerträgen (linear-homogene Funktion) zu einem proportionalen Zuwachs von Y. Da nun aber das in der Realität beobachtete Wachstum normalerweise durch die Konstellation $w_K > w_A$ ausgezeichnet ist, die Kapitalintensität demnach steigt, erhöht sich das Volkseinkommen nach Maßgabe der Produktionselastizität des Kapitals β auch aufgrund dieser *„Substitutionskomponente"*. Der restliche Teil des Einkommenswachstums wird schließlich durch die „Fortschrittskomponente" F erklärt.

Verschiedentlich sind – so von Helmstädter[10]) für die BRD – Versuche unternommen worden, diese Wachstumskomponenten zu quantifizieren. Solche Messungsversuche stehen regelmäßig vor der Schwierigkeit, daß zwar w_K, w_A und β (als Kapitaleinkommensanteil) direkt bestimmt werden können, nicht aber der technische Fortschritt F. Die Fort-

---

[10]) *Helmstädter, E.*, Komponenten des Wachstums, Der Volkswirt, Heft 36, 21. Jg. (1967).

schrittskomponente erscheint daher als „Residuum", dem jener Rest des Einkommenswachstums zugeschrieben wird, der durch Skalen- und Substitutionskomponente nicht erklärt werden kann. In diesem Falle fungiert F als „Maß unseres Unwissens", als „Lückenbüßer" der Wachstumstheorie, auf den alles „abgeladen" wird, was nicht direkt meßbar ist: Gleichung (14) ist bei dieser Interpretation als niemals falsifizierbare Identität, nicht aber als empirisch überprüfbare Hypothese zu deuten. Den Charakter einer empirisch gehaltvollen Aussage hat (14) nur dann, wenn F direkt, nicht aber als Residuum fixiert werden kann. Die Behandlung des technischen Fortschritts als Residuum würde dann an Problematik verlieren, wenn der „Löwenanteil" des Einkommenswachstum auf die Faktoren Kapital und Arbeit zurückgeführt werden könnte. Tatsächlich konnten aber in den USA nur ca. 30–50% des Sozialproduktzuwachses aus dem Arbeits- und Kapitalwachstum abgeleitet werden, so daß 50–70% keine direkte Erklärung fanden und folglich den Sammelnamen „technischer Fortschritt" erhielten. Dieser unbefriedigende Stand der Theorie kann offenbar nur dann beseitigt werden, wenn es gelingt, die Restgröße F auf ihre Bestimmungsgründe zurückzuführen, Gleichung (14) demnach so umzuformen, daß sie der Überprüfung anhand der Fakten zugänglich ist.

bc) Ein Vergleich der Wachstumsraten

Nach Interpretation der Wachstumsraten im Hicks- und Harrod-Fall ist nunmehr ein kurzer Vergleich der beiden Ansätze angebracht. Während für Harrod-neutralen Fortschritt die Wachstumsrate

$$w_Y = \beta w_K + \alpha w_A + \alpha h \tag{7}$$

abgeleitet wurde, gilt bei Hicks-neutralem Fortschritt

$$w_Y = \beta w_K + \alpha w_A + F \tag{12}$$

Ein Vergleich der Wachstumsraten ergibt somit unter sonst gleichen Bedingungen, d.h. bei Übereinstimmung von w_Y, β, α, w_K und w_A in beiden Fällen:

$$F = \alpha h$$

$$h = \frac{F}{\alpha} \tag{15}$$

Da für linear-homogene Produktionsfunktionen $\alpha < 1$ ist, folgt mithin $h = F/\alpha > F$. Diese Konstellation resultiert aus dem Tatbestand, daß Harrod-neutraler Fortschritt nur die Effizienz der Arbeit, Hicks-neutraler Fortschritt dagegen die Effizienz von Arbeit und Kapital erhöht. Gleiche Produktionszuwachsraten sind mithin nur dann erreichbar, wenn h größer ist als F, damit der geringere Wirkungsgrad des Harrod-Fortschritts durch eine höhere Fortschrittsrate ausgeglichen wird.

bd) Neutraler Fortschritt und Gleichgewichtswachstum

1. Zur nun folgenden Ableitung der Gleichgewichtsrate legen wir die Gleichung für die tatsächliche Wachstumsrate bei Harrod-neutralem Fortschritt zugrunde:

$$w_Y = \beta w_K + \alpha w_A + \alpha h. \tag{7}$$

Zur Bestimmung des Gleichgewichtswachstums wird die Konstanz von h, w_A, α und β unterstellt, sei es, daß diese Größen exogen gegeben sind (h, w_A) oder die Cobb-Douglas-Funktion die Konstanzannahme erfordert (α, β). Die dann folgenden Überlegungen sind ähnlich jenen, welche für den Fall ohne Fortschritt galten (S. 80ff.): Wenn α, β, h und w_A konstant sind, so ist gemäß (7) w_Y nur dann konstant, die Gleichgewichtsbedingung also nur dann erfüllt, wenn auch w_K konstant ist. Dies setzt aber – wie auf S. 81 gezeigt worden ist – die Gleichheit von w_Y und w_K voraus. Die tatsächliche wird also zur gleichgewichtigen Rate, wenn in (7) w_K durch w_Y ersetzt wird:

$$w_Y = \beta \cdot w_Y + \alpha \cdot w_A + \alpha h$$

$$w_Y (1 - \beta) = \alpha w_A + \alpha h$$

Für $1 - \beta = \alpha$ (linear-homogene Funktion) folgt unter Berücksichtigung von $w_Y = w_K$:

$$\begin{aligned} \underbrace{w_K = w_Y}_{} &= w_A + h \\ \frac{s}{v} \quad &= w_A + h. \end{aligned} \tag{16}$$

Gleichung (16) weist eindeutig auf Harrod-Neutralität des Fortschritts hin:

– Weil Kapital und Einkommen in der gleichen Rate wachsen, bleibt der Kapitalkoeffizient konstant.
– Weil das Einkommen stärker als die Arbeit wächst, nimmt die Produktivität der Arbeit zu. Die Differenz $w_Y - w_A$ – also der Produktivitätszuwachs – kann daher als Ausdruck des technischen Fortschritts h gedeutet werden.
– Weil der Ableitung von (16) konstante Parameterwerte von α und β zugrundeliegen, ist auch die Verteilung konstant. Wegen der Beziehung $Z/Y = z \cdot K/Y$ ist Invarianz der Einkommensquoten bei konstantem K/Y nur dann gegeben, wenn auch der Zins konstant ist.

Alle Kriterien des Harrod-neutralen Fortschritts – Konstanz von K/Y und z, Erhöhung von Y/A – sind mithin bei Geltung von (16) verwirklicht.

Während im Modell ohne Fortschritt die Wachstumsrate w_Y der Zuwachsrate der Erwerbsbevölkerung w_A entspricht, ist w_Y nunmehr gleich $w_A + h$, da das maximale Einkommenswachstum aufgrund der Effizienzerhöhung über dem Arbeitswachstum liegen kann. Ob $w_A = 10\,\%$ und $h = 0$ oder $w_A = 0$ und $h = 10\,\%$ ist, bleibt für die Einkommenswachstumsrate ohne Bedeutung. In beiden Fällen steigt auch das Einkommen um 10 %, nur ist es einmal die Erhöhung des Arbeitseinsatzes bei gleicher Leistung pro Kopf und zum anderen die erhöhte Effizienz je Arbeiter bei konstantem Arbeitseinsatz, die dieses Ergebnis bewirkt. Da Harrod-neutraler Fortschritt die Einkommenswachstumsrate in der gleichen Weise wie eine Vermehrung des Arbeitspotentials beeinflußt, wird oft auch von „arbeitserhöhendem" Fortschritt gesprochen.

Die in Gleichung (16) enthaltenen Zusammenhänge erschließen sich leicht der Interpretation: Wenn der Kapitalstock schneller als die Arbeit wächst, müßte man aufgrund sinkender Grenzerträge des Kapitals an sich erwarten, daß die Produktion um weniger zunimmt als der Kapitalstock. Diese Tendenz zu einer Vergrößerung des Kapitalkoeffizienten wird indessen gebremst, wenn der technische Fortschritt die Effizienz des Kapitals erhöht und den sinkenden Grenzerträgen entgegenwirkt. Insofern sind auch in (16) die beiden Komponenten Harrod-neutralen Fortschritts impliziert: Die Substitution von A durch K, welche K/Y erhöht, und der „eigentliche" Fortschritt, welcher K/Y wieder senkt (vgl. Abb. 53).

2. Da nach Gleichung (15) $h = F/\alpha$ ist, kann (bei übereinstimmenden Werten von w_Y) der Ausdruck für die Gleichgewichtsrate (16) auch in der Form

$$\begin{aligned} \underbrace{w_K = w_Y}_{\textstyle \frac{s}{v}} &= w_A + h = w_A + \frac{F}{\alpha} \\ &= w_A + h = w_A + \frac{F}{\alpha} \end{aligned} \tag{17}$$

geschrieben werden, in der explizit der Hicks-neutrale Fortschritt F erscheint. Gleichung (17) läßt sich selbstverständlich aus der tatsächlichen Wachstumsrate (12) mit Hicks-neutralem Fortschritt in der gleichen Weise herleiten, wie (16) aus der Wachstumsrate (7) mit Harrod-neutralem Fortschritt abgeleitet wurde.

Verwendet man F/α anstelle von h, so wird die gleichgewichtige Wachstumsrate durch die Zuwachsrate der Arbeit, vermehrt um den Quotienten aus Hicks-neutralem Fortschritt und Produktionselastizität der Arbeit bestimmt. Während die Einkommenswachstumsrate ohne technischen Fortschritt gegen den Endwert $s/v = w_A$ konvergiert, ist sie nun um F/α größer als w_A.

Nach (17) ist die Wachstumsrate des Einkommens umso höher, je größer w_A und F sind – was keiner weiteren Begründung bedarf – und je kleiner α, die Produktionselastizität der Arbeit, ist. Dieses Ergebnis erscheint zunächst überraschend, da man erwartet, daß mit sinkender Produktionselastizität der Arbeit (die Arbeit „leistet" weniger) auch w_Y zurückgeht. Nun ist aber $\alpha + \beta = 1$, so daß eine kleinere Produktionselastizität der Arbeit eine große Produktionselastizität des Kapitals impliziert. Weil gemäß (15) w_K indessen größer als w_A ist, kommt β bei der Bestimmung von w_Y ein größeres Gewicht als α zu.

3. Schreibt man die Gleichgewichtsrate in der durch (17) determinierten Form, so folgt als wichtiges Ergebnis, daß Hicks-neutraler Fort-

schritt (die eigentliche Fortschrittskomponente) *allein* mit Gleichgewichtswachstum nicht vereinbar ist. Während nämlich im Falle der Hicks-Neutralität die jeweils realisierten Produktionspunkte durch konstante Kapitalintensität und steigende Kapitalproduktivität ausgezeichnet sind, zeigt (17) mit aller Deutlichkeit, daß 1. die Kapitalproduktivität konstant bleibt (wegen $w_K = w_Y$) und 2. das Kapital-Arbeits-Verhältnis zunimmt (wegen $w_K > w_A$). Darüberhinaus ist auch der Zinssatz konstant: Weil α und β gegebene Parameter sind, bleibt die Verteilung unverändert, was wegen der Beziehung $Z/Y = z \cdot K/Y$ bei konstantem Kapitalkoeffizienten auch Konstanz von z erfordert. Diese Eigenschaften des durch (17) beschriebenen Wachstumspfades sind auch jene des Harrod-neutralen Fortschritts. Zieht man dennoch den Hicks-neutralen Fortschritt F explizit in die Wachstumsgleichung (17) ein, so kann die erforderliche Konstanz der Kapitalproduktivität – also die Harrod-Neutralität – nur dann gesichert werden, wenn der Erhöhung der Kapitalproduktivität als Folge des Hicks-Fortschritts (eigentlicher Fortschrittseffekt) eine Abnahme von Y/K entgegensteht, die aus dem Gesetz der abnehmenden Grenzerträge zusätzlicher Kapitalintensivierung resultiert (Substitutionseffekt). Nur dann bleibt – wie (17) dies verlangt – die Kapitalproduktivität bei wachsender Kapitalintensität konstant.

Daß eine solche Interpretation von (17) zulässig ist, wird aus der Betrachtung der tatsächlichen Wachstumsrate

$$w_Y = w_A + \beta\,(w_K - w_A) + F \tag{14}$$

deutlich, in der explizit der „eigentliche“ Fortschrittseffekt F und der Substitutionseffekt $\beta\,(w_K - w_A)$ erscheinen. Da im Rahmen einer Gleichgewichtsbetrachtung die tatsächliche Wachstumsrate der Gleichgewichtsrate entspricht, folgt aus einem Vergleich von (14) und (17):

$$h = \frac{F}{\alpha} = F + \beta(w_K - w_A) \tag{18}$$

In der Formulierung von (18) wird ganz deutlich, daß sich der Harrod-neutrale Fortschritt h in die eigentliche Fortschrittskomponente F und eine Substitutionskomponente aufspalten läßt. Hicks-neutraler Fortschritt kann in dem Ausdruck (17) für gleichgewichtiges Wachstum explizit mithin nur dann erscheinen, wenn die Substitutionskomponente hinzukommt, so daß der „Gesamt"-Fortschritt die Kriterien der Harrod-Neutralität erfüllt.

4. Die in (18) enthaltenen Konsequenzen lassen sich besonders deutlich machen, wenn man w_A gleich Null setzt. Dann wird (18) zu

$$h = \frac{F}{\alpha} = F + \beta w_K. \tag{19}$$

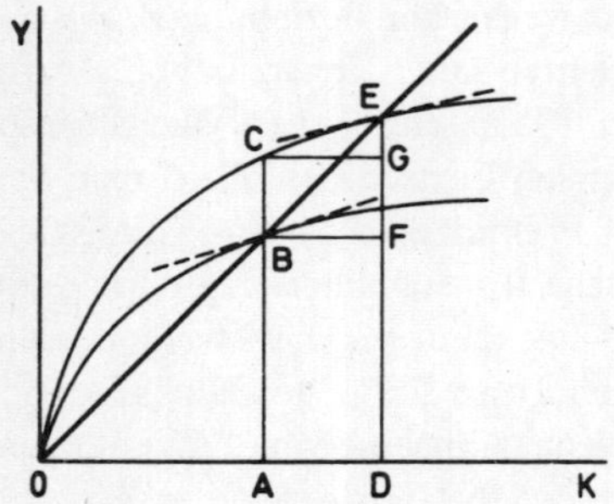

Abb. 55

Die Interpretation von (19) wird durch Abb. 55 erleichtert. Hier wird das Produktionswachstum aufgrund des Harrod-neutralen Fortschritts durch

$$h = \frac{EF}{BA} = \frac{EF}{FD},$$

das Produktionswachstum als Folge des Hicks-Fortschritts dagegen durch

$$F = \frac{CB}{BA} = \frac{GF}{FD}$$

gemessen. Da nach (19)

$$h - F = \beta w_K,$$

folgt

$$\frac{EF - GF}{FD} = \frac{EG}{FD} = \beta w_K.$$

EG/FD mißt also jenen Teil des Harrod-neutralen Fortschritts, welcher der Kapitalakkumulation zu verdanken ist.

5. Die Wirkungen einer Veränderung der Sparquote bei technischem Fortschritt

1. Bei der Analyse der Wachstumsmodelle ohne technischen Fortschritt haben wir u. a. die Frage gestellt, wie der Wachstumspfad durch eine Änderung der Sparquote beeinflußt wird. Diese Frage wird nun unter Einbeziehung des Fortschritts erneut diskutiert.

Zur Untersuchung dieses Problemkreises sei die Existenz eines Gleichgewichtspfades unterstellt:

$$\underbrace{\frac{\Delta K}{K} = \frac{s_0 Y}{K}}_{10\%} = \underbrace{\frac{\Delta Y}{Y}}_{10\%} = \underbrace{\frac{\Delta A}{A}}_{8\%} + \underbrace{\frac{F}{\alpha}}_{2\%}$$

Auf dem Gleichgewichtspfad der Entwicklung wird also die Tendenz zu sinkenden Grenzerträgen des Kapitals, welche als Folge der Konstellation $\Delta K/K > \Delta A/A$ auftritt, durch den technischen Fortschritt gerade derart kompensiert, daß das Einkommen in der gleichen Rate wie der Kapitalstock steigt. Der Kapitalkoeffizient bleibt mithin konstant, während sich Kapitalintensität und Arbeitsproduktivität wegen $w_K > w_A$ und $w_Y > w_A$ erhöhen. Wird nun eine Erhöhung der Sparquote auf s_1 unterstellt, so erhöht sich die Wachstumsrate des Kapitalstocks. Diese Wachstumsrate ist ferner größer als die der Produktion: Nach Erhöhung der Sparquote würde sich das Wachstum des Einkommens nur dann in der Rate des Kapitalwachstums vollziehen, wenn die Tendenz zu sinkenden Grenzerträgen, welche als Folge der zusätzlichen Kapitalakkumulation auftritt, durch eine Intensivierung des technischen Fortschritts kompensiert wird. Da dies jedoch nicht der Fall ist, muß Y um weniger als K zunehmen, wenn Y auch stärker als in der Rate $w_A + F/\alpha$ wächst, weil die zusätzliche, durch die Erhöhung von s bedingte Kapitalintensivierung sich positiv auf die Entwicklung der Arbeitsproduktivität auswirkt. Also gilt:

$$\underbrace{\frac{\Delta K}{K} = \frac{s_1 Y}{K}}_{15\,\%} > \underbrace{\frac{\Delta Y}{Y}}_{12\,\%} > \underbrace{\frac{\Delta A}{A}}_{8\,\%} + \underbrace{\frac{F}{\alpha}}_{2\,\%}.$$

Weil nun die Kapitalwachstumsrate größer als die des Einkommens ist, vermindert sich Y/K solange, bis die Erhöhung von s durch eine Reduktion von Y/K – also eine Erhöhung des Kapitalkoeffizienten – kompensiert worden ist. Dadurch muß die Kapitalwachstumsrate $\Delta K/K = sY/K$ wieder sinken – und zwar auf eine Rate von 10%, die durch die modifizierte natürliche Fortschrittsrate $w_A + F/\alpha$ bestimmt ist, denn nur bei dieser Rate werden die sinkenden Grenzerträge des Kapitals durch den vorgegebenen technischen Fortschritt kompensiert, so daß $w_K = w_Y$ ist.

Wie im Modell ohne technischen Fortschritt kann sich also auch jetzt die Wachstumsrate des Einkommens durch eine Steigerung der Sparquote nicht auf die Dauer erhöhen. Wohl aber ist eine temporäre Erhöhung möglich, so daß ein höheres Niveau erreicht wird:

a) Vor der Störung wächst Y um 10%, A dagegen nur um 8%, so daß die Arbeitsproduktivität um 2% zunimmt. Während des Anpassungsprozesses, welcher der Erhöhung der Sparquote folgt, wächst Y temporär stärker als um den Satz von 10%; bleibt w_A bei 8% konstant, so erhöht sich die Arbeitsproduktivität in dieser Zeit um mehr als 2%. Wenn sich diese Rate auch schließlich wieder auf 2% vermindert, so wird doch durch den „Zwischenspurt" ein höheres Niveau erreicht.

b) Gleiche Überlegungen gelten für die Kapitalintensität. Vor der Störung steigt auch k um 2%, dann in einer höheren Rate, um schließlich wieder auf 2% zu sinken. Auch hier wird also ein höheres Niveau erreicht.

2. Eine geometrische Erörterung dieser Argumente – die wir *Meade* (1962) verdanken – erfolgt anhand von Abb. 56. Auf den Achsen werden die Wachstumsraten des Kapitalstocks und des Einkommens gemessen. Wir zeichnen ferner eine Nullpunktgerade mit einem Steigungsmaß von 45°, so daß w_K auch in der Senkrechten abzulesen ist. Geht man nun von der Gleichung für das tatsächliche Wachstum aus:

$$w_Y = w_A \cdot \alpha + w_K \cdot \beta + F,$$

so gibt die Linie *OGM* jenen Teil der Einkommenswachstumsrate an, die allein – für $w_A = 0$ und $F = 0$ – aus dem Wachstum des Kapitalstocks resultiert. Ihre Gleichung lautet also

$$w_Y = \beta w_K$$

und ihr Anstiegsmaß wird durch die Produktionselastizität des Kapitals bestimmt:

$$\tan\gamma = \beta = \frac{w_Y}{w_K} = \frac{\partial Y/Y}{\partial K/K} = \frac{\partial Y}{\partial K} \cdot \frac{K}{Y}.$$

Wenn die Strecke *OH* z. B. ein Kapitalwachstum von 6 % anzeigt und $\beta = 1/3$ ist, beträgt *HG*, das Einkommenswachstum, 2 %. Im Verlauf von *OG* sind sinkende Grenzerträge impliziert: Da der Kapitalstock in einer höheren Rate als das Volkseinkommen wächst, nimmt K/Y zu und $\partial Y/\partial K$ bei konstantem β folglich ab.

Auf der Ordinate ist ferner eine Strecke $w_A \cdot \alpha + F$ abgetragen; diese Strecke gibt folglich jenen Zuwachs des Volkseinkommens an, der auf das Arbeitswachstum und den technischen Fortschritt zurückgeführt werden kann. Die gesamte Zuwachsrate der Produktion wird somit durch die Gerade *EFN* gemessen. Durch den Schnittpunkt dieser Linie mit der 45°-Geraden ist der Gleichgewichtspunkt *F* bestimmt, denn

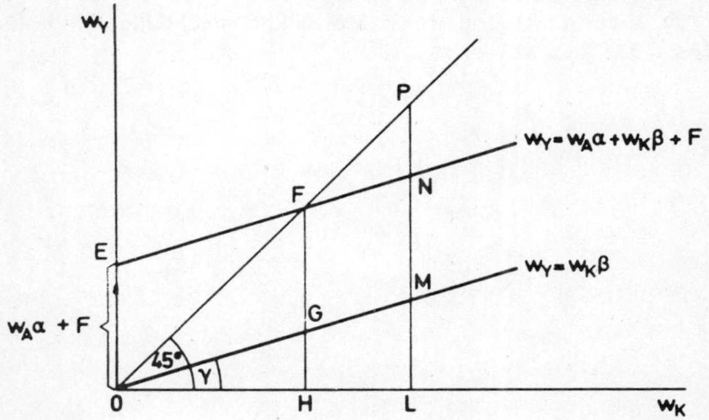

Abb. 56

w_K und w_Y stimmen hier überein. Rechts von diesem Punkt gilt $w_K > w_Y$; Arbeitswachstum und technischer Fortschritt reichen offenbar nicht aus, die Tendenz zu sinkenden Grenzerträgen auszugleichen, welche durch die hohe, den Gleichgewichtswert *OH* überschreitende Kapitalakkumulation bedingt ist. Wenn eine solche Konstellation, z.B. durch Erhöhung von s, zustande kommt, wird sich $sY/K = \Delta K/K$ durch Verminderung von Y/K ($w_Y < w_K$) solange verringern, bis Punkt F erneut erreicht ist.

Literaturübersicht zum X. Kapitel

Zur Klassifikation des technischen Fortschritts vgl. vor allem *A.E. Ott*, Produktionsfunktion, technischer Fortschritt und Wirtschaftswachstum, in: Einkommensverteilung und technischer Fortschritt, Schriften des Vereins für Sozialpolitik, N.F., Bd. 17, Berlin 1959; *H. Walter*, Der technische Fortschritt in der neueren ökonomischen Theorie, Berlin 1969.

Das Problem der Vereinbarkeit von Hicks- und Harrod-neutralem Fortschritt wird behandelt bei *H. Uzawa*, Neutral Inventions and the Stability of Growth Equilibrium, Review of Economic Studies, Bd. 28, 1960/61. Zum Einbau des Hicks-neutralen Fortschritts in ein Wachstumsmodell vgl. *J.E. Meade*, A Neoclassical Theory of Economic Growth, 2. Aufl., London 1962. Genannt sei ferner *C. C. v. Weizsäcker*, Zur ökonomischen Theorie des technischen Fortschritts, Göttingen 1966. Zur kritischen Analyse der Behandlung des technischen Fortschritts in neoklassischen Wachstumsmodellen vgl. vor allem *B. Gahlen*, Einführung in die Wachstumstheorie, Bd. 1 (Makroökonomische Produktionstheorie), Tübingen 1973.

XI. Ausblick auf weitere Probleme

Die in den letzten Kapiteln behandelten Wachstumsmodelle weisen ohne Zweifel eine Reihe von vereinfachenden Annahmen auf, die deren Erkenntniswert nicht unbeträchtlich mindern und somit zur Folge haben, daß die Eigenschaften der konstruierten Wachstumspfade nur mit Vorbehalten zu betrachten sind. Auf heftige Kritik stößt z. B. die in der Cobb-Douglas-Funktion implizierte Hypothese der vollständigen Substituierbarkeit der Produktionsfaktoren in Verbindung mit der unterstellten Entlohnung nach dem Grenzprodukt. Auch die angenommene Homogenität der Produktionsfaktoren wird sicherlich den tatsächlichen Gegebenheiten nicht gerecht, zumal dann nicht, wenn technischer Fortschritt, der sicherlich nicht alle Komponenten einer Faktormenge gleichmäßig produktiver macht, in die Betrachtung einbezogen wird. Auch die Behandlung des technischen Fortschritts als einer autonomen, vorgegebenen Größe erweist sich als nicht unproblematisch und läßt die Modelle unvollständig. Der monetäre Faktor, welcher ohne Zweifel bedeutenden Einfluß auf das Wachstum hat, wurde in den bisherigen Erörterungen nicht mit einem Wort erwähnt, so daß die Modelle auch insoweit der Komplettierung bedürfen. Schließlich wäre auch zu fragen, welche Modifikationen sich als notwendig erweisen, wenn die Produktionsfunktionen über- oder unterlinearhomogen sind, die Erträge sich also nicht proportional zum Faktoreinsatz verändern.

In den letzten Jahren sind viele Versuche unternommen worden, das einfache Wachstumsmodell durch Berücksichtigung der hier angeführten Faktoren zu erweitern und dadurch leistungsfähiger zu machen. Im Rahmen dieser Einführung können und sollen diese Entwicklungstendenzen nicht näher erörtert werden. Um dem Leser jedoch ein Bild von den Wegen zu vermitteln, die die Wachstumsforschung im letzten Jahrzehnt beschritten hat, sei an zwei Beispielen gezeigt, wie sich der Ausbau der Wachstumstheorie auf Teilgebieten vollzieht. Diese

Beispiele sind der „vintage-approach“ sowie jene Ansätze, die sich um einen Einbau des Geldes in die Wachstumsmodelle bemühen. Auch hier ist indessen nur eine skizzenhafte Schilderung am Platz, sei es, weil der mathematische Apparat für ein Einführungswerk zu kompliziert ist oder – was die Rolle des Geldes betrifft – die Entwicklung erst in den Anfängen steckt.

1. Die Inhomogenität der Kapitalbestände (vintage-approach)

Der technische Fortschritt wurde bisher nicht nur als autonome, nicht weiter erklärungsbedürftige Variable angesehen, sondern auch als völlig losgelöst vom Einsatz der Produktionsfaktoren Arbeit und Kapital betrachtet. Unterstellt man z. B. Hicks-neutralen Fortschritt, die tatsächliche Wachstumsrate ist dann

$$w_Y = w_A \alpha + w_K \beta + F,$$

so wird sofort ersichtlich, daß die Produktion auch dann in einer bestimmten Rate, nämlich der Rate F zunimmt, wenn Arbeits- und Kapitalwachstumsrate Null sind. Gegenüber dieser vereinfachenden Unterstellung muß jedoch darauf verwiesen werden, daß der technische Fortschritt sehr oft der Bildung neuen Kapitals bedarf, das Reservoir an technischem Wissen folglich nicht genutzt werden kann, wenn nicht Investitionen als „Vehikel“ wirken, die technisches Wissen in die Produktionswirklichkeit transformieren. Wenn technischer Fortschritt in dieser Weise an Investitionen gebunden, also in Kapitalgütern verkörpert ist, dann sind die Maschinen eines jüngeren Jahrgangs (vintage) denen eines älteren Jahrgangs überlegen, und es folgt somit, daß der Kapitalstock nicht mehr als homogen betrachtet werden kann. Während der im einfachen Modell unterstellte technische Fortschritt die Effizienz des gesamten Kapitalbestandes erhöht, wie „warmer Regen“ alle Maschinen „benetzt“, impliziert die Annahme, daß die Realisierung des Fortschritts der Vermittlung durch die Einführung neuer Maschinen bedarf, eine höhere Produktivität dieser Maschinen gegenüber älteren Jahrgängen. Trotz der Annahme investitionsgebundenen Fortschritts kann dieser allerdings auch jetzt noch als autonom betrachtet werden; es kann also angenommen werden, daß der technische Fortschritt in einer konstanten, exogen gegebenen Rate einem Exponentialpfad folgt. Um ein oft zitiertes Bild zu benutzen: Technischer Fortschritt fällt nach wie vor wie Manna vom Himmel, nur läßt er sich lediglich auf den Maschinen des neuesten Jahrgangs nieder.

Mit der Annahme inhomogener Kapitalbestände ist durchaus vereinbar, daß nach wie vor eine Cobb-Douglas-Funktion verwendet und folglich unterstellt wird, daß Arbeit und Kapital jederzeit, also nicht nur vor, sondern auch nach der Installation neuer Kapitalgüter voll substituierbar sind. Ist derart eine Substitutionalität der Produktionsfaktoren sowohl ex ante, also im Zeitpunkt der Planung, als auch ex post, nach vollzogenem Einsatz der Maschinen, gegeben (Solow 1960, 1962), so spricht man vom „putty-putty-Fall"[1]). Die Kapitalintensität kann jederzeit verändert werden. Diese Hypothese der vollständigen Verformbarkeit ist zweifellos nicht sehr wirklichkeitsnah. Sehr oft kann zwar vor der Errichtung von Produktionsanlagen über die Kapitalintensität entschieden werden, es existiert also Substituierbarkeit ex ante, nicht aber nach der Installation, weil das Verhältnis von Kapital- und Arbeitseinsatz dann technisch fixiert ist, also Limitationalität ex post besteht. Diese produktionstechnischen Annahmen (vgl. Johansen *1959*) beschreiben das „putty-clay-Modell"[2]). Schließlich ist der „clay-clay-Fall" durch fixe Faktorproportionen vor und nach der Produktionsaufnahme, also Limitationalität ex ante und ex post charakterisiert. Dieser Fall wird im folgenden nicht behandelt (vgl. die ausführliche Schilderung bei R. Solow, 1970).

a) Substitutionalität ex ante und ex post

1. Wenn technischer Fortschritt nur die Effizienz der jeweils neuesten Maschinen erhöht, ist es wegen der Heterogenität des Kapitalbestandes nicht mehr ohne weiteres möglich, eine gesamtwirtschaftliche Produktionsfunktion von der Art

$$Y = f(A, K)$$

---

1) Putty = Kitt, den man sowohl vor als auch nach der Verwendung formen kann.

2) Clay = Ton, den man nach der Verwendung nicht mehr formen kann.

zu konstruieren, in der K eine homogene Größe ist. Wohl aber kann für jeden Jahrgang eine separate Produktionsfunktion gebildet werden, weil sich der Kapitalstock eines jeden Jahrgangs durch Homogenität auszeichnet. Will man nun diese Jahrgangs-Produktionsfunktionen zu einer gesamtwirtschaftlichen Produktionsfunktion zusammenfassen, so muß der Kapitalstock der einzelnen Jahre mit einem Effizienzindex gewichtet werden. Auf diese Weise ist es möglich, die Kapitalbestände vergleichbar zu machen, sie auf einen gemeinsamen Nenner zu bringen und folglich eine Produktionsfunktion

$$Y = F(A, J)$$

zu gewinnen, in der J das sogenannte „Effektivkapital", die Summe der mit ihrer Effizienz gewichteten Kapitaleinheiten, bezeichnet. Die Cobb-Douglas-Funktion lautet entsprechend

$$Y = A^{\alpha} J^{\beta}. \tag{1}$$

Der technische Fortschritt, welcher in diesem Falle „capital augmenting" ist, tritt explizit nicht mehr in (1) in Erscheinung, da er den Wert von J bestimmt, in diese Größe also eingeht.

2. Da im putty-putty-Fall die Kapitalintensität ex ante und ex post variiert werden kann, ist die Frage interessant, wie sich das in den einzelnen Jahrgängen realisierte Arbeits-Kapital-Verhältnis im Zuge des Fortschritts verändert. Dabei ist von der Überlegung auszugehen, daß für alle Arbeitskräfte ein einheitlicher Lohnsatz (= GPA) existiert, denn die Arbeit wird als homogen angenommen. Da jedoch die Effizienz der neuen Maschinen höher als die der alten ist, kann das Grenzprodukt der Arbeit an den alten Maschinen dem Grenzprodukt der Arbeit an den neuen Maschinen nur dann entsprechen, der Lohnsatz also nur dann der gleiche sein, wenn die Kapitalgüter älteren Jahrgangs mit weniger Arbeit ausgestattet werden. Dies wird aus Abb. 57 deutlich, in der die Kurve K_t (K_{t-1}) das Gesamtprodukt der Arbeitskräfte mißt, die an dem jüngeren Kapitaljahrgang K_t (älteren Kapitaljahrgang K_{t-1}) beschäftigt sind. Die Grenzprodukte, gemessen durch die Steigungsmaße der Tangenten, stimmen nur dann überein, wenn die Aggregate älteren Konstruktionsdatums mit weniger Arbeit (A_1) ausgestattet werden als die Maschinen aus der neueren Zeit (A_2).

Im Ausmaß der gesamtwirtschaftlichen Lohnerhöhung werden nun Jahr für Jahr Arbeitskräfte von den bereits existierenden Maschinen abgezogen, denn das Grenzprodukt der Arbeit kann sich an den erhöhten Lohn nur dann anpassen, wenn der Arbeitseinsatz reduziert wird. Es stehen folglich Arbeitskräfte zur Verfügung, mit denen die neuen, technisch besseren Maschinen kombiniert werden können. An den älteren Maschinen wird daher die Arbeitsintensität sich ständig

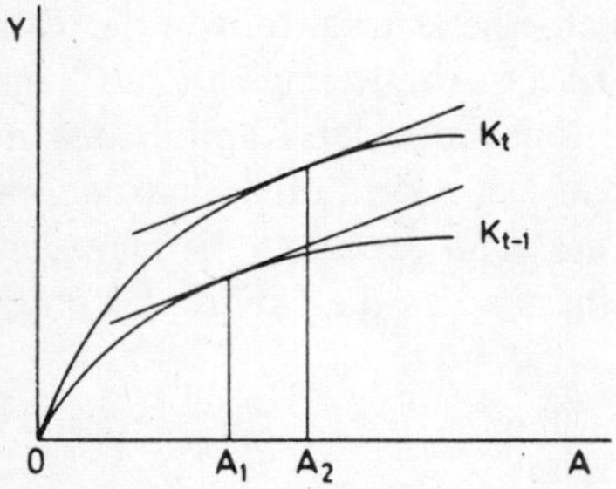

Abb. 57

vermindern. Solange aber an den Hypothesen unbegrenzter Substituierbarkeit der Produktionsfaktoren und völliger Teilbarkeit der Arbeit festgehalten wird, besteht kein Grund für das Ausscheiden auch des ältesten Kapitaljahrgangs – es sei denn, daß man physische Abnutzung unterstellt. Für den putty-putty-Fall muß daher als charakteristisch angesehen werden, daß sich die Kapitalintensitäten der einzelnen Maschinenjahrgänge derart unterscheiden, daß ältere verglichen mit neueren Kapitaleinheiten nur mit wenig Arbeitskräften besetzt sind und folglich eine geringere Kapazität aufweisen.

3. Ein Vergleich des „putty-putty-Modells" mit dem neoklassischen, durch unverkörperten Fortschritt gekennzeichneten Grundmodell führt nun zu dem Ergebnis, daß die Wachstumsrate des Sozialprodukts im goldenen Zeitalter erneut durch die Zuwachsrate der Erwerbsbevölkerung und des technischen Niveaus bestimmt ist und Variationen der Sparquote auch unter den geänderten Annahmen nicht in der Lage sind, die Wachstumsrate *auf die Dauer* zu verändern. Dieses Ergebnis ist sicherlich nicht unmittelbar plausibel; vielleicht könnte man erwarten, daß die vermehrte Installation neuer, leistungsfähigerer Kapital-

güter – welche nach Anhebung der Sparquote möglich wird – andere Wirkungen auslöst als eine Erhöhung der Kapitalwachstumsrate ohne gleichzeitige Beschleunigung des technischen Fortschritts. Des Rätsels Lösung kann hier nur kurz angedeutet werden[3]). Die Erhöhung der Sparquote zeitigt zwar zunächst aufgrund der Modernisierungswirkung einen größeren Produktivitätseffekt als im Modell ohne verkörperten Fortschritt – hier steigt die Erzeugung lediglich nach Maßgabe der Produktionselastizität des Kapitals –, doch ist diese Wirkung zeitlich begrenzt. Unterstellt man nämlich eine konstante, von der Höhe der Investitionen unabhängige physische Abnutzungsrate, so kann eine einmalige Erhöhung der Investitionsquote den Kapitalstock nur für eine begrenzte Zeit modernisieren. Der Altersaufbau hat dann wieder seinen Gleichgewichtswert erreicht, wenn der durch die heutigen Mehrinvestitionen vergrößerte Kapitalbestand an die Grenze des physischen Verschleißes gerückt ist.

b) Substitutionalität ex ante und Limitationalität ex post

Im putty-putty-Fall ermöglichte die ex post-Substitutionalität zwischen den bei den einzelnen Kapitalgüterjahrgängen eingesetzten Kapital- und Arbeitsmengen eine Ausstattung des jeweils neuesten Jahrgangs mit freigesetzten Arbeitskräften, ohne daß ein Ausscheiden von älteren Jahrgängen erforderlich wurde; deren Arbeits-Kapital-Verhältnis näherte sich lediglich asymptotisch dem Werte Null, ohne daß die Maschinen – bei einer physischen Verschleißrate von Null – jemals völlig aus dem Produktionsprozeß ausschieden.

Im putty-clay-Fall hingegen, in dem die bereits installierten Kapitalgüterjahrgänge fixe Faktorintensitäten aufweisen (Limitationalität ex post), können – bei einer Bevölkerungswachstumsrate von Null – die jüngsten Jahrgänge, in denen sich der jeweilige technische Fortschritt verkörpert, nur durch ein Ausscheiden älterer Jahrgänge mit freigesetzter Arbeit ausgestattet werden. Damit muß aber die Lebensdauer eines Kapitalgutes eine endliche Größe sein, die als endogene Variable dem Wachstumsmodell eine neue Dimension hinzufügt.

---

3) Die Darstellung folgt hier den klaren Ausführungen bei *H. Walter* (1969), S. 140ff.

Jede einzelne Investitionsentscheidung erfolgt nun auf 2 Ebenen:

1. Entscheidung über die Kapitalintensität, mit welcher die neuinstallierte Maschine betrieben werden soll.
2. Entscheidung über die ökonomische Lebensdauer der Maschine (die physische Lebensdauer wird aus Vereinfachungsgründen als unendlich groß unterstellt).

1. Wegen des im Zeitablauf steigenden Niveaus des technischen Wissens wird die Arbeitsproduktivität eines Kapitalgüterjahrgangs umso größer sein, je jünger dieser ist. Bei dem herrschenden realen Lohnsatz erzielen also diejenigen Jahrgänge Differentialgewinne, deren Produkt je Arbeiter größer ist als der Lohnsatz (die Lohnkosten je Produkteinheit sind also umso niedriger, je jünger der betreffende Jahrgang ist). Der Jahrgang, dessen Nutzung gerade noch lohnend ist (Grenzjahrgang), weist eine Differentialrente von Null auf; die Durchschnittsproduktivität dieses Jahrgangs ist also gleich dem Reallohnsatz. Dieses Ergebnis, daß das Durchschnittsprodukt der „Grenzmaschine" dem Lohnsatz entspricht, mutet durch und durch „klassisch" an und erinnert an Ricardos Konstruktion des Grenzbodens, auf dem die Differentialrente Null ist. Der im Zeitablauf ansteigende Lohnsatz führt dann zum Ausscheiden des Grenzjahrganges und macht den um eine Periode jüngeren Jahrgang zum neuen Grenzjahrgang. Durch die Beendigung der Lebensdauer des bisherigen Grenzjahrgangs werden die für die neu installierten Kapitalgüter benötigten Arbeitskräfte freigesetzt – im Unterschied zum putty-putty-Fall, wo die ökonomische Lebensdauer unbegrenzt war und die benötigten Arbeitskräfte nur durch Verringerung der Arbeitsintensität bei den älteren Jahrgängen gewonnen werden konnten. Die Entwicklung strebt damit immer in Richtung einer gleichmäßigen Verteilung des vorhandenen Arbeitspotentials auf die verschiedenen Jahrgänge. Zwar ist das fixe Einsatzverhältnis von Arbeit und Kapital bei dem jeweils neuesten und effizientesten Jahrgang wegen des im Zeitablauf ansteigenden relativen (und absoluten) Lohnsatzes niedriger[4]), jedoch ist die Anzahl von Kapitalgütern dieses Jahrganges höher, da sie

---

[4]) Zum exakten Beweis vgl. *W. Vogt* (1968), S. 127ff. Während der Lohnsatz ansteigt, bleiben Zinssatz und Kapitalproduktivität konstant, denn die produktivitätserhöhenden Effekte des technischen Fortschritts werden durch Erhöhung der Kapitalintensität, welche die Kapitalproduktivität vermindern, kompensiert.

aus höheren Ersparnissen fließen[5]). Die geringere Anzahl der ausscheidenden Maschinen setzt also genügend Arbeit frei, um die größere, aber effizientere Anzahl neu installierter Maschinen ausstatten zu können. Reiht man somit die einzelnen Jahrgänge gemäß der Abfolge ihrer Einführungszeitpunkte auf, so wird die Kapitalintensität eines Jahrgangs umso größer sein, je jünger dieser Jahrgang ist.

2. Im putty-clay-Modell äußert sich das ökonomische Altern eines Kapitalgutes in Form von im Zeitablauf sinkenden Quasirenten. Deren Abnahme beruht auf dem kontinuierlichen Anstieg des Reallohnsatzes bei konstanter Arbeitsproduktivität der Kapitalgüter eines Jahrganges.

Die von einem Jahrgang erbrachte Quasirente ist bestimmt durch die Differenz zwischen dem Gesamtprodukt des Jahrganges t (Y_t) und der Reallohnsumme, die an die bei diesen Kapitalgütern beschäftigten Arbeitskräfte bezahlt wird:

$$Y_t - l(t) \cdot A_t = \text{Quasirente des Jahrganges } t.$$

Der betrachtete Jahrgang ist im Zeitpunkt $t + T$ zum Grenzjahrgang geworden (T bezeichnet also die Lebensdauer), wenn die Beziehung gilt:

$$Y_t - l(t + T) \cdot A_t = 0$$

$$\frac{Y_t}{A_t} - l(t + T) = 0$$

Damit ist das Problem der Lebensdauer lösbar; weil nämlich im gleichgewichtigen Wachstum der Lohn mit einer konstanten Rate g zunimmt, ergibt sich der im Zeitpunkt $t + T$ herrschende Lohnsatz aus

$$l(t + T) = l(t)\, e^{gT}$$

Diese Gleichung – nach T aufgelöst – ergibt die gesuchte ökonomische Lebensdauer eines Kapitalgüterjahrgangs, da für den Grenzjahrgang gilt:

$$\frac{Y_t}{A_t} = l(t)\, e^{gT}$$

$$\log\left(\frac{Y_t}{A_t}\right) = \log\left[l(t)\, e^{gT}\right]$$

---

[5]) Vgl. *F. H. Hahn*, R.C.O. Matthews (1964), S. 841.

$$\log\left(\frac{Y_t}{A_t}\right) = gT \cdot \log\left[l(t)\right]$$

$$T = \frac{1}{g}\log\left[\frac{Y_t}{A_t \cdot l(t)}\right].$$

Die Lebensdauer hängt also ab von

a) der Zuwachsrate des Lohnsatzes.

Je größer die Lohnzuwachsrate ist, desto schneller wird der betrachtete Kapitalgüterjahrgang zum Grenzjahrgang, und umso geringer ist somit seine Lebensdauer.

b) dem Verhältnis zwischen Gesamtertrag eines Kapitalgüterjahrgangs und Lohnkosten im Zeitpunkt seiner Installation.

Die Lebensdauer ist umso geringer, je kleiner das Verhältnis zwischen Gesamtausbringung und Lohnsumme ist. Da dieses Verhältnis nichts anderes darstellt als den Quotienten aus Arbeitsproduktivität beim Jahrgang t und Lohnsatz im Zeitpunkt t, wird nämlich der mit der Rate g ansteigende Lohnsatz diesen Jahrgang umso schneller zum Grenzjahrgang machen, je geringer die Produktivität der bei ihm eingesetzten Arbeit ist.

Kapitalintensität und Lebensdauer bilden die Determinanten für die Höhe der gesamten Pro-Kopf-Produktion in einem putty-clay-Modell. Diese wird umso größer sein

a) je größer die Kapitalintensität der genutzten Kapitalgüterjahrgänge ist, welche wiederum durch die Lohnzuwachsrate und das Verhältnis Reallohnsatz zu Profitrate bestimmt ist.

b) je günstiger die Altersstruktur des Kapitalstocks, d. h. je geringer sein Durchschnittsalter ist. Dieses Durchschnittsalter wird umso niedriger sein, je geringer die Lebensdauer der einzelnen Kapitalgüterjahrgänge ist, welche ihrerseits bestimmt wird durch Lohnzuwachsrate und Relation zwischen Arbeitsproduktivität und Reallohnsatz beim jeweils neuesten Jahrgang.

Da die Arbeitsproduktivität dieses Jahrgangs wiederum von der Kapitalintensität abhängt, mit der jener genutzt wird, ist das Wachstum in einem putty-clay-Modell durch ein System interdependenter Größen erklärt, in dem die beiden zentralen Determinanten – Kapitalintensität und Lebensdauer – nur simultan bestimmbar sind: Je geringer die Lebensdauer der einzelnen Jahrgänge, je jünger also der Kapitalstock im Durchschnitt ist, umso größer wird auch die Kapitalintensität der einzelnen Elemente des Kapitalstocks und damit das Pro-Kopf-Produkt sein.

Auch im putty-clay-Modell wird die Wachstumsrate des Systems durch Variationen der Sparquote nicht beeinflußt – wohl aber das Niveau, auf dem das Volkseinkommen wächst. Insofern gleichen die Ergebnisse jenen, die für das Grundmodell, aber auch den putty-putty-Fall Bedeutung haben. Variationen der Sparquote beeinflussen temporär die Kapitalintensität und/oder die Lebensdauer der Maschinen, also die Determinanten der Pro-Kopf-Produktion derart, daß das System einem anderen Niveau zustrebt[6]).

3. Wie oben schon betont worden ist, kann die Annahme eines autonomen, exogen gegebenen technischen Fortschritts durchaus mit den vintage-Modellen vereinbart werden. Maschinen dienen zwar als Mittel zur Durchsetzung des Fortschritts, tragen aber selbst nicht zur Schaffung neuen Wissens bei, das aus irgendwelchen anderen, nicht näher bezeichneten Quellen fließt. Nun liegt es natürlich nahe, die Kapitalbildung nicht lediglich als Medium zur Realisierung neuer Verfahren, sondern als „aktiven Produzenten" von Kenntnissen anzusehen. Auf diesen Grundideen beruht die Konstruktion von *Kaldors* „technical progress function" (*Kaldor* 1957, 1962) wie auch die Anwendung des „learning by doing"-Prinzips auf die Theorie des technischen Fortschritts durch *Arrow* (1962). Die Anwendung eines Lernmodells folgt insbesondere aus der Überlegung, daß Investitionen der Vergangenheit wegen der dabei gewonnenen Erfahrungen Lerneffekte induzieren, die den Stand des Wissens verbessern und sowohl die Leistungsfähigkeit bereits eingesetzter Faktoren als auch die neu zu konstruierender Maschinen erhöhen.

---

6) Man vermutet, daß eine Erhöhung der Sparquote wegen des damit verbundenen Modernisierungseffekts das Durchschnittsalter des Kapitalstocks senkt. Indessen kann sich auch das entgegengesetzte Ergebnis einstellen: Da mit der Erhöhung der Investitionsquote ein geringerer relativer Zinssatz, also ein höherer relativer Lohnsatz verbunden ist, sinkt die geplante Arbeitsintensität. Folglich werden in der Zukunft – nach Installation der Maschinen – die Quasirenten durch steigende Lohnkosten nur langsam aufgezehrt, so daß die Lebensdauer zunimmt (capital-lengthening-effect).

2. Geld, Portfolio-Entscheidung und Wirtschaftswachstum

a) Kassenhaltung, verfügbares Einkommen und Ersparnis

Die Abstraktion vom Gelde, durch welche die bisher erläuterten Modelle gekennzeichnet sind, vereinfacht die Analyse von Wachstumsvorgängen erheblich. Da diese Vereinfachung den Erkenntniswert der Modelle indessen nicht unbeträchtlich mindert, hat man seit etwa 1965 immer wieder versucht, wachstumstheoretische Modelle durch explizite Berücksichtigung monetärer Einflußfaktoren der Wirklichkeit ein wenig näher zu bringen. Zur Untersuchung dieser Fragen wird wieder Homogenität der Kapitalbestände unterstellt und ferner vom technischen Fortschritt abgesehen.

Die bisher vorliegenden Wachstumsmodelle, welche sich um den Einbau des Geldes bemühen, können jedoch nur als erste Versuche einer Weiterentwicklung der Wachstumstheorie in die oben geschilderte Richtung angesehen werden. Es lassen sich zwei große Theoriegruppen unterscheiden, deren eine auf dem neoklassischen Realmodell aufbaut und deren andere als Keynes-Wicksell-Richtung (Stein) bezeichnet wird.

Wir wollen hier den neoklassischen Ansatz untersuchen, da dieser eine unmittelbare Fortentwicklung der bisher geschilderten Realmodelle verkörpert. Auf diese Weise wird der Leser in die jüngste Entwicklung der Wachstumstheorie mit all ihren noch bestehenden Unzulänglichkeiten, die mutatis mutandis auch den Keynes-Wicksell-Modellen anhaften, eingeführt.

1. Während in den neoklassischen Realmodellen Sachkapital die einzige Vermögensanlage darstellt, haben die Wirtschaftssubjekte in dem um den monetären Faktor erweiterten *Tobin-Johnson-Modell* (Tobin, 1965; Johnson, 1966) eine zweistufige Portfolio-Entscheidung über die Verwendung ihrer Ersparnisse zu treffen. Neben dem Sachkapital existiert jetzt Geld als Wertaufbewahrungsmittel.

Die Wirtschaftssubjekte – so sei angenommen – wünschen einen Bruchteil m (m = Kassenhaltungskoeffizient) ihres Geldeinkommens in Form von Kasse zu halten[7]). Dabei sei vorausgesetzt, daß es ihnen durch

[7]) In den monetären Wachstumsmodellen wird angenommen, daß Geld für Transaktionszwecke und für Zwecke der Vermögenshaltung gewünscht wird.

Ausgabenvariationen stets gelingt, die gewünschte Kasse (Nachfrage nach Geld) mit der tatsächlichen Kasse – die mit der vorhandenen Geldmenge identisch ist -- in Übereinstimmung zu bringen. Bezeichnet man den Nominalwert der Kasse (Geldmenge) mit M, das Preisniveau mit P und das Realeinkommen mit Y, so kann man schreiben

$$m = \frac{M}{PY}$$

bzw.

$$m = \frac{M}{P} : Y$$

In diesen Formulierungen erscheint m einmal als Relation zwischen Geldkasse M und Nominaleinkommen PY und zum anderen als Verhältnis zwischen Realkasse M/P und Realeinkommen Y. Der Einfachheit halber wird angenommen, daß die Kasse eine feste Relation zum Volkseinkommen aufweist, wenn die übrigen – noch zu erörternden – Determinanten der Kassenhaltung unverändert bleiben. Im folgenden werden nun die Determinanten von m bestimmt.

Die Wirtschaftssubjekte stehen vor der Wahl, Vermögen entweder in Form von Kasse oder von Sachkapital zu halten. Bei der Zusammensetzung ihres Portefeuilles orientieren sich die Wirtschaftssubjekte an den Ertragsraten der alternativen Anlagen, die im Gleichgewichtsfall nicht unbedingt übereinstimmen müssen. Geld wird, so kann man bei Unsicherheit und unvollkommenen Märkten annehmen, wegen seiner größeren Liquidität auch dann noch gehalten, wenn seine Ertragsrate unter der des Sachkapitals liegt oder gar negativ ist (Tobin 1965). Die Grenzproduktivität des Kapitals (= Profitrate) ist die Ertragsrate der Sachvermögensanlage, während die Ertragsrate des Geldes zum einen durch den Zinsertrag, zum anderen durch Veränderungen des Wertes der Realkasse via Preisniveauvariationen bestimmt wird. Unterstellt man – wie z. B. Johnson – Papiergeld, das keinen Zins erbringt, so ist ein positiver Ertrag der Geldbestände nur über ein sinkendes, ein negativer Ertrag nur über ein steigendes Preisniveau zu erreichen.

Die Wirtschaftssubjekte werden nun ein umso geringeres Verhältnis der realen Kasse M/P zum Realeinkommen Y anstreben – m wird also umso kleiner --, je höher die Ertragsrate wird, welche das Sachkapital erbringt: Steigende „opportunity-costs" der Kassenhaltung veranlassen einen Abbau der Geldbestände. Die gewünschte Kasse-Einkommen-Relation wird sich ferner dann verringern, wenn der Deflationsgrad abnimmt oder der Inflationsgrad zunimmt, eine positive Ertragsrate des Geldes also kleiner oder eine negative Ertragsrate (absolut) größer wird. Der Kassenhaltungskoeffizient wird daher durch die Grenzproduktivität des Kapitals GPK und die Preissteigerungsrate $\frac{dP}{dt} \cdot \frac{1}{P}$ bestimmt:

$$m = f\left(GPK, \frac{dP}{dt} \cdot \frac{1}{P}\right),$$

wobei die partiellen Ableitungen von m in bezug auf GPK und $\frac{dP}{dt} \cdot \frac{1}{P}$ negativ sind.

Es wird nun die Frage nach den Wirkungen des Geldes in einem neoklassischen Modell gestellt. Bei dieser Frage geht es darum, ob beispielsweise eine Zunahme der Wachstumsrate des Geldangebots außer der Erhöhung der Inflationsrate bleibende Wirkungen auf Einkommen und Pro-Kopf-Produktion mit sich bringt. Im Johnson-Tobin-Modell ist das Geld in diesem Sinne nicht neutral, so daß die Geldbehörde, die als einzige das nicht-zinstragende Papiergeld ausgibt, Einfluß auf die Eigenschaften des Gleichgewichtswachstums nehmen kann. Zinstragendes Geld würde die Modellstruktur nicht verändern. Die Geldbehörde verfügt dann lediglich über einen zweiten Aktionsparameter zur Variation der Ertragsrate des Geldes. Im Modell existiert zur Vereinfachung nur exogen geschaffenes Geld (outside money), dem im Gegensatz zum endogen geschaffenen Geld (inside money) nicht gleichzeitig eine Verschuldung im privaten Sektor gegenübersteht. Das vorhandene Geld stellt also Nettovermögen dar.

Neues Geld – so sei in unserem Modell unterstellt – wird durch ein Defizit im Staatshaushalt geschaffen, das als Differenz aus der Summe zwischen Staatskonsum und Transferzahlungen einerseits und Steuern andererseits definiert ist. Sieht man aus Vereinfachungsgründen vom Staatskonsum ab, so gilt also

$$\text{Transfers} - \text{Steuern} = \text{Defizit} = dM/dt. \tag{1}$$

Der entscheidende Unterschied zum Realmodell besteht nun in der

Definition des verfügbaren Einkommens, welches die Basis für die Gesamtersparnis abgibt, die ihrerseits sowohl zur Vermehrung des Sachkapitals als auch zur Erhöhung des Geldbestandes verwendet werden kann. Das nominelle verfügbare Einkommen wird üblicherweise wie folgt definiert:

$$PY' = PY + \text{Transfers} - \text{Steuern}. \tag{2}$$

Hier bedeuten P das Preisniveau, Y' das reale verfügbare Einkommen und Y die laufende reale Produktion. Unter Benutzung von (1) wird (2) zu:

$$PY' = PY + dM/dt. \tag{3}$$

Diese Definition des nominellen verfügbaren Einkommens erscheint allerdings als zu eng, wenn Preisveränderungen zugelassen sind und diese Preisvariationen die Haushalte bei ihren Konsum- und Sparentscheidungen ebenso beeinflussen wie die Höhe der laufenden Einkommen und der Geldtransfers. Unter Beachtung dieser Zusammenhänge beziehen die Haushalte im Falle einer Preissenkung „Einkommen" in Höhe von $-\frac{dP}{dt} \cdot \frac{1}{P} \cdot M$ [8]): Beträgt in der Volkswirtschaft der Wert der mit der Geldmenge M identischen Kassenhaltung DM 100,– und sinkt das Preisniveau um 4%, so wird „Einkommen" in Höhe von DM 4,– verdient. Die durch eine Preissenkung bedingte Erhöhung des Realwertes der nominellen Kasse wird also von den Haushalten so angesehen, als ob sie einen zusätzlichen Geldbetrag von DM 4,– erhalten hätten. Gleichung (3) wird daher zu:

$$PY' = PY + dM/dt - \frac{dP/dt}{P} \cdot M.$$

Das nominelle verfügbare Einkommen setzt sich also zusammen aus dem Nominalwert der Produktion (PY), dem zusätzlichen nominellen Geldvolumen (dM/dt) und der preisbedingten Änderung des Realwertes der nominellen Kasse M. Diese Realwertänderung der Geldkasse wird also mit Hilfe eines nominellen Geldbetrages (DM 4,–) gemessen.

---

[8]) Da der Ausdruck im Falle einer Preissenkung negativ ist, wird er durch das Minuszeichen positiv.

Das reale verfügbare Einkommen ergibt sich nun nach Division durch das Preisniveau:

$$Y' = Y + \frac{dM/dt}{P} - \frac{dP/dt}{P} \cdot \frac{M}{P},$$

wobei M/P den Realwert der Geldhaltung (des Geldvolumens) bedeutet. Das reale verfügbare Einkommen ist also die Summe aus realer Produktion, Realwert der zusätzlichen Geldmenge und preisbedingter Änderung der realen Kasse M/P. Der Ausdruck $-\frac{dP/dt}{P}$, also die relative Preisänderung, bezeichnet hier die Ertragsrate der Geldhaltung. Nach Multiplikation von dM/Pdt mit M/M folgt[9]):

$$Y' = Y + \frac{M}{P} \cdot \frac{dM/dt}{M} - \frac{M}{P} \cdot \frac{dP/dt}{P} = Y + \frac{d}{dt}\left(\frac{M}{P}\right) \tag{4}$$

$$Y' = Y + \frac{M}{P}\,(w_M - w_P) = Y + \frac{d}{dt}\left(\frac{M}{P}\right), \tag{5}$$

wobei w_M und w_P die Änderungsraten der Geldmenge und des Preisniveaus bedeuten[10]). Das verfügbare Einkommen ergibt sich also nach (5) aus der realen Produktion und der Änderung der realen Kasse $\frac{d}{dt}\left(\frac{M}{P}\right)$ als Folge des Nettotransfer- und Preiseffekts.

Die Ersparnis S sei ein konstanter Bruchteil des verfügbaren Einkommens Y':

$$S = s \cdot Y'. \tag{6}$$

---

[9]) Vgl. etwa *D. Levhari* und *D. Patinkin* (1968), S. 714. Der Ausdruck $\frac{d}{dt}\left(\frac{M}{P}\right)$ in (4) ergibt sich wie folgt:

$$\frac{d}{dt}\left(\frac{M}{P}\right) = \frac{\frac{dM}{dt} \cdot P - \frac{dP}{dt} \cdot M}{P^2}$$

$$= \frac{dM}{dt} \cdot \frac{1}{P} - \frac{dP}{dt} \cdot \frac{1}{P} \cdot \frac{M}{P}$$

$$= \frac{dM}{dt} \cdot \frac{1}{M} \cdot \frac{M}{P} - \frac{dP}{dt} \cdot \frac{1}{P} \cdot \frac{M}{P}.$$

[10]) Da $\frac{d}{dt}\left(\frac{M}{P}\right)$ – wie noch zu zeigen ist – als Ersparnis gilt, der keine Sachinvestition gegenübersteht, entspricht (was selbstverständlich ist) das konsumierte und investierte verfügbare Einkommen der tatsächlichen Produktion.

Wenn die Erhöhung der Realkasse $\frac{d}{dt}\left(\frac{M}{P}\right)$ voll als in Geldform gehaltene Ersparnis gilt – die Kassenhaltung also Teile der Ersparnis absorbiert – stellt die Differenz zwischen S und $\frac{d}{dt}\left(\frac{M}{P}\right)$ mithin jenen Teil der Gesamtersparnis dar, der für die Bildung von Sachkapital bereit steht:

$$S = sY' = S_k + \frac{d}{dt}\left(\frac{M}{P}\right). \tag{7}$$

Hier bezeichnet S_k die „Sachkapitalersparnis". Drückt man die Realinvestition S_k als Bruchteil s_k der Produktion aus:

$$\frac{dK}{dt} = I = S_k = s_k \cdot Y,$$

so folgt

$$S = sY' = s_k \cdot Y + \frac{d}{dt}\left(\frac{M}{P}\right). \tag{8}$$

Wegen (5) gilt ferner:

$$S = sY' = s_k Y + \frac{M}{P}\,(w_M - w_P). \tag{9}$$

In den monetären Wachstumsmodellen wird w_P – wie auch das relative Wachstum anderer Größen des Systems – auf dem Gleichgewichtspfad als konstant unterstellt, wobei w_P positiv, Null oder negativ sein kann[11]). Auf einem golden age-Pfad muß ferner die Grenzproduktivität des Kapitals konstant sein, wie sich im Modell ohne technischen Fortschritt aus der Konstanz der Kapitalintensität ergibt. Wegen der Beziehung $m = f\,(GPK, w_P)$ wird sich mithin auch $m = M/PY$ auf einem Gleichgewichtspfad nicht verändern. Dies wiederum impliziert die Invarianz der Einkommenskreislaufgeschwindigkeit des Geldes

$$V = \frac{PY}{M},$$

---

[11]) Im Johnson-Modell erscheint ein konstanter Wert von w_p als Zielgröße der Geldpolitik.

die als Kehrwert des Kassenhaltungskoeffizienten m definiert ist. Aus der Verkehrsgleichung

$$M \cdot V = P \cdot Y,$$

die auch in der Form

$$\ln M + \ln V = \ln P + \ln Y$$

geschrieben werden kann, folgt dann durch Differenzieren nach der Zeit

$$w_M + w_V = w_P + w_Y$$

und bei Konstanz von V (die Wachstumsrate w_V ist Null):

$$w_M = w_P + w_Y$$

$$w_Y = w_M - w_P.$$

Dabei resultiert aus der Konstanz von w_Y und w_P, daß sich auch w_M auf einem Gleichgewichtspfad nicht verändert. Einsetzen von w_Y in (9) ergibt:

$$S = sY' = s_k \cdot Y + \frac{M}{P} w_Y. \tag{10}$$

Ist die reale Kassenhaltung als Folge einer hohen Inflationsrate (annähernd) Null, so erhält man $sY' = s_k Y$. Da für $M/P = 0$ das verfügbare Einkommen Y' der laufenden Produktion Y entspricht – vgl. Gleichung (5) –, ist folglich $s = s_k$. Die Gesamtersparnis sY' besteht nur aus einer Erhöhung des Sachkapitalbestandes $s_k Y$. Investitionsquote s_k und Gleichgewichtskapitalintensität hätten unter sonst gleichen Umständen in diesem monetären Modell die gleichen Werte wie im Realmodell.

b) Die Bedeutung der Kasse-Einkommen-Relation für das Niveau des Gleichgewichtspfades

Aus (10) läßt sich nun die für das Verständnis der monetären Wirkungen entscheidende Beziehung zwischen Gesamtsparquote s und Sachersparnisquote s_k gewinnen: Setzt man für Y' unter Berücksichtigung von $w_Y = w_M - w_P$ den Wert aus Gleichung (5) ein, so folgt

$$s\left(Y + \frac{M}{P} w_Y\right) = s_k Y + \frac{M}{P} w_Y$$

$$s_k = s + s\,\frac{M}{PY}\,w_Y - \frac{M}{PY}\,w_Y$$

$$s_k = s + s m w_Y - m w_Y. \qquad (11)$$

Gegeben seien die gesamtwirtschaftliche Sparquote $s = 5/10$, $m = 8/10$ und $w_Y = 1/10$. Der Wert von s_k beträgt dann 0,46, wie aus der ersten Zeile von Tab. 7 zu entnehmen ist.

Tabelle 7

s_k	=	s	+	s	·	m	·	w_Y	−	m	·	w_Y
0,46	=	$\frac{5}{10}$	+	$\frac{5}{10}$	·	$\frac{8}{10}$	·	$\frac{1}{10}$	−	$\frac{8}{10}$	·	$\frac{1}{10}$
0,48	=	$\frac{5}{10}$	+	$\frac{5}{10}$	·	$\frac{4}{10}$	·	$\frac{1}{10}$	−	$\frac{4}{10}$	·	$\frac{1}{10}$
0,5	=	$\frac{5}{10}$	+	$\frac{5}{10}$	·	0	·	$\frac{1}{10}$	−	0	·	$\frac{1}{10}$

Die Sachkapitalsparquote (Investitionsquote) s_k ist also bei positivem m kleiner als die Gesamtsparquote s. Während im Realmodell die Werte der gleichgewichtigen Kapitalintensität k und der Pro-Kopf-Produktion y durch den Schnittpunkt der Funktionen sy und $w_A k$ bestimmt sind (vgl. S. 92f.).

$$sy = w_A k, \qquad (s_k = s)$$

gilt als Gleichgewichtsbedingung nunmehr

$$s_k y = w_A k, \qquad (s_k < s)$$

oder – unter Benutzung von (11):

$$sy - myw_y\,(1 - s) = w_A k.$$

Für die Bestimmung der Gleichgewichtswerte von y und k ist also die Sachinvestitionsquote s_k relevant. Wegen der Konstellation $s_k < s$ sind folglich die Werte von y und k, ist also das Niveau, auf dem die Wirtschaft wächst, unter sonst gleichen Bedingungen im monetären Modell geringer als im Realmodell.

Es sei nun angenommen, daß sich die Wachstumsrate des Geldvolumens über den bisherigen Wert hinaus erhöht und nach der Störung ein neuer Gleichgewichtspfad erreicht wird. Diese Annahme, die – wie zu zeigen sein wird – recht problematisch ist, impliziert konstante, dem neuen Pfad entsprechende Werte von w_P, V und m, die sich allerdings von den Werten des Ausgangspfades unterscheiden. So übersteigt w_P den Wert der Ausgangssituation. Da bei gegebenem Wert von V auch auf dem neuen Pfad die Bedingung $w_Y = w_M - w_P$ erfüllt ist, hat sich – weil w_Y auf allen Gleichgewichtspfaden den gleichen Wert (10 %) aufweist – w_P um den gleichen Betrag wie w_M erhöht: Ist w_M z.B. von 15 % auf 17 % gestiegen, so erhöht sich bei w_Y = 10 % die Wachstumsrate des Preisniveaus von 5 % auf 7%[12]).

Welche Werte weisen nun m und damit V auf dem neuen Gleichgewichtspfad auf? Zur Beantwortung dieser Frage seien die Vorgänge während des Anpassungsprozesses in aller Kürze skizziert. Bei zunächst konstantem, dem ursprünglichen Pfad entsprechenden Wert von V hat sich w_P im Anschluß an die Störung von 5 % auf 7 % erhöht. Da die partielle Ableitung von m in bezug auf w_P negativ ist, sei angenommen, daß die Wirtschaftssubjekte das Verhältnis von realer Kasse M/P und Realeinkommen Y folglich reduzieren wollen. Wegen der Identitätsbeziehung

$$V = Y : \frac{M}{P}$$

wird der erforderliche Abbau des Verhältnisses von realer Kasse M/P und Einkommen Y dadurch erreicht, daß die Wirtschaftssubjekte über eine Ausgabenexpansion („Flucht aus dem Gelde"), also eine verstärkte Warennachfrage, den Wert von V erhöhen. In der Sprache der Cambridge-Gleichung $M = mPY$ führt der Wunsch zu einer Reduktion von m zu der Konstellation $M > mPY$. Diesen Überschuß der tatsächlichen über die gewünschte Kasse versuchen die Wirtschaftssubjekte durch

12) Streng genommen darf nur mit sehr kleinen Änderungen operiert werden.

verstärkte Verausgabung von Geld zu reduzieren. Der Preisauftrieb erhöht sich dadurch temporär über den Satz von 7 % hinaus. Für w_M = 17 % und w_Y = 10 % gilt wegen der Beziehung

$$w_M + w_V = w_Y + w_P$$

bei einem Wert von w_V = 5 %:

$$17\,\% + 5\,\% = 10\,\% + 12\,\%.$$

Die Inflationsrate beträgt nunmehr 12%[13]), so daß die reale Kasse wegen des forcierten Preisauftriebs um weniger als das Realeinkommen steigt:

$$\frac{d\left(\frac{M}{P}\right)}{dt} \cdot \frac{1}{\frac{M}{P}} = w_M - w_P < w_Y,$$

die Kasse-Einkommen-Relation also aufgrund der Beschleunigung des Inflationsprozesses sinkt[14]). Stimmt die tatsächliche Kasse mit der gewünschten Kasse schließlich überein, so bleibt V – allerdings auf höherem Niveau als auf dem Ausgangspfad – erneut konstant ($w_V = 0$). Bei gegebenem Wert von w_M (= 17 %) beträgt w_P nunmehr wieder 7 %, wobei der Differenzbetrag $w_M - w_P$, also die Wachstumsrate der realen Kasse, der Wachstumsrate der Produktion entspricht.

Es ist indessen zweifelhaft, ob der neue Gleichgewichtspfad erreicht wird. Da die Wirtschaftssubjekte auf die durch eine Zunahme von w_M

13) Wenn M/PY sinkt, wird sich – wie später zu zeigen ist – s_k erhöhen. Diese Zunahme von s_k führt zwar nicht auf die Dauer, wohl aber während einer Übergangszeit zu einer Erhöhung von w_Y über den Satz von 10 % hinaus. Der Wert von w_P wird dadurch bei gegebenem w_V unter 12 % reduziert. Zur Analyse der Stabilitätsproblematik – die im folgenden vorgenommen wird – sei jedoch angenommen, daß die Inflationsrate temporär in jedem Falle über den Gleichgewichtssatz von 7 % hinausgeht, was eine nur kleine Erhöhung von w_Y voraussetzt (w_Y darf dann den Satz von 10 % nur um einen Betrag übersteigen, der kleiner als w_V = 5 % ist). Zur Vereinfachung der Analyse – die grundsätzliche Argumentation wird nicht beeinträchtigt – sei die Veränderung von w_Y in der Übergangsphase vernachlässigt.

14) Würde sich V auf mehr als 10 % erhöhen – der Wunsch zur Reduktion von m ist dann sehr stark – so wird $w_M - w_P < 0$. Es wird dann nicht nur die *Relation* zwischen Realkasse und Einkommen, sondern auch der *absolute* Wert der Realkasse vermindert.

bedingte Erhöhung von w_P auf 7 % mit einer Flucht in die Sachwerte reagieren – den Kassenhaltungskoeffizienten zu vermindern trachten –, steigt w_P in der Folge über den Satz von 7 % hinaus (w_P = 12 %), so daß sich die reale Kasse in Relation zu Y vermindert. Während bisher angenommen wurde, daß sich V und m nunmehr auf neuem Niveau nicht mehr verändern – w_P wäre also wieder 7 % –, legt die Modellstruktur eine andere Hypothese nahe: Die sekundäre Zunahme von w_P von 7 % auf 12 % weckt den Wunsch nach einem weiteren Abbau der Kasse-Einkommen-Relation, so daß sich – wenn w_V steigt – der Inflationsgrad wegen der Beziehung $w_M + w_V = w_Y + w_P$ erneut erhöht[15]) und damit der Kassenhaltungskoeffizient wiederum reduziert wird usw. Es droht die Gefahr eines kumulativen Inflationsprozesses. Kumulative Bewegungen dieser Art ließen sich möglicherweise dann vermeiden, wenn man m und V nicht von der tatsächlichen, sondern von der erwarteten Inflationsrate bestimmt sieht und weiter unterstellt, daß die erwartete Inflationsrate sich als Durchschnitt der Inflationsraten der Vergangenheit ergibt[16]). Eine plötzliche Erhöhung von w_P beeinflußt dann die erwartete Inflationsrate nur in geringem Maße, so daß der inflationsfördernde Wunsch zum Abbau der realen Kasse nur schwach ist. Da diese Fragen in der Literatur keineswegs geklärt sind, soll dem Problem der Wirkungen einer Abweichung vom Gleichgewichtspfad hier nicht weiter nachgegangen werden. Im Rahmen einer komparativ-dynamischen Analyse wird vielmehr unterstellt, daß ein neuer Gleichgewichtspfad mit einer höheren Inflationsrate von 7 % existiert, dem nach unseren Verhaltensannahmen eine geringere, hier willkürlich gewählte Kasse-Einkommen-Relation von z. B. 4/10 (zweite Zeile von Tab. 7) entspricht. Dabei bleibt offen, ob dieser Pfad erreicht wird.

Wie aus Tab. 7 hervorgeht, hat sich s_k – die Sachersparnisquote – als Folge dieser Datenvariation auf 0,48 erhöht, so daß dem neuen Gleichgewichtspfad höhere Werte der Kapitalintensität und des Kapi-

---

15) Eine Steigerung von V allein genügt nicht, um den Inflationsgrad w_P zu erhöhen. Wenn V in einer abnehmenden Rate wächst, w_V also sinkt, geht w_P wegen $w_M + w_V = w_Y + w_P$ zurück. Eventuell wird dann ein neues Gleichgewicht erreicht. Die Ausweitung der Störung setzt also voraus, daß w_V zunimmt.

16) Vgl. *R. Solow* (1970), S. 76. Zur Stabilitätsdiskussion insgesamt findet man Ausführungen auf den Seiten 70–76. Vgl. ferner *J. L. Stein* (1969), S. 159.

talkoeffizienten entsprechen. Bei der Ermittlung des Gleichgewichtswertes von k ist allerdings folgendes zu beachten: Mit steigendem k vermindert sich *GPK*. Weil der Kassenhaltungskoeffizient nach unseren Hypothesen auch von *GPK* (der Ertragsrate des Sachkapitals) abhängt, nimmt m folglich zu und s_k ab (vgl. Tab. 7). Da sich der Wert der gleichgewichtigen Kapitalintensität nun seinerseits wieder mit abnehmender Investitionsquote s_k verringert, ist die Erhöhung von k insgesamt geringer als in einem Modell, in dem die Kausalkette $k \rightarrow GPK \rightarrow m \rightarrow s_k$ ohne Bedeutung ist (vgl. S. 205)[17].

Die Obergrenze von s_k wird durch eine so hohe Rate der Geldmengenexpansion und der Inflation bestimmt, daß m annähernd Null wird, die Wirtschaftssubjekte also keine reale Kasse halten wollen. Da die Ersparnis in diesem Falle lediglich Sachkapitalersparnis ($s = s_k$) ist (vgl. letzte Zeile in Tab. 7), führt das monetäre Modell zu den gleichen Ergebnissen wie das Realmodell. In allen anderen Fällen werden – ceteris paribus – geringere Werte der Investitionsquote und folglich auch der Kapitalintensität und Pro-Kopf-Produktion erreicht als im Realmodell.

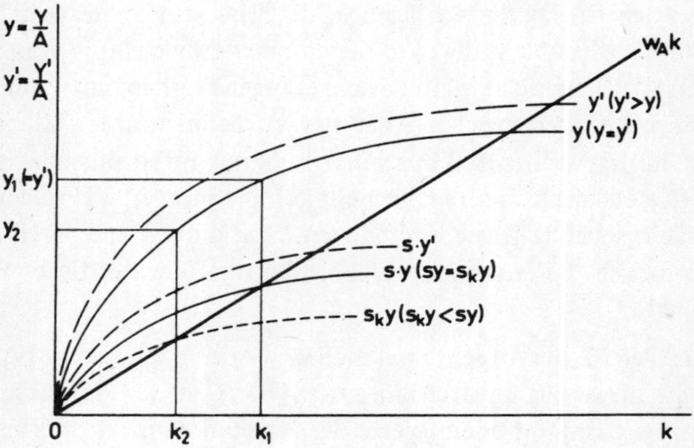

Abb. 58

Geometrisch lassen sich die Zusammenhänge anhand von Abb. 58 erläutern. y und sy stellen die Kurven der Pro-Kopf-Produktion und

17) Vgl. auch *Ph. Cagan* (1969), S. 209.

der Pro-Kopf-Ersparnis unter den Prämissen des Realmodells, also bei Abstraktion vom Gelde dar. y ist identisch mit der Kurve des verfügbaren Einkommens pro Kopf ($y = y'$), weil $m = 0$. Da $s = s_k$ für $m = 0$, stimmt die Kurve der Gesamtersparnis pro Kopf sy mit der Kurve der Pro-Kopf-Realersparnis $s_k y$ überein ($sy = s_k y$). Gleichgewichtige Kapitalintensität und Pro-Kopf-Produktion haben die Werte k_1 und y_1.

Ist nun m und damit M/P positiv (Regelfall des monetären Modells), so übersteigt wegen (5) das verfügbare Pro-Kopf-Einkommen (Kurve y') die reale Pro-Kopf-Produktion. Zu y' gehört sy' als Kurve der Pro-Kopf-Gesamtersparnis[18]); $s_k y$ ist dagegen die Kurve der Pro-Kopf-Realersparnis, die das Ausmaß der Sachinvestitionen bestimmt. $s_k y$ liegt unter der sy-Funktion des Realmodells. denn bei in beiden Modellen übereinstimmenden Werten von s ist die Investitionsquote s_k kleiner als s.

Wir gelangen damit zu dem Ergebnis, daß die durch den Schnittpunkt von $s_k y$ und $w_A k$ determinierten Werte der Pro-Kopf-Produktion y_2 und der Kapitalintensität k_2 unter denen des Realmodells liegen. Bei der Fixierung der Werte von y_2 und k_2 ist zu beachten, daß die $s_k y$-Funktion in doppelter Weise von k bestimmt wird: Während sich y mit steigendem k erhöht, geht s_k bei wachsendem k zurück, da GPK in diesem Falle sinkt, m also steigt. s_k ist also über die Kausalkette $k \rightarrow GPK \rightarrow m \rightarrow s_k$ abhängige Variable von k. Wäre s_k (und m) unabhängig von der Höhe von k, so würde die $s_k y$-Funktion vergleichsweise auf höherem Niveau verlaufen und einen größeren Wert der Gleichgewichtskapitalintensität und der Pro-Kopf-Produktion bestimmen. Wenn demnach w_P steigt und die $s_k y$-Funktion sich nach oben verschiebt, steigen Kapitalintensität und Pro-Kopf-Produktion auf einen geringeren Wert als in einem Modell, in dem s_k (und m) unabhängig von k ist (vgl. S. 204).

Fassen wir die Überlegungen dieses Abschnitts zusammen, so erhält man ein im Grunde sehr einfach anmutendes Ergebnis: Wenn die Wirtschaftssubjekte einen Teil ihrer Ersparnisse in Form von Kasse halten, sinken Investitionsquote und Pro-Kopf-Produktion bei gegebener Sparquote umso mehr, je größer der Anteil der Kassenhaltung an der Ge-

---

18) Es wird unterstellt, daß der Wert von s dem des Realmodells entspricht.

samtersparnis ist. Investitionsquote und Produktionsniveau lassen sich folglich dann erhöhen, wenn es durch eine Politik, die den Deflationsgrad mindert oder den Inflationsgrad erhöht, gelingt, das Verhältnis der realen Kasse zum Volkseinkommen zu vermindern. Das neoklassische Geldmodell läßt daher letztlich den Schluß zu, daß Inflation das Wachstum im Sinne einer Niveauanhebung fördert. Die Ableitung dieser Hypothese beruht indessen auf recht zweifelhaften Modellannahmen, vor allem auf der Prämisse, daß der Wert der gesamtwirtschaftlichen Sparquote s von der Geldentwertungsrate unabhängig ist. Da eine solche Unabhängigkeit ernstlich wohl nicht unterstellt werden kann, sollte man mit wirtschaftspolitischen Folgerungen aus den erörterten Modellen recht vorsichtig sein.

2. Das abgeleitete Ergebnis, daß sich in einem geldwirtschaftlichen Modell eine geringere Pro-Kopf-Produktion als in einem Realmodell ergibt, wird durch eine von Johnson versuchte Fortentwicklung des Modells teilweise modifiziert. In diesem fortentwickelten Modell wird unterstellt, daß das bloße Vorhandensein einer Realkasse Nutzen stiften kann, der sich z. B. als „Freude" am Besitz von Kasse äußert. Dieser Nutzenertrag (U) wird als nicht-materieller Konsum gedeutet, der das verfügbare Einkommen über die laufende Produktion und den Kassenzuwachs hinaus erhöht:

$$Y' = Y + \frac{d}{dt}\left(\frac{M}{P}\right) + U. \tag{12}$$

Der Gesamtkonsum ergibt sich nunmehr als Summe aus verbrauchter Produktion und Nutzenertrag (nicht-materieller Konsum). Verglichen mit dem vorhergehenden Modell wird somit der konsumierte Teil der Realproduktion bei konstantem Gesamtkonsum geringer, so daß der für Investitionszwecke zur Verfügung stehende physische Output größer ist.

Halten wir also fest: Die Wertveränderung des Geldbestandes gilt als gespart. Dadurch vermindern sich bei konstantem s die für Investitionen in Sachkapital zur Verfügung stehenden Ersparnisse (vgl. Tab. 7). Durch den Nutzenertrag der Realkasse jedoch, der als Teil des Konsums gilt, steigen bei konstantem s die Sachkapitalinvestitionen wieder an, da weniger Teile des physischen Outputs in den Konsum gelangen.

Es mag demnach eine Konstellation existieren, bei der – wenn der zweite Effekt den ersten überkompensiert –, das erreichbare Pro-Kopf-Einkommen und die dazugehörige Kapitalintensität die Werte des Realmodells übertreffen.

Die Wachstumswirkungen einer expansiven oder kontraktiven Geldpolitik sind nun nicht mehr eindeutig vorauszusagen. Eine kontraktive Politik z. B. erhöht den Realwert des Geldbestandes und vermindert dadurch zum einen (Tab. 7) die Sachkapitalinvestitionen, zum anderen aber führt die vergrößerte Kassenhaltung zu einem höheren Nutzenertrag der Realkasse, der eine vergrößerte Sachkapitalinvestition bewirkt. Welcher der beiden Effekte überwiegen wird, läßt sich im vorhinein nicht sicher bestimmen.

3. Die bisher vorliegenden monetären Wachstumsmodelle vom Keynes-Wicksell-Typ sind wesentlich heterogener als die neoklassischen Modelle. Sie befinden sich gleichfalls noch im Stadium der Weiterentwicklung und unterscheiden sich von dem neoklassischen Ansatz vor allem dadurch, daß sie voneinander unabhängige Spar- und Investitionsfunktionen einführen. Dadurch gelingt es, Preisveränderungen durch das Auseinanderklaffen von Gesamtangebot und Gesamtnachfrage zu erklären.

Es ist wenig fruchtbar, an dieser Stelle einzelne Modelle des Keynes-Wicksell-Typs in ihrer ganzen Komplexität abzuhandeln, denn auch sie bieten noch keine voll befriedigenden Ansätze für eine geldwirtschaftliche Wachstumstheorie, vor allem weil wichtige Geldfunktionen, insbesondere die Zahlungsmittelfunktion, noch unberücksichtigt bleiben.

Literaturübersicht zum XI. Kapitel

1. Die Inhomogenität der Kapitalbestände

Die Bezeichnungen „putty-putty", „putty-clay" und „clay-clay" gehen zurück auf *E. S. Phelps*, Substitution, Fixed Proportions, Growth and Distribution, International Economic Review, Bd. 4, 1963. Zum „putty-putty"-Fall vgl. *R. M. Solow*, Technical Progress, Capital Formation und Economic Growth, American Economic Review, Papers and Proceedings, Bd. 52, 1962. Der „putty-clay"-Fall wurde erstmals analysiert von *L. Johansen*, Substitution vs. Fixed Production

Coefficients in the Theory of Economic Growth: A Synthesis, Econometrica, Bd. 27, 1959. Zum „clay-clay"-Fall vgl. *R. M. Solow, J. Tobin, C. C. v. Weizsäcker, M. Yaari,* Neoclassical Growth with Fixed Factor Proportions, Review of Economic Studies, Bd. 33, 1966; *R. M. Solow*, Growth Theory, Oxford 1970, 3. Kapitel.

Die „technical progress function" wird im Rahmen eines vintage-Modells analysiert von *N. Kaldor* und *J.A. Mirrlees*, A New Model of Economic Growth, Review of Economic Studies, Bd. 29, 1962, deutsche Übersetzung in H. König (1968). Zur Anwendung der Lerntheorie vgl. *J. K. Arrow*, The Economic Implications of Learning by Doing, Review of Economic Studies, Bd. 29, 1962.

2. Geld, Portfolio-Entscheidung und Wirtschaftswachstum

Die grundlegenden Beiträge sind der in der Literaturübersicht zum VI. Kapitel bereits genannte Aufsatz von *H. G. Johnson* sowie *J. Tobin*, Money and Economic Growth, Econometrica, Bd. 33, 1965, deutsche Ubersetzung in *H. König* (1968). Zur Keynes-Wicksell-Richtung: *J. L. Stein*, „Neoclassical" and „Keynes-Wicksell" Monetary Growth Models, Journal of Money, Credit and Banking, Bd. 1, 1969. In dem zuletzt genannten Journal findet sich eine Reihe von Aufsätzen über monetäre Wachstumstheorie. Im deutschen Sprachbereich ist ein Übersichtsartikel von *H. Abele* erschienen: Über geldwirtschaftliche Wachstumsmodelle, Zeitschrift für Nationalökonomie, Bd. 30, 1970.

Literaturverzeichnis

Abele, H.: Über geldwirtschaftliche Wachstumsmodelle, Zeitschrift für Nationalökonomie, 30 (1970).

Abramovitz, M.: Economics of Growth, in: A Survey of Contemporary Economics, Vol. II, ed. by B. F. Haley, Homewood (Ill.) 1952.

Ackley, G.: Macroeconomic Theory, New York 1961.

Adelmann, J.: Theories of Economic Growth and Development, Stanford 1961.

Allen, R. G. D.: Macro-Economic Theory, New York 1967.

Arrow, K. J.: The Economic Implications of Learning by Doing, The Review of Economic Studies, 29 (1962).

Asimakopulos, A.: The Definition of Neutral Inventions, The Economic Journal, 73 (1963).

Baumol, W. J.: Economic Dynamics, 3. Aufl., London 1970.

Beckmann, M. J.: Einkommensverteilung und Wachstum bei nichtneutralem technischen Fortschritt, Jahrbücher für Nationalökonomie und Statistik, 178 (1965).

Bensusan-Butt, D. M.: On Economic Growth, Oxford 1960.

Black, J.: The Technical Progress Function and the Production Function, Economica, 29 (1962).

–: Technical Progress and Optimum Savings, The Review of Economic Studies, 29 (1962).

Bombach, G.: Zur Theorie des wirtschaftlichen Wachstums, Weltwirtschaftliches Archiv, 70 (1953).

–: Quantitative und monetäre Aspekte des Wirtschaftswachstums, in: Finanz- und währungspolitische Bedingungen stetigen Wirtschaftswachstums, Hrsg. W. G. Hoffmann, Schriften des Vereins für Socialpolitik, N. F. 15, Berlin 1959.

–: Preisstabilität, wirtschaftliches Wachstum und Einkommensverteilung, Schweizerische Zeitschrift für Volkswirtschaft und Statistik, 95 (1959).

–: Optimales Wachstum und Gleichgewichtswachstum, Schriften des Vereins für Socialpolitik, N. F. 27 (1962).

–: Von der Neoklassik zur modernen Wachstums- und Verteilungstheorie, Schweizerische Zeitschrift für Volkswirtschaft und Statistik, 100 (1964).

–: Art. Wirtschaftswachstum, Handwörterbuch der Sozialwissenschaften, Göttingen 1965, S. 763ff.

Brown, M.: On the Theory and Measurement of Technical Change, Cambridge (Mass.) 1966.

Burmeister, E. und *Dobell, A. R.:* Mathematical Theories of Economic Growth, London 1970.

Cagan, P.: The Non-Neutrality of Money in the Long Run: A Discussion of the Critical Assumptions and Some Evidence, Journal of Money, Credit and Banking, 1 (1969).

Cass, D.: Optimum Growth in an Aggregative Model of Capital Accumulation, The Review of Economic Studies, 28 (1965).

Corden, W. M.: The Two-Sector Growth Model with Fixed Coefficients, The Review of Economic Studies, 33 (1966).

Domar, E. D.: Capital Expansion, Rate of Growth and Employment, Econometrica, 14 (1946); deutsche Übersetzung in: H. König (Hrsg.), Wachstum und Entwicklung der Wirtschaft, Köln/Berlin 1968.

–: Expansion and Employment, American Economic Review, 37 (1947).

–: The Problem of Capital Accumulation, The American Economic Review, 38 (1948).

–: Depreciation, Replacement, and Growth, The Economic Journal, 63 (1953).

–: Essays in the Theory of Economic Growth, Oxford 1957.

Drandakis, E. M.: Factor Substitution in the Two-Sector Growth Model, The Review of Economic Studies, 30 (1963).

Elsner, K.: Wachstums- und Konjunkturtheorie, in: Kompendium der Volkswirtschaftslehre, Hrsg. W. Ehrlicher, I. Esenwein-Rothe, H. Jürgensen, K. Rose, Bd. 1, Göttingen 1972).

Eltis, W. A.: Economic Growth. Analysis and Policy, London 1966.

Enthoven, A. C.: A Neo-classical Model of Money Debt and Economic Growth. Mathematical Appendix to J. G. Gurley, E. S. Shaw, Money in a Theory of Finance, Washington 1960

Ferguson, C. E.: The Neoclassical Theory of Production and Distribution, Cambridge 1969

Foley, D. K. und *Sidrauski, M.:* Portfolio Choice, Investment, and Growth, The American Economic Review, 60 (1970).

Frey, B. S.: Optimales Wachstum; Übersicht und Kritik, Jahrbücher für Nationalökonomie und Statistik, 184 (1970).

–: Probleme von heute und die Theorie des optimalen Wirtschaftswachstums, Schweizerische Zeitschrift für Volkswirtschaft und Statistik, 106 (1970).

Gahlen, B. und *Ott, A. E.* (Hrsg.): Probleme der Wachstumstheorie, Schriftenreihe des Wirtschaftswiss. Seminars Ottobeuren, Bd. 1, Tübingen 1972.

Goddard, F. O.: A Two-sector Model of Economic Growth With Technological Progress, Gainesville 1969.

Green, H. A. J.: Embodied Progress, Investment and Growth, The American Economic Review, 56 (1966).

–: Recent Contributions to the Theory of Economic Growth, The Canadian Journal of Economics and Political Science, 29 (1963).

Hahn, F.: On Money and Growth, Journal of Money, Credit and Banking, 1 (1969).

–: On Two-Sector Growth Models, The Review of Economic Studies, 32 (1965).

Hahn, F. H. und *Matthews, R. C. O.*: The Theory of Economic Growth: A Survey, The Economic Journal, 74 (1964).

Hamberg, D.: Investment and Economic Growth, Metroeconomica 15 (1963).

Harcourt, G. C.: Some Cambridge Controversies in the Theory of Capital, Journal of Economic Literature, VII (1969).

Harrod, R. F.: An Essay in Dynamic Theory, The Economic Journal, 49 (1939); deutsche Übersetzung in: H. König (Hrsg.), Wachstum und Entwicklung der Wirtschaft, Köln-Berlin 1968.

–: Towards a Dynamic Economics. Some Recent Developments of Economic Theory and Their Applications to Policy, London-New York 1948, Neudruck 1956; deutsche Ausgabe: Dynamische Wirtschaft. Einige neuere Entwicklungen der Wirtschaftstheorie und ihre Anwendung auf die Wirtschaftspolitik, Stuttgart/Wien 1949.

–: Second Essay in Dynamic Theory, The Economic Journal, 70 (1960); deutsche Übersetzung in: H. König (Hrsg.), Wachstum und Entwicklung der Wirtschaft, Köln/Berlin 1968.

Helmstädter, E.: Harrod und die neoklassische Wachstumstheorie, Zeitschrift für die gesamte Staatswissenschaft, 121 (1965).

–: Investitionsquote und Wachstumsrate bei Harrod-neutralem technischen Fortschritt, Jahrbücher für Nationalökonomie und Statistik, 178 (1965).

–: Der Kapitalkoeffizient. Eine kapitaltheoretische Untersuchung, Stuttgart 1969.

Hemmer, H. R.: Gleichgewichtiges Wachstum und Einkommensverteilung bei limitationalen Produktionsfaktoren, Jahrbücher für Nationalökonomie und Statistik, 182 (1968).

Hesse, H. und *Gahlen, B.*: Die Beziehungen zwischen eigentlicher und historischer Substitutionselastizität bei technischem Fortschritt, Weltwirtschaftliches Archiv, 99 (1967).

Hicks, J. R.: Capital and Growth, Oxford 1965.

–: A Neo-Austrian Growth Theory, The Economic Journal, 80 (1970).

Inada, K.: On a Two-Sector Model of Economic Growth: Comments and a Generalization, The Review of Economic Studies, 30 (1963).

–: Economic Growth and Factor Substitution, International Economic Review, 5 (1964).

–: Economic Growth under Neutral Technical Progress, Econometrica, 32 (1964).

–: On Neoclassical Models of Economic Growth, The Review of Economic Studies, 32 (1965).

–: Investment in Fixed Capital and the Stability of Growth Equilibrium, The Review of Economic Studies, 33 (1966).

–: Endogenous Technical Progress and Steady Growth, The Review of Economic Studies, 36 (1969).

Inagaki, M.: Optimal Economic Growth, Amsterdam/London 1970.

Johansen, L.: Substitution vs. Fixed Production Coefficients in the Theory of Economic Growth: A Synthesis, Econometrica, 27 (1959).

Johnson, H. G.: The Neo-classical One-Sector Growth Model: A Geometrical Exposition and Extension to a Monetary Economy, Economica, 33 (1966); revised in: Johnson, Essays in Monetary Economics, 2. Aufl., London 1969; deutsche Übersetzung: Beiträge zur Geldtheorie und Geldpolitik, Berlin 1969.

–: Inside Money, Qutside Money, Income, Wealth, and Welfare in Monetary Theory, Journal of Money, Credit and Banking, 1 (1969).

Jones, R. W.: Neutral Technological Change, The American Economic Review, 55 (1965).

Jorgenson, D. W.: The Embodiment Hypothesis, The Journal of Political Economy, 74 (1966).

Kaldor, N.: A Model of Economic Growth, The Economic Journal, 67 (1957).

–: Capital Accumulation and Economic Growth, in: The Theory of Capital. Proceedings of a Conference held by the International Economic Association. Ed. by F. A. Lutz, D. C. Hague, London 1961.

–: Alternative Theories of Distribution, The Review of Economic Studies, 23 (1955/56).

Kaldor, N. und *Mirrlees, J. A.:* A New Model of Economic Growth, The Review of Economic Studies, 29 (1962); deutsche Übersetzung in: H. König (Hrsg.), Wachstum und Entwicklung der Wirtschaft, Köln/Berlin 1968.

Klaus, J.: Preisniveau und Wirtschaftswachstum. Die Berücksichtigung des Preisniveaus in der kapitalorientierten Wachstumstheorie, Tübingen 1969.

König, H.: Über einige Wachstumsprobleme in Zwei-Sektoren-Modellen bei Faktorsubstitutionalität, in: Beiträge zur Produktions- und Wachstumstheorie, Hrsg. W. Krelle, Schriften des Vereins für Socialpolitik, N. F. 44, Berlin 1966.

König, H. (Hrsg.): Wachstum und Entwicklung der Wirtschaft, Neue Wissenschaftliche Bibliothek, Köln/Berlin 1968.

Krelle, W.: Investition und Wachstum, Jahrbücher für Nationalökonomie und Statistik, 176 (1964).

Krelle, W. u. *Gabisch, G.:* Wachstumstheorie, Berlin/Heidelberg/New York, 1972.

Kromphardt, J.: Wachstum und Konjunktur, Göttingen 1972.

Levhari, D. und *Patinkin, D.:* The Role of Money in a Simple Growth Model, The American Economic Review, 58 (1968).

Lewis, W. A.: The Theory of Economic Growth, London 1955; deutsche Ausgabe: Die Theorie des wirtschaftlichen Wachstums, Tübingen/Zürich 1956.

Marty, A. L.: The Neoclassical Theorem, The American Economic Review, 54 (1964).

Meade, J. E.: A Neoclassical Theory of Economic Growth, 2. Aufl., London 1962.

Meltzer, A. H.: Money, Intermediation, and Growth, Journal of Economic Literature, 7 (1969).

Morishima, M.: Equilibrium, Stability and Growth, London 1964.

–: Theory of Economic Growth, Oxford 1969.

Nagatani, K.: A Monetary Growth Model with Variable Employment, Journal of Money, Credit and Banking, 1 (1969).

Neher, P. A.: Economic Growth and Development: A Mathematical Introduction, New York 1971.

Neumann, M.: Kapitalbildung, Wettbewerb und ökonomisches Wachstum, Berlin/Heidelberg 1968.

Niehans, J.: Economic Growth with two Endogenous Factors, The Quarterly Journal of Economics, 77 (1963); deutsche Übersetzung in: H. König (Hrsg.), Wachstum und Entwicklung der Wirtschaft, Köln/Berlin 1968.

–: Efficient Monetary and Fiscal Policies in Balanced Growth, Journal of Money, Credit and Banking, 1 (1969).

Oppenländer, K.: Die moderne Wachstumstheorie, 2. Aufl., Berlin/München 1968.

Ott, A. E.: Produktionsfunktion, technischer Fortschritt und Wirtschaftswachstum, in: Einkommensverteilung und technischer Fortschritt. Schriften des Vereins für Socialpolitik, N. F. 17, Berlin 1959.

Phelps, E. S.: The Golden Rule of Accumulation: A Fable for Growthmen, The American Economic Review, 51 (1961); deutsche Übersetzung in: H. König (Hrsg.), Wachstum und Entwicklung der Wirtschaft, Köln/Berlin 1968.

–: The New View of Investment: A Neo-classical Analysis, The Quarterly Journal of Economics, 76 (1962).

–: Substitution, Fixed Proportions, Growth, and Distribution, International Economic Review, 4 (1963).

–: Second Essay on the Golden Rule of Accumulation, The American Economic Review, 55 (1965).

–: Models of Technical Progress and the Golden Rule of Research, The Review of Economic Studies, 33 (1966).

–: Golden Rules of Economic Growth, Amsterdam 1967.

Pitchford, J. D.: Growth and the Elasticity of Factor Substitution, The Economic Record, 36 (1960).

Ramsey, F. P.: A Mathematical Theory of Saving, Economic Journal, 38 (1928).

Richter, R.: „Harrod-Wachstum" und „Solow-Wachstum": Ein Vergleich, Zeitschrift für die gesamte Staatswissenschaft, 121 (1965).

Riese, H.: Gleichgewichtswachstum und optimales Wachstum in der neoklassischen Wachstumstheorie, Kyklos, 17 (1964).

–: Ein neoklassisches Modell der säkularen Stagnation, Zeitschrift für die gesamte Staatswissenschaft, 121 (1965).

–: Mittelfristiges wirtschaftliches Wachstum und Neoklassische Wachstumstheorie, Kyklos, 18 (1965).

Robinson, J.: The Classification of Inventions, The Review of Economic Studies, 5 (1938).

–: The Accumulation of Capital, London 1956; deutsche Ausgabe: Die Akkumulation des Kapitals, Wien o.J.

–: A Neoclassical Theorem, The Review of Economic Studies, 29 (1962).

–: Essays in the Theory of Economic Growth, London 1962.

Rose, K.: Der Erkenntniswert der Wachstumsmodelle, Jahrbücher für Nationalökonomie und Statistik, 168 (1956).

–; Wachstums- und Konjunkturtheorie, Jahrbuch für Sozialwissenschaft, 13 (1962).

Sato, K.: On the Adjustment Time in Neo-classical Growth Models. The Review of Economic Studies, 33 (1966).

Sato, R.: Fiscal Policy in a Neo-classical Growth Model: An Analysis of Time Required for Equilibrating Adjustment, The Review of Economic Studies. 30 (1963), deutsche Übersetzung in: H. König (Hrsg.), Wachstum und Entwicklung der Wirtschaft, Köln/Berlin 1968.

Scheele, E.: Multiplikator und gleichgewichtige Wachstumsrate bei Disaggregation des Einkommens, Schriften des Vereins für Socialpolitik, 42 (1965).

Schips, B.: Zur Theorie des optimalen Wachstums, Meisenheim a. Glan 1969.

Shell, K. (Hrsg.): Essays on the Theory of Optimal Economic Growth, Cambridge (Mass.) 1967.

Sheshinski, E.: Stability of Growth Equilibrium in a Neo-classical Vintage Model, International Economic Review, 10 (1969).

Sidrauski, M.: Rational Choice and Patterns of Growth in the Monetary Economy, The American Economic Review, 57 (1967), Papers and Proceedings.

–: Inflation and Economic Growth, The Journal of Political Economy, 75 (1967).

Solow, R. M.: A Contribution to the Theory of Economic Growth, The Quarterly Journal of Economics, 70 (1956); deutsche Übersetzung in: H. König (Hrsg.), Wachstum und Entwicklung der Wirtschaft, Köln/Berlin 1968.

–: Technical Change and the Aggregate Production Function, The Review of Economics and Statistics, 39 (1957).

–: Investment and Technical Progress, in: Mathematical Methods in the Social Sciences, Proceedings in the First Stanford Symposium, 1959. Ed. by K. J. Arrow, S. Karlin, P. Suppes, Stanford 1960.

–: Substitution and Fixed Proportions in the Theory of Capital, The Review of Economic Studies, 29 (1962).

–: Technical Progress, Capital Formation, and Economic Growth, The American Aconomic Review, 52 (1962). Papers and Proceedings.

–: Capital Theory and the Rate of Return, Amsterdam 1963.

–: Growth Theory. An Exposition, Oxford 1970; deutsch: Wachstumstheorie, Darstellung und Anwendung, Göttingen 1971.

Solow, R. M., Tobin, J., von Weizsäcker, C. C., Yaari, M.: Neoclassical Growth With Fixed Factor Proportions, The Review of Economic Studies, 33 (1966).

Stein, J. L.: Money and Capacity Growth, The Journal of Political Economy, 74 (1966)

–: „Neoclassical“ and „Keynes-Wicksell“ Monetary Growth Models, Journal of Money, Credit and Banking, 1 (1969).

–: Monetary Growth Theory in Perspective, The American Economic Review, 60 (1970).

Stein, J. L. und *Nagatani, K.:* Stabilization Policies in a Growing Economy, The Review of Economic Studies, 36 (1969).

Stiglitz, J., Uzawa, H. (Hrsg.): Readings in the Modern Theory of Economic Growth, Cambridge (Mass.) 1969.

Swan, T. W.: Economic Growth and Capital Accumulation, Economic Record, 32 (1956).

Tobin, J.: A Dynamic Aggregative Model, The Journal of Political Economy, 63 (1955).

–*:* Money and Economic Growth, Econometrica, 33 (1965); deutsche Übersetzung in: H. König (Hrsg.), Wachstum und Entwicklung der Wirtschaft, Köln/Berlin 1968.

–*:* A General Equilibrium Approach to Monetary Theory, Journal of Money, Credit and Banking, 1 (1969).

Uzawa, H.: Neutral Inventions and the Stability of Growth Equilibrium, The Review of Economic Studies, 28 (1961).

–*:* On a Two-Sector Model of Economic Growth, The Review of Economic Studies, 29 (1962).

–*:* On a Two-Sector Model of Economic Growth: II, The Review of Economic Studies, 30 (1963).

Vogt, W.: Theorie des wirtschaftlichen Wachstums, Berlin/Frankfurt 1968.

Vosgerau, H. J.: Über optimales wirtschaftliches Wachstum, Veröffentlichungen der List-Gesellschaft, 43, Basel/Tübingen 1965.

Walter, H.: Der technische Fortschritt in der neueren ökonomischen Theorie, Berlin 1969.

Wan, H. W.: Economic Growth, New York 1971.

von Weizsäcker, C. C.: Wachstum, Zins und optimale Investitionsquote, Tübingen/Basel 1962.

–*:* Zur ökonomischen Theorie des technischen Fortschritts, Göttingen 1966.

Williamson, J.: A Simple Neo-Keynesian Growth Model, The Review of Economic Studies, 37 (1970).

SCHLAGWORTREGISTER